U0605111

本书受地方配套重点学科（国际贸易法学科）建设项目

JOURNAL OF INTERNATIONAL TRADE LAW

国际贸易法论丛

第 8 卷

主编◎倪受彬　殷　敏

中国政法大学出版社

2018・北京

《国际贸易法论丛》

编辑部

序言 PREFACE

《国际贸易法论丛》为上海对外经贸大学法学院、国际贸易法研究中心共同主办的国际贸易法学专业学术论丛。它收录了国内外知名学者、优秀博士研究生在国际贸易法方面的理论与实务性著述，研究范围覆盖国际贸易法的各个领域，是国际贸易法学专业优秀学术著述的汇辑。《国际贸易法论丛》由中国政法大学出版社每年出版1卷，至今已经伴随我们走过8个春秋。当前的全球贸易发展出现了低潮，甚至出现逆自由化的现象。而中国提倡的"一带一路"及其配套自贸区实践、即将召开的中国首届国际进口博览会等一系列推动国际贸易自由化措施的蓬勃发展，使得中国在全球贸易发展中作为负责任大国的角色日趋重要。《国际贸易法论丛》第8卷紧跟全球贸易治理的新趋势，收录了13篇热点前沿文章，设置了"一带一路"与上海自贸区、国际贸易法理论与实践、与贸易有关的法律问题和国际贸易争端解决四个专题。

全球范围内贸易增长减缓、贸易保护主义盛行、"逆全球化”的思潮涌动、“黑天鹅”事件频发，欧美发达国家开始质疑全球化的正外部性，并将全球经济下行、全球治理失灵等问题产生的根源归结为全球化。而中国提议的以促进全球化进一步发展为目标的“一带一路”倡议的实施，不仅是中国解决内外经济压力的一种手段，同时是中国式国际发展观、安全观和秩序观的体现，也是国际社会尤其是“一带一路”沿线国家回应欧美逆全球化趋势、维护自身发展权益的一种自主选择。西南政法大学国际法学院杨丽艳教授基于制度创新的紧迫性的内需要求，在《“一带一路”倡议与国际经济法律制度创新研究》中指出要重视全球价值链的变化及其与新规则制定的关系。她认为应该有选择地对于“一带一路”倡议有效实施的几个方面首先开始国际经济法律制度创新，在有所积累、容易产生效果的基础上，逐渐深入下去，例如互联互通及技术的输出、亚投行金融机构创新、能源合作等五个方面，经过出口的培育，可以做到既有可能占据全球价值链高端，也有可能引领国际经贸制度的创新。同样谈到亚投行的还有《“一带一路”背景下亚投行面临的法律风险及其对策研究》一文，上海对外经贸大学法学院张继红教授及学生赵明在文中提到，亚投行不仅是国际金融体系的重要补充，也有力地促进了亚洲经济融合及一体化发展，对国际秩序金融改革有着重要意义。但是亚投行的运行主要遵循《亚洲基础设施投资银行协定》，且尚未形成一套完备的法律规范体系，其中的法律风险不容小觑。为此，文章针对亚投行存在的监管机构缺失、治理机制透明化有待完善、投资争端解决机制不健全三大主要风险提出了建设性的对策和建议。

与“一带一路”倡议并称为中国在新形势下应对全球贸易发展新形态的三大有效措施之一的自由贸易区，在中国语境下的含义不同于世界范围内一般意义的自由贸易区，它们肩负着中国第二次改革开放试验等更多使命。复旦大学法学院马忠法教授及学生彭亚媛博士在《论中国语境下的自由贸易区法律制度》一文中指出构建和完善自贸区法律制度的法理来自于使其符合市场经济发展规律，同时又对自贸区法律制度的渊源、特征、使命及其不足和完善进行了透彻的分析。他们认为，自贸区肩负着制度创新的使命，而制度创新要具有可复制性、可推广性和可升级性等特征，基于对"良法是规律的反映"这一原则的遵循及自贸区试验"法律先行"等要求，我国未来自贸区立法将由地方立法、部门立法向国家立法转变，但形式可以多种多样，而未必非要试图通过一个所谓大而全的《自由贸易区法》来适应深化经济改革和扩大对外开放的需要。

中国社会科学院国际法研究所研究员廖凡博士则聚焦于以"开放水平最高"为目标定位的上海自由贸易港。在《上海自由贸易港：内涵、特征及其法制保障》一文中深入探讨如何理解自由港的基本内涵和特征，特别是其与目前的自贸试验区有何区别与联系。同时也对如何在法律和制度层面凸显及保障自由港的基本定位和功能，现行制度和规则又存在哪些有待改进和完善之处进行了鞭辟入里的解析。他谈到上海自身的独特优势以及自贸试验区四年多来的发展创新为上海建设高水平自由港奠定了必要基础，而上海未来应当紧扣自由港的基本内涵和特征，围绕货物进出自由、资金进出自由和人员进出自由三个方面进一步改革和完善相关制度和规则。

在国际贸易法理论与实践专题里，复旦大学法学院何力教授在《国际贸易法的关境本位》一文中提到国际法下的国家本位并非体现在所有国际法类的法律部门里，在国际贸易法中实际上是以关境作为基本单位——关境本位。单独关税区是基于历史而形成的，而从国际贸易法的关境本位看，自贸区分宏观和微观两种。宏观自贸区由国家或单独关税区构成，而微观自贸区则是一个国家或单独关税区内部的境内关外部分的领域。随着中国"一带一路"建设的展开，实行中国企业"走出去"战略，各种形式的微观自贸区（FTZ）还会在很多国家出现，而宏观自贸区（FTA）也会不断在"一带一路"沿线的国家或地区建成。因此，国际贸易法的关境本位的原理意义愈发重要。

中国政法大学国际教育学院院长张丽英教授及学生董悦在《论WTO协议下烟草平装与公共健康的冲突与平衡》一文中以乌克兰等五国与澳大利亚的WTO争端系列案件入手，通过对烟草平装制度的内容和WTO协议等相关内容（TBT协议、TRIPs协议、FCTC）的分析，指出澳大利亚《烟草平装法案》引发的一系列案件背后，本质上是保护私人知识产权与保护公共健康利益之间的价值对撞。在过去的几十年中，为追求经济利益最大化，以美国、欧盟为首的知识产权强国和地区主导制定和修改知识产权公约及区域贸易协定时，不断提高对知识产权保护的标准，刻意凸显知识产权的私权性质，导致知识产权内在的“私权-公益”天平向前者大幅倾斜。她们认为，在公共健康越来越受到各个国家和地区重视的情况下，充分利用国际公约和条约的弹性条款，扭转知识产权的绝对保护局面，建立WTO协议下公共健康与商标权利、贸易自由平衡体系是必然趋势。

国际商事惯例适用规则的问题在我国同样引人注目。武汉大学法学院刘瑛教授及学生孙冰将他们的视线放在最高院颁布的《独立保函司法解释》上，并在所撰写的文章《从〈独立保函司法解释〉看中国国际商事惯例适用规则的发展》中以司法解释为切入点看中国国际商事惯例适用规则的发展。他们指出，最高人民法院发布《独立保函司法解释》，以解决我国独立保函纠纷在司法实践中无法可依、判断标准混乱的现状，其中对于国际商事惯例《见索即付保函统一规则》（URDG）的适用规定进一步完善了我国国际商事惯例的适用。他们认同《独立保函司法解释》所采用的当事人约定适用为主要方式，排除法院对商事惯例的当然适用的处理方法，但不认同将当事人约定适用的保函惯例作为合同条款而非适用法。并进一步建议当前可以考虑通过司法解释等方法完善《涉外民事法律关系适用法》中缺失的国际惯例适用规则，并可通过发布特定领域的司法解释确立各该领域国际惯例的适用规则，也可考虑将某些成熟的国际惯例纳入国内法体系以提升其地位。

随着国际经济全球化和一体化的发展和深入，产业结构在不断调整和完善，企业和个人对服务需求愈加专业化和精细化，服务业在国民经济中的所占比重不断提升，服务贸易在全球贸易总量中的份额持续增加，其重要性日益凸显。上海对外经贸大学法学院宋锡祥教授及学生刘军、戴莎在《海峡两岸服务贸易协定若干问题探讨》一文指出《服贸协议》作为《海峡两岸经济合作框架协议》（ECFA）后续协商的一部分，极大地降低了两岸服务业的准入门槛，更多的是体现便利和优惠，诸如电信服务的开放领域幅度大，比台湾当局所承诺的开放范围更广；在开放有关服务种类的同时，允许台资持股比例高于世贸议定书；台资企业资质认定标准有所降低；为台湾专业人士和居民自由流动并在大陆从业提供便利；进一步开放摄影服务业，让台湾中小企业和个体户在大陆有更大的发展空间。虽然两岸签订《服贸协议》是顺应了国际贸易的发展趋势，但由于政治原因遭到搁置，他们期待台湾地区领导人、政府官员、专家学者能从台湾人民根本利益出发、从实际情况出发，与大陆一道尽早推动《服贸协议》实施，开创两岸合作共赢新格局，推动两岸经济深度融合和发展。

在与贸易有关的法律问题的专题中，吉林大学法学院何志鹏教授及学生白晓航在《公共利益在国际投资法领域国民待遇原则中的适用路径选择》一文中，主要探讨的是公共利益在国际投资法领域国民待遇原则中的适用路径哪一种更为合理。因为虽然我国缔结的BIT使用国民待遇条款的历史不长，但是近年来签订的投资协定全部涵盖了这一原则，并且在条款设计上有明显使用“类似情形”的趋势，符合世界潮流。然而，在商务部和联合国贸发会议披露的近百部中国双边投资条约中，公共利益条款再度缺位，更不用说在国民待遇条款中规定公共利益。他们认为，在投资协定的国民待遇条款中细化“类似情形”的涵盖范畴，采用概括加列举的方式将公共利益涵盖在内的适用路径更为合理。而具体到我国的投资协定条款设计中，应加入公共利益条款，并且应在国民待遇条款中对“类似情形”包含公共利益考量的意图加以明确。

河南工程学院人文社科学院院长李威教授在《全球可再生能源政策与国际贸易法——贸易争端的解决与应对策略》一文中，提到可再生能源开发利用的成本较高，需要采用各种形式的政府财政支持才能实施和运行，且世界各主要经济体都通过一系列国内扶持政策和激励措施来优先考虑可再生能源产业的发展，我国也不例外。在以 WTO 为核心的国际贸易法的框架下，各国可再生能源的法律和政策的制定和实施通过贸易流动势必会产生贸易争端，但是基于争端解决机制的程序要求，各国并未受制于此而放缓以国内措施促进本国可再生能源产业发展的步伐。他进一步指出，自 2007 年开始出现的 16 项涉及可再生能源产业争端案件多以国内双反调查和提起争端解决的形式间或存在，我国大多身涉其中，不但需要明确对内和对外战略的积极调整，更要在可持续发展与低碳转型乃至履行《巴黎协定》自主贡献承诺的基础上，分层设计我国的应对策略，充分利用 WTO 既有的争端解决机制，最大限度地维护自身的贸易权益。

农业用水、农产品贸易与水资源短缺有着怎样的内在联系？我们节约用水、限制淡水的需求与使用、提高其使用效率等与农产品的国际贸易有什么关系？国际贸易以及国际经济政治法律体制在这个问题上能否有所作为？这涉及国际贸易法乃至国际经济法问题。这一系列的问题已经引起了国际学术界的注意，在我国亦有反响。吉林大学法学院那力教授在《水资源短缺与国际贸易：把农产品水耗量纳入国际贸易及其规则的考量》一文中从鲜有人研究的“国际贸易法——WTO 法的框架中”的角度出发，以农产品的进出口关税问题、补贴问题以及生态标志三个方面展开，来观察与处理农产品贸易中的水资源短缺问题，梳理、提炼、阐释、概括国内外在这个问题上的研究成果，厘清思路与观点，为这一重要问题的进一步深入研究，也为增强我国在这个问题上的话语权而尽心出力。

在最后的国际贸易争端解决的专题里，清华大学法学院杨国华教授在《理念与裁决——詹姆斯·巴克斯（James Bacchus）个案剖析》一文中坚信“詹姆斯·巴克斯的裁决体现了其国际法治理念”的结论，运用社会科学的分析方法去论证，尽管遭遇了论证的困境，其仍然坚信它的存在，因为正如“精神”不会因为我们不能证明而不存在一样，其不会因为无法论证清晰而消失，更何况理念是行为的必要条件。杨教授通过对詹姆斯·巴克斯这一位WTO上诉机构成员的国际法治理念及其所作裁决中的“条约解释”“嗣后惯例”和“国民待遇”等内容进行分析，在国际贸易争端解决这个领域得出了理念与裁决之间存在因果关系的结论，即法治理念决定了法律裁决，论证了理念作为必要条件对于裁决的重要性，并通过这样的实证研究昭示了国际法治理念对于国际法治建设具有重要的推动作用。

受逆全球化主张、贸易保护主义势力有所抬头的影响，中美贸易争端不断加剧等已成为不争的事实，近年来反倾销反补贴措施频繁被同时使用，实际可能对中国相关产业造成双重打击，带来对进口国产业的双重救济，又打破了WTO规则所创设的贸易平衡。复旦大学法学院梁咏副教授及学生吴熙在《WTO框架下“双反”措施的双重救济问题研究——以法经济学为视角》一文中，从双反措施作为贸易救济手段的制度目的出发，建立起研究双重救济问题的背景，指出由于补贴对价格传递效应的复杂性和确定倾销幅度中正常价值的不同选择，同时适用“双反”措施可能出现双重救济问题。她们结合经济学原理对出口补贴和国内补贴中的双重救济进行了理论分析，说明双重救济的普遍存在性，并就中美在 NME 背景下双重救济问题的博弈这一最重要的实践发展提出了避免双重救济的可行措施。同时在文末指出 WTO 上诉机构在 DS379 案报告中已经注意到了量化补贴影响程度对双重救济的重要意义，如果能在这一问题上取得令人信服的突破，则有望在未来的贸易争端中取得有利结果，并且在新的多边贸易谈判中掌握规则制定的主动权，意义重大。

《国际贸易法论丛》为国际贸易法学界同仁提供了思考的平台，为读者开拓了新视野，透视出未来人类贸易规则的演化轨迹。《国际贸易法论丛》在执行主编上海对外经贸大学法学院殷敏副教授及其带领的编辑团队的努力下，在行业内的影响力逐步加强。目前《国际贸易法论丛》所刊载的文章已经纳入“中国知网”这一网络平台，从而使我们有机会在更广大的范围内与学术界进行交流和对话。另外，《国际贸易法论丛》还建立了专属的微信讨论平台，集聚业界同行专家及优秀的博士、硕士研究生，共同参与国际贸易法研究，共同建设《国际贸易法论丛》这本年轻但满怀使命感的辑刊！

《国际贸易法论丛》编辑部

2018 年 6 月

CONTENTS

目录

三、与贸易有关的法律问题

四、国际贸易争端解决

一、“一带一路”与上海自贸区

"一带一路"倡议与国际经济法律制度创新研究*

杨丽艳**

"一带一路"倡议（以下简称"倡议"）的实施需要各种制度同步创新，即"制度"不仅包括经济体制，也包括科技制度及法律制度，缺一不可。而中美贸易摩擦事件的出现，对倡议实施之制度创新更是提出了紧迫的内需要求。正如大家所知，"一带一路"的实施具有域外实施之特点，因而与国际经济法律制度具有直接的联系。中国作为倡议的提议者，思考如何就促进和推进该倡议有效实施的思路及方案是很有必要、很有意义的。

一、倡议与国际经济法律制度的必然联系

（一）倡议对促进国际经济发展有着不可替代的作用

2013年始，"一带一路"战略性倡议已经历概念提出、倡议论证、顶层设计和合作框架搭建四个阶段。倡议形成速度快、国际接受速度快、项目推进速度快是倡议的三大重要特征。倡议的快速推动，既是中国从上到下一致推动的结果，也是当前国际形势发展所致。因为在国际社会，全球化原发展趋势〔1〕正在改变：以欧美国家为代表的对原贸易自由化趋势表现出了如下

---

* 该论文为中国法学会2017年资助项目［CLS（2017）C48］阶段性成果，以及西南政法大学项目——"国际投资与贸易最新相关系列法律问题研究"（2013-XZRCXM007）阶段性成果。

** 法学博士，西南政法大学国际法学院教授。

〔1〕 全球化原发展趋势，是指特朗普成为总统前的全球化发展的情况和贸易投资自由化的价值取向。

的姿态：一是全球范围内贸易增长减缓，贸易保护主义盛行。二是“逆全球化”思潮涌动，一些逆全球化的“黑天鹅”事件频发。从逆全球化初步表现的WTO多哈回合谈判受阻，到2016年以英国“脱欧”、意大利公投修宪失败为代表的政治动向，以美国退出TPP和对中国制裁依据的国内法201、232、301条款单边主义为代表的经济、法律表现，以及欧洲难民危机激发的种族和文化冲突，逆全球化系列事件的不断涌现使逆全球化成为2016年至今的重要关键词。欧美发达国家开始质疑全球化的正外部性，并将全球经济下行、全球治理失灵等问题产生的根源归结为全球化。[1] 国际贸易自由化进程正面临着从未有过的挑战，即经济民族主义情绪有上升趋势、中小国家的经济权益有受损可能、发展动力有削弱趋势。

在这一背景下，以促进全球化进一步发展的倡议的实施，不仅是中国解决内外经济压力的一种手段，同时也是中国式国际发展观、安全观和秩序观的体现，也是国际社会尤其是“一带一路”沿线国家回应欧美逆全球化趋势、维护自身发展权益的一种自主选择。基于此，2017年5月，沿线国家积极参加了中国举办的“一带一路”沿线国家峰会，并且与国际组织等签署了50余份政府间共建“一带一路”合作协议。具体而言，截至2018年初，中国已与“一带一路”沿线多个国家签署了自贸协定，与“一带一路”56个沿线国家签署了双边投资协定，“一带一路”沿线18个国家建设有53个经贸合作区（境外经贸合作区包括加工区、工业园区、科技产业园区等）。截至2016年9月，中国与70多个国家、地区和国际组织完成战略对接，达成联合声明、双边协议/合作协议、合作备忘录/谅解备忘录、中长期发展规划和合作规划纲要等成果。

2018年3月出版的《“一带一路”年度报告：智慧对接（2018）》中更是道出了与国际经济的联系所在：[2] 倡议的初衷是致力于解决国际社会的

[1] 于潇、孙悦：“逆全球化对亚太经济一体化的冲击与中国方案”，载《南开大学学报（哲学社会科学版）》2017年第6期。

[2] 以“五通”为主线，从硬联通和软联通两个维度，提出国内首个“一带一路”早期项目动态评估指标体系，涉及6个一级指标、19个二级指标、81个三级指标，并在此基础上提出了今后推进中国“一带一路”建设的对策建议。参见http://news.cyol.com/yuanchuang/2018-03/25/content_17049351.htm，最后访问日期：2018年4月15日。

关键问题，即发展赤字、和平赤字、治理赤字，即"通、融、荣"。通是前提，即为凸显经济或发展的合作共赢、包容全球化、世界经济再平衡、共同现代化、六廊六路多国多港、产能合作等关键要素。基础设施互联互通是各国共建"一带一路"的重要方式，中老铁路、中泰铁路、匈塞铁路、印尼雅万高铁、俄罗斯莫喀高铁、亚吉铁路、肯尼亚蒙内铁路、中欧"三海港区"合作等一批境外铁路、港口重大项目取得积极进展，其中中欧班列对中东欧国家有益，使这些内陆国家间接地联通了海洋，使欧亚一体化从概念成为现实。同时在投资方面：过去10年，跨境资本流动的总规模下降了65%，发达国家对外投资的规模由1.8万亿美元下降至近1万亿美元，而"一带一路"下的中国对外直接投资的规模却与日俱增。2013年，中国对外投资首次超越千亿美元，2015年对外投资额首次超过利用外资额，2016年达到1961.5亿美元，这一年首次成为全球第二大对外投资国。总之，对改善合作国基础设施、提高工业化和城市化水平、投资增加就业和税收、推进中国与有关国家互利合作具有积极意义。在"融"方面，则是不仅要体现经济红利，还要强调其标准、品牌、人文、价值等与经济紧密相连的软联通建设。而"荣"则强调全球治理层面的命运共同体建设。实际上，中国已经做到了制度层面的一些建设，如亚投行、丝路基金、金砖国家新开发银行、"16+1"合作、中国共产党与世界政党高层对话会、国际进口博览会等制度性安排确保"荣"能够可期可待。[1]

（二）国际经济法律制度对于倡议实施有着必然的联系和不可缺少的保障作用

倡议从提出至今已有5年，固然已经取得了一定成果，但是距离倡议所设计的目标还很远。换句话说，要实现目标还要靠未来的持续不断地深化具体措施的落实，这一阶段将更加关键，也更加困难。中国不仅要理顺内外关系，在国内创新经济、金融和行政机制；在国际上则要创新国际经济制度及其理念。我国法学界已经有数位教授提出了要将倡议与法制、法治相联系，

---

〔1〕 赵磊："'一带一路'为何魅力大"，载 http://www.OBOR100.com，最后访问日期：2018年4月15日。

如王贵国主编的《“一带一路”的国际法律视野》《“一带一路”战略争端解决机制》[1]《“一带一路”与当代国际法》等，他认为“一带一路”战略的提出，本身就是经济全球化的一个结果，顺应了当今世界经济全球化的发展趋势。并且认为不仅仅是中国经济发展的战略问题，而是亚洲，甚至是非洲、欧洲相关国家的整体经济发展的战略。因此，怎样推进“一带一路”，推行得好与坏，不仅会影响到中国，也会影响到所有相关的国家。在目前全球经济治理日渐法治化的大环境下，将国家和企业的经济活动纳入作为国际社会最大公约数的法治框架下，在政府层面进行及时有效的法律供给，既是顺利推进“一带一路”战略的必要条件和重要保障，也是我国参与国际经济治理和国家治理现代化的客观要求。王贵国教授还从宏观上对实施“一带一路”战略的国际法律环境及可能面临的挑战进行了分析。该文重申了构建“一带一路”法律机制的重要性，指出其需符合“一带一路”沿线国家的实际情况，并以货物进入沿线国境内为例，阐述了构建此机制的复杂程度。在推进路径方面，还建议可考虑在现阶段邀请沿线国家共同组建一个涵盖中外政府人员和专家的秘书处，进行顶层设计。

张月姣教授在《“一带一路”战略实施的法律思考》中，对“一带一路”战略推进过程中涉及的主要领域分别进行了分析。该文对法律风险，主要包括政治风险、金融风险、进出口限制风险、项目风险、管理风险及腐败和灾害风险等，逐一进行了讨论。为了更好地进行“一带一路”战略中的风险防控，该文还具体列举了八条建议，包括签订政府间“一带一路”合作协议、商谈区域自贸区优惠安排、设立“一带一路”风险保险机构或保险项目及了解合作国家的法律和社会经济信息等。

张乃根教授在《“一带一路”倡议下的国际经贸规则之重构》（载《法学》2016 年第 5 期）中指出，在当前我国对外经贸关系面临新挑战和以 TPP 为代表的新一轮国际经贸规则重构的大环境下，“一带一路”战略对于促进我国发展意义重大而深远。当下正在进行的政府间国际经贸规则的重构主要是围绕美国、欧盟和中国为主体而展开的，这在一定程度上体现了中国

[1] 王贵国：“‘一带一路’战略争端解决机制”，载《中国法律评论》2016 年第 2 期。

在全面融入全球经济一体化过程中的地位提升以及面对的新的历史机遇。文章建议，为确保我国在"一带一路"战略推进过程中的参与力度，以及较好地掌握主动，力争引导制定符合"一带一路"沿线国家实际情况的法律机制及新规则。此外，该文还建议在总结国内自由贸易试验区经验教训的基础上，通过对现有的诸多相关多边协议的深入比较研究，把握国际经贸规则重构的内容。

在此基础上，笔者认为，不仅要将倡议的实施与法制、法治相联系，实施中的规则具有国际经济法之秩序、公正、效率、自由等法的一般价值,[1]同时还要在上述基础上，将这些理念渗透到"一带一路"实施的硬法当中，这些硬法当然主要是以条约为主要形式，具体而言：国与国合作的条约里有软法也有硬法，有倾斜优惠也有对等互惠，有公平公正也有效率，有自由也有国家利益等某些限制。但首先是要在诸国都熟悉的国际法制和法治的基本理念基础上，以及现存的得到国际社会公认的国际经济交往的法律制度，如市场经济的建立或完善、国际经济规范进入国家的内国法、遵守现行的国际组织的多边协议[2]、确认相关主体的权利和义务，在法律上赋予和保障它们参与国际经济交往的行动能力；减少障碍设置，使跨国经济交往便利化，提高交易的效率和收益；国际经济法制定合理的争端解决机制，保持国际经济交往的持续性，保障国际经贸交往的正常状态。[3] 这些是"一带一路"有效实施的重要前提和基础。因为这些沿线国家，也是国际社会的主权国家，作为主权国家及其领导人，成长和教育于二战以后建立的国际社会里，对于二战后的国际社会的法治现状是有所了解的，而且在涉及国家之间关系时也往往以国际法来为国辩护，也就是说，国际法已经成为二战后各国的护身之法。当然，如何运用、如何理解是因国不同的。尤其是一些国家国内法治仍有待健全和完善，以及对于国际法、国际经济法的接受程度不同（这包括加入某项国际条约、是否将国际条约转化为国内法、是否有实施的程序以

[1] 赵骏："体用兼具：国际经济法的重要性释义"，载《清华法学》2018 年第 1 期。
[2] 王贵国："经济全球化与全球法治化"，载《中国法学》2008 年第 1 期。
[3] 赵骏："体用兼具：国际经济法的重要性释义"，载《清华法学》2018 年第 1 期。

及实体法规则），这样的情况就更要强调先行的国际法治。国际和国内规则与经济事务的法律制度密不可分（inextricably intertwined）。[1] 但有意思的是，近年来欧美国家却出现了以国内法来处理国之间关系的情形，如2005年生效的美、澳自由贸易协定中的第21章将投资争端完全放在了国与国的争端机制或者穷尽国内救济机制中。因为两个国家都认为双方拥有完备稳健的法律体系为投资者提供足够的机会来实现对政府行为的关注。[2]

只有在上述基础上，才能进行体现倡议价值取向特殊性的创新，如上述的“通、融、荣”之价值取向、人文精神以及全球治理等理念的特殊性。这些理念或许是在国际经济硬法制定实施前，需更多的协商，兼顾沿线国家的国情，如首先要做好国与国之间的沟通，包括发展战略的对接，国与国之间最高层次的政策沟通与协调，维护贸易自由化、经济全球化以及多边为主的自由贸易体系作为战略对接的共识基础。只有这样，才能使“一带一路”具有必需的开放性与灵活性，具有实施的可能性和可持续性以及可预测性。

二、倡议背景下的全球价值链与国际经济法律制度的创新建议

（一）重视倡议与国际经贸规则创新的联系

重视倡议与国际经济规则创新的联系，在国际经济法学界已经有了一定共识，如从2016年到2017年，已经涌现出如光瑜的《“一带一路”背景下国际经济规则的完善与创新研究》、王跃升的《新型全球化下国际经贸规则新趋势与中国对策》、王立贵的《“一带一路”战略下的国际经济规则创新简析》、许可的《“一带一路”战略下的国际经济规则创新》。此外就是2017年第十届“WTO法与中国”论坛上一些教授的发言，他们多数将倡议与国际经济规则创新相联系，同时还进一步论述了应该如何创新，如何志鹏教授的大会发言：①解决国际经济贸易问题的是企业、产业还是国家？认为在对

---

〔1〕 John H. Jackson, et al., *Legal Problems of International Economic Relations: Cases, Materials and Text on the National and International Regulation of Transnational Economic*, West Publishing Co., 1995, p. 268.

〔2〕 William S. Dogdg, “DSIS Dispute Settlement between Developed Countries: Reflection on the Australia-US FTA”, *Vanderbilt Journal of Transnational Law*, Vol. 39, Jan 2006, p. 25.

国际经济各种制度构建、适用和理解过程中要坚持人本主义，即主权为民权，法治为人本。②在建设相关制度时，是注重市场导向还是政府导向？即机制的构建是自生的，还是外力主导的问题。③要注重宏观的体系建构，还是渐进摸索？④何教授认为在机制构建过程中应当成熟一部分做一部分，以避免人类走向纯理性的误区，并且从 GATT 到 WTO 就体现了一种渐进摸索的趋势。陈云东教授在该会议上的发言——《论“一带一路”与国际经济法律发展与创新》——认为核心内容是发展和创新。“一带一路”元素的介入带来国际经济法的发展与创新。另外，政策沟通不能把政策简单理解为“政策”这个词，还应包括法律；不仅包括国际条约，也包括国内法律。孔庆江教授的《为“一带一路”建设提供法律支撑》一文指出，使“一带一路”合作与交往走上法治化轨道，在相对稳定的法律框架下实现共同发展和互利共赢。强调应着眼于区域和全球多边规则与机制建设，为“一带一路”建设提供法律支撑。这能为各参与国处理国际关系提供中国方案，而且会成为中国在国际法领域做出新贡献的契机。刘敬东的《“一带一路”法治化体系构建研究》一文谈到了如何构建该法律体系，如科学的法治化体系，营造稳定的、可预见性的法治环境，才能确保“一带一路”建设的长期、稳定、健康发展。平等互利原则、规则化导向原则、可持续发展原则是构建“一带一路”法治化体系应遵循的指导原则。这一体系应包括国际法和国内法两大内涵：在国际法方面，依靠中国与相关国家和地区签署的既有双边、多边贸易与投资合作机制，融入国际金融法、投资法和贸易法发展的最新成果，创新国际经贸规则，构建一个代表 21 世纪国际经济法发展成果的国际条约体系，同时该文也提到了国内法的建设。杨丽艳 2016 年发表的文章《“一带一路”倡议背景下的中欧经济合作的法律政策路径》，强调中欧合作要与倡议相联系。

还有就是强调“一带一路”与各国际经济部门法的关系、创新及其支持。如漆彤的《“一带一路”倡议的国际税法思考》、李武建的《“一带一路”战略中我国海外投资法律风险研究》、李鸣的《国际法与“一带一路”研究》、赵骏的《“一带一路”与区域司法保障》、石佑启的《“一带一路”法律保障机制研究》、王贵国的《“一带一路”国际法律视野：香港“一带一路”研讨会论文集》等专著、论文。如李武建强调了海外投资风险的防范，认为在这样一个国家众多、情况复杂的区域，推进国际投资便利化，实现区域经济合作，需要各国共同努力构建区域合作的新模式。李鸣强调，从国际法角度研究“一带一路”有四个目的，即助力“一带一路”建设，促进对国际法的深入研究，推动中国国际法理论体系构建，带动国际法交叉学科发展。从国际法角度开展“一带一路”研究的方法由两条路径合二为一，一条是现实主义与理想主义相结合的路径，另一条是国际法作为一个过程的路径。从国际法角度研究“一带一路”有六个重点领域，即国际法基本原则、海洋秩序、国际经济法、保护中国海外利益、提供国际公共产品和网络法。本人在2014年12月底中国法学会腾冲会议上以《亚投行与互联互通的国际投资规制》，在2016年四川大学讲座《“一带一路”倡议与中国自由贸易区》以及2016年论文里也有倡议有关国际经济法律制度创新的观点。漆彤认为，要顺利进行“一带一路”就要重视国际税法，同时新近出版了《“一带一路”国际经贸法律问题研究》。该书着重对倡议的属性进行国际法解读，并且分别从国际投资法、国际金融法、国际贸易法、国际税法和国际经贸争端解决法五个方面论述“一带一路”所涉主要国际经贸法律问题以及“一带一路”争端解决机制的构建、若干具体司法服务和保障问题。以如何促进国际法治良性发展和实现国内法治现代化为线索，就倡议所涉及的主要国际经贸法律问题进行有针对性的研究，从而为国家进一步落实、调整和完善相关政策法律，保障倡议的有效实施提供有力的国际法理论支持。

“一带一路”的实施不仅在中国学界有大量的讨论，在境外也得到了一些学者和国际组织的关注，这些学者和组织主要关注倡议的启动以及影响，也有部分集中论述投资问题。如纳蒂格·罗兰德（Nadège Rolland）的《中国的“一带一路倡议”：或前景暗淡或改变游戏规则?》（*China's "Belt and Road Initiative": Underwhelming or Game-Changer?*）和《中国的欧亚世纪?“一带一路”倡议的政治和战略意义》（*China's Eurasian Century? Political and Strategic Implications of the Belt and Road Initiative*）；理查德·W. 胡（Richard W. Hu）的《中国的“一带一路”战略：印度的机遇与挑战?》（*China's 'One Belt One Road' Strategy: Opportunity or Challenge for India?*）；薇薇安·贝斯

(Vivienne Bath)的《"一带一路"和中国投资》("*One Belt, One Road" and Chinese Investment*)。这些研究主要集中在如下几个方面：一是与大国如印度等的关系；二是与投资法律的关系；三是探讨倡议的驱动因素和目标，并认为该举措反映了中国根据自己的世界观和独特特征塑造欧亚大陆的愿望。联合国肯定了倡议的正面性并积极参与其中，具体表现在包括安理会在内的联合国机构的有关决议或文件已不止一次纳入或体现了"一带一路"的内容。2016年9月，中国与联合国开发计划署签署关于共同推进"一带一路"建设的谅解备忘录。这是中国政府与国际组织签署的第一份共建"一带一路"的谅解备忘录，是国际组织参与"一带一路"建设的里程碑。综上所述，将国际法律制度为"一带一路"的实施所用，已是法学界的共识且在"一带一路"实施方面要有国际经济法律制度的观念、原则的创新；此外要在具体规则方面有所创新，如投资、贸易及其争端解决方面。

(二) 国际经贸规则创新要重视倡议实施与国际经济发展特点的结合

首先，要基于全球经济发展的新高度。全球价值链(Global Value Chain, GVC)，是近期世界贸易投资领域的主要特征。它对于新的国际投资贸易规则的形成有着重要的影响。[1] 当然对于倡议中的贸易投资也是如此。在近期的有关会议上，陈德铭先生就全球价值链问题共提出五个观点：①市场逻辑下的科学发现和技术进步促进了经济全球化的竞争，推动了全球价值链的形成，全球价值链的实物形态就是全球贸易的供应链，承载着数亿人的就业。②以跨国企业中间品贸易和服务贸易为特征的全球价值链带动了多边市场的开放，发挥了各经济体的比较优势，给新兴国家和广大发展中国家提供了就业，也给发达国家提供了更广阔的市场。③科学发现、技术创新和全球价值链的发展是彼此相依互为促进的，科学发现、技术创新需要知识产权保护下的国际合作，尤其在大数据时代，同理，全球价值链的维护和发展需要以规则为基础的国际贸易和投资，多边规则是全球价值链发展的保障，在数字经济时代，新规则应尽快提上全球治理的议事日程。④大国之间的贸易

---

[1] 石静霞："国际贸易投资规则的再构建及中国的因应"，载《中国社会科学》2015年第9期。

摩擦和博弈将严重影响全球经济的增长，最终导致供应链被破坏，也殃及本国的物价及就业，历史已经证明并将继续证明，单边主义在全球化的今天行不通，即使奉行“本国优先本国第一”的原则也必须遵循已经签署并承诺的多边规则，接受国际多边贸易组织的最终决定。⑤人类的科学技术即将进入大爆炸发展的新时代，经济的全球化也将在曲折中继续前进，势不可挡，全球价值链以及与之相应的供应链及就业因此也必将会继续发展。[1]《全球价值链发展报告》（Global Value Chain Development Report）由世界银行、世界贸易组织（WTO）、经济合作与发展组织（OECD）、日本亚洲经济研究所（IDE-JETRO）和中国对外经贸大学全球价值链研究院（UIBE）联合发布，系全球经济综合分析报告。通过分析全球价值链的构成来研究经济体间的相互联系、专业化分工和增长模式。《2017 年全球价值链发展报告——全球价值链对经济发展的影响：测度与分析》基于使用贸易附加值数据进行的扩展研究。该报告共有八个章节，[2]其要点是：①通过将生产分解为能被不同国家实施的步骤，全球价值链正在改变全球贸易模式；②全球价值链有助于促进发展中国家发展，但各国从中受益程度不同；③削减贸易成本对于建设更具包容性的全球价值链至关重要，这样可以为发展中国家和小型企业带来更多利益。

要重视全球价值链的变化及其与新规则制定的关系。对于全球价值链，我们应该重新认识其体系，少数发达国家长期占据中高端服务环节，而大多数发展中国家则“共享”中低端生产环节。全球价值链描述了全球生产经营活动价值创造的动态过程。一个国家能否从参与全球化中获益，取决于其是

---

〔1〕“‘全球化背景下的科技创新、供应链贸易及劳动者’工作论文研讨会顺利举办”，载 http://rigvc.uibe.edu.cn/yjyxw/61933.htm，最后访问日期：2018 年 4 月 21 日。

〔2〕第一章概述全球价值链的分析框架；第二章分析全球贸易和全球价值链的最新趋势；第三章概述全球价值链的升级及相关术语，并纠正那些被误解的术语；第四章从价值链视角测度国际贸易成本，并评估其在产业、国家和全球层面的影响；第五章介绍中等收入陷阱及在全球价值链上的升级；第六章重点关注服务贸易和全球价值链；第七章研究国内和邻国的制度质量如何影响国内产业与全球价值链的融合；第八章分析优惠贸易协定（PTA）（尤其是“深度”优惠贸易协定）和全球价值链间的关系。参见 http://www.economyworld.net:9091/economyworld/detail/init?infoId=319295，最后访问日期：2018 年 4 月 21 日。

否能够以及以何种方式加入全球价值链体系。[1]

面对变化的全球价值链，国际经贸规则构建发生了变化，如全球价值链的贸易超越了传统的货物贸易，参与全球价值链的国家被要求实施开放透明的贸易投资政策，服务贸易和投资构成成为规则新构建的关注重点。[2] 尤其是在大数据时代，全球价值链的维护和发展需要以规则为基础的国际贸易和投资，多边规则是全球价值链发展的保障，在数字经济时代，新规则应尽快提上全球治理的议事日程。

其次，倡议是在世界多极化、经济全球化、社会信息化及文明多样化的发展趋势下应运而生的，旨在通过推进政策沟通、设施联通、贸易畅通、资金融通、民心相通，做大发展公约数，最终实现互利共赢、共同发展。在"一带一路"实施中，我国的消费电子产品领域体现出中国制造的成本和产业链优势依然明显，在整个电子行业，中国制造整体竞争力仍比其他国家要强一些。当前，互联网效应、全产业链优势、潜在的软实力以及潜在的先发优势正在成为我国产业迈向全球价值链中高端的潜在优势。而互联互通，与上述的全球价值链以及国际经贸规则的新构建是紧密联系的。尤其是倡导国际产能合作，旨在发挥各国比较优势、契合各国发展需要，构建更加均衡普惠的全球产业链。[3] 因此，要基于这一背景来进行相应的"一带一路"国

---

〔1〕 当前，新技术革命和产业革命正在推动全球价值链重塑：一是全球价值链新形式的出现。区域性价值链将成为全球价值链的表现形式。小规模、定制化、本地化生产服务方式将改写过去追求大规模、低成本的生产服务方式，意味着全球价值链本身向高端化、区域化迈进。二是全球价值链新载体的出现。随着智能与制造业的结合，随着生产与服务的融合，以低成本劳动力加入全球价值链的模式将难以为继。同高端服务相结合的生产环节、同先进制造相结合的服务环节才是迈向全球价值链中高端的基本载体。三是全球价值链新竞争方式的出现。占据价值链中高端的方式正在向"规则引领"转变。随着工业 4.0、工业互联网等概念的普及，全球主要国家都在积极争取能够成为相关领域的标准制定者和规则制定者。在这场标准与规则之争中，只有参与者和引领者才更有可能成为全新价值链的塑造者，进而成为价值链中高端的占领者。参见"发达国家长期占据全球价值链中高端，中国产业如何实现'逆袭'?"，载 http://www.jfdaily.com/news/detail? id=74067，最后访问日期：2018 年 4 月 21 日。

〔2〕 石静霞："国际贸易投资规则的再构建及中国的因应"，载《中国社会科学》2015 年第 9 期。

〔3〕 庹震："'一带一路'倡议旨在构建普惠的全球产业链"，载 https://www.yidaiyilu.gov.cn/xwzx/gnxw/30771.htm 一带一路网，最后访问日期：2018 年 4 月 20 日。

际经贸新规则的创新。具体而言：

第一，在倡议实施里突出中国的产业链优势来进行国际经济法律制度的创新：数字经济与跨境贸易电子商务、基础设施与跨境交通、通信、高铁技术、能源开采合作及贸易等方面的制度创新，在互联互通、智能化的新型外贸基础设施，建设覆盖重要国别、重点市场的海外仓，加强物流网络等配套服务体系建设方面进行制度创新，包括国际投资制度的创新以及争端解决机制的创新。以这些领域拉动新的全球化，以中国的产业优势结合国际法律制度创新的模式惠及沿线国家；同时结合沿线国家的需求如人本需要、兼顾他国利益的需要，政府与市场导向兼顾，做一定超前制度设计以渐进发展的立法创新，使沿线国家接受配合并且发挥出制度和产业的创造力，从而以滚雪球方式逐渐扩展到其他领域，如服务贸易、金融体制等，建立长期有效的国际经济制度，并且直接解答实施“一带一路”战略所提出的关于当代国际贸易法、国际投资法、国际争端解决、国际关系与全球治理等相关学科领域的新问题和新挑战，同时也将为我国与沿线国家的经济贸易投资关系及其相关的劳工、人权、环境问题提供新的素材和理念，丰富这些学科和领域的内涵并促进其创新发展。另外，还要侧重于“一带一路”战略实施过程中具体国际经济法律问题的实践问题的研究与解决，如，“一带一路”所涉主要贸易和投资等领域的具体待遇标准、争端解决的具体方式等，这些实证研究成果将具有应用价值，为沿线国家政府部门的立法和政策制定，从法律供给机制角度提供有力的智力支持和最直接、最适时的决策参考意见。

第二，国际经贸制度创新要体现倡议的主要内容和我国的产业优势以及鼓励出口及潜在出口产业，我国的重大资源、能源需求，利用国际经济法律机制进行创新，为倡议的实现而提供服务。所以，国际经贸制度创新要有个先后重要性选择。在倡议实施中应将我国在全球价值链的强项以及与“一带一路”需求强劲的方面挑出来，进行国际经济制度的创新，基于这个考虑，笔者认为重点主要集中在如下几个方面：①互联互通及其技术输出的国际法律制度创新；②“一带一路”沿线投资规则及其争端解决机制的创新；③倡议下的争端解决机制制度协调的创新；④倡议下的亚投行金融机构创新；⑤倡议下能源合作法律机制创新。笔者认为这五个方面是倡议下的重中之重。

三、倡议视角下的国际经济法律制度的创新点建议

如上所述，创新点要有所选择，如数字经济与跨境贸易电子商务、基础设施与跨境交通、通信、高铁技术等，因为这既是"一带一路"倡议急需，也是我国的出口大项，但是，出口大项未必是我国出口强项，必须要经过支持培育一些出口大项，使其大而强，既有可能占据全球价值链高端，同时也有可能引领国际经贸制度的创新。这次中兴通讯的案例或许可以从反面给我国的大而不强的出口行业以警醒，从中吸取教训。

（一）互联互通及其技术输出的国际法律制度创新

互联互通及其技术输出的国际法律制度创新，包括基础设施建设及其相关产品如高铁技术输出的制度创新，以及数字经济与跨境贸易电子商务方面的国际经济制度创新两个方面。

1. 基础设施互通是倡议的关键

目前，倡议尚未形成成熟的基础设施合作机制，基础设施互通需要借助既有的区域合作平台，尝试拓展和创新区域或跨区合作机制。首先，整合现有碎片化合作机制。亚洲不乏次区域基础设施合作机制，但过于零散。大湄公河次区域经济合作机制（GSM）是亚洲的次区域基础设施合作法律机制，中国早在2002年就加入了《次区域便利货物及人员跨境运输协定》，并在GSM下与周边国家签署了一批跨境运输领域备忘录。上海合作组织（上合组织）于2014年签署的《上海合作组织成员国政府间国际道路运输便利化协定》为中俄以及中亚四国在过境运输的合作上提供了法律保障。此外，中国也积极致力于其他双边或多边的基础设施合作机制。2015年，中国和巴基斯坦签署《中巴关于主要通信基础设施项目合作的框架协议》。中国、俄罗斯和蒙古于2015年7月10日达成三方合作路线图，并签署《中蒙俄国际道路运输发展政府间协定（草案）》，作为促进道路运输合作的法律基础。现阶段，"一带一路"基础设施合作应借助既有的次区域或双边合作机制继续拓展。其次，"一带一盟"对接中的基础设施合作。"一带一盟"作为"丝绸之路经济带"（一带）与"欧亚经济联盟"（一盟）对接的倡议，其可行性在于："一带"与"一盟"在基础设施建设的合作上有着高度的契合，"一

带”的基础设施互通正好服务于中亚国家落后的基础设施现状。因此，“一带一盟”在未来将成为欧亚跨区域基础设施合作的重要法律机制。这是我们重要的制度创新。同时，在海上丝路领域，我们应该把握住远至澳大利亚达尔文港口的租用制度及其创新，近至东盟邻国的基础设施建设及其各项制度运用。

2. 数字经济与国际经济制度创新

数字经济是指把基于互联网的技术应用于商品和服务的生产和贸易中，目前是全球经济日益重要的组成部分。向数字经济转型可以提高全行业的竞争力，为公司和创业活动提供新机遇，提供进入海外市场并且参与全球电子价值链的新场所。此外，数字经济还为解决长期的发展和社会问题提供新工具。麦肯锡全球研究院（MGI）发布报告——《中国的数字经济：全球领先力量》（China’s Digital Economy：A Leading Global Force）——称，中国是世界上几个最活跃的数字投资和创业生态系统之一，其数字化程度已经超过了许多观察人士的预期，并有可能在未来几十年里站在世界前沿。尤其是在虚拟现实、自动驾驶车辆、3D 打印、机器人、无人机和人工智能（AI）等主要数字技术领域的风险投资额位居世界前三。它同时拥有世界上最大的电子商务市场，占全球电子商务交易市场总额的 40% 以上，而在大约 10 年前，这一比例还不到 1%。中国也成为全球移动支付领域的主要力量，交易总额是美国的 11 倍。全球 262 家独角兽企业（估值超过 10 亿美元的初创企业）中，有 1/3 是中国企业，且这些中国企业的价值占据全球独角兽企业总价值的 43%。

数字经济是中国的优势行业。在倡议的互联互通领域可以充分发挥这一优势。如 2016 年，中国有 7.31 亿互联网用户，超过了欧盟和美国的用户总和。百度、阿里巴巴和腾讯（统称 BAT）在数字世界中占据了主导地位，这是因为它们提升了包括计算效率在内的技术表现，创立了世界级的新标准，从而代替了低效、分散和低质量的线下市场。2016 年，BAT 提供了中国 42%的风险资本投资，比亚马逊（Amazon）、脸书（Facebook）、谷歌和网飞（Netflix）占美国当年的风险投资总额的比例（5%）要高得多。中国政府也正积极建设世界顶尖水平的基础设施，作为投资者、开发者和消费者支持着经济数字化。综合来看，这三个因素意味着中国在全球舞台上的影响力越发明显，对全球经济的影响也越来越大。中国在服务领域经历着贸易逆差，但在数字服务领域却是贸易顺差。如2014~2016年，中国对外风险资本总额为380亿美元，占中国境外风险投资总额的14%。在过去的两年里，中国的三大互联网公司共达成了35笔海外交易，而美国的三家最大的互联网公司仅达成了20宗海外交易。中国的数字公司也正在海外扩张其业务模式，它们通过与外国合作伙伴分享技术，使得自身得以扩张。中国的数字全球化虽刚刚起步，但发展势头强劲。

因此在"一带一路"实施过程中，应该在互联互通领域充分发挥中国产业链之优势：一方面，以"一带一路"推进国际产能合作，保持对外投资的较高水平。投资中应加快从点式、分散型投资转向链式、集群式投资，重点着眼于构建自己的全球一体化生产体系，提高在全球范围内配置和掌控资源的能力以及在全球市场的竞争力，强化海外风险的防控机制。[1] 另一方面，将对外投资数字经济与有关的国际经济法律的创新结合起来，对于世界来说也是一个新的课题。尽管在TPP里已经有了一些这方面的规则，但是也仅限于签约的12个国家，当然现在是11个国家的《全面与进步跨太平洋伙伴关系协定》(CPTPP，美国于2017年退出)。我国可在借鉴之基础上进行创新。

在创新中要将数字经济发展与投资政策并重。在国家层面，决策者需评估现有投资法规受到数字化发展影响的程度，使投资规则现代化，以减轻数字化带来的风险；在国际层面，需适应不断演变的电子商务和服务贸易等国际投资规则。[2] 可以考虑通过国际协定，建立一个沿线国家加入的网络平台来达到一个可以通过产业集群政策和重心扶持以改进创新融资的方式，推动各国企业发展；为私有化投资创造适当的环境，完善投资规则和法规促进公共服务，维护公共政策目标，建立全面的数字连接，同时建立各国家、各机构之间的协调进程和沟通渠道，制定包括数据安全、隐私权、竞争、消费

---

〔1〕 钱志清："投资与数字经济——《2017年世界投资报告》综述"，载《国际经济合作》2017年第6期。

〔2〕 李书峰编译："全球投资进入数字化时代"，载《社会科学报》2017年7月13日，第7版。

者保护、国家安全等在内的创新法律制度，解决公众关注的焦点问题。或许这可以作为倡议创新的一个主要目标。数字化时代，电子商务、投资和服务等议题已经成为经济政策制定的核心，它们有潜力促进包容性增长、创造高薪岗位，同时发挥变革性效应，打破贫困恶性循环，助力可持续发展。[1] 因此，它正在改变全球经济投资模式，逐渐影响全球价值链取向。首先，数字化发展正在影响越来越多人的生活。[2] 其次，数字经济在全球经济的占比逐渐增大。故此，数字经济对投资具有重要意义，同时投资对数字化发展也是必不可少的。数字技术的采用改变了跨国公司的国际业务以及子公司对东道国的影响，而所有国家的数字发展，特别是发展中国家，都需要针对性的投资政策。倡议幸运地占据着时代的科技制高点，随着广泛的投资政策建议和数字化发展被逐渐认同为经济增长的关键途径，各国政府纷纷制定数字化发展政策。我国确实要推进倡议实施，确实要互联互通，但是，目前为止，并没有一套完整的数字经济立法，如果没有坚实的数字经济法律保障，未来数字经济有可能陷入基础不牢的险境。数字经济立法要助推中国企业掌握更多的核心技术，确保重点行业安全，同时也确保中国企业发展到境外，占据世界经济的制高点。我国目前尽管有很宏大的与数字经济相关的发展规划，但是却没有相应的立法出台，也没有列入 2018 年全国人大立法计划。[3] 因此，应该借助推行倡议之东风，推出中国的《数字经济法案》，重视数字经济基础建设，围绕互联网、移动互联网、基础设施深度数字化进程，助力数字经济健康有序地在国内及沿线国家发展。

在注重国内立法的同时，更要通过 FTA、双边投资协定（BIT）等机制制定相关的数字经济跨境之法律规则，解决从全球数字鸿沟对社会和发展带来的潜在负面影响到复杂的互联网监管等问题，同时也要关注它既有可能导

---

〔1〕 梅林德（Ricardo Meléndez-Ortiz）：“便利化 2.0：在数字时代助力贸易发展”，载 http://www.sohu.com/a/229961059_669832，最后访问日期：2018 年 4 月 20 日。

〔2〕 根据国际电信联盟（ITU）的统计，最发达国家和新兴经济体中 3/4 的人口在使用互联网，2/3 的人口使用网上购物。按照互联网渗透率（互联网使用者与总人口数之比）的地域划分，2016 年发。

〔3〕 “全国人大常委会 2018 年立法工作计划公布　预计 12 月初审外国投资法”，载 http://www.chinanews.com/gn/2018/04-27/8501864.shtml，最后访问日期：2018 年 4 月 30 日。

致东道国供应链关系重组，也可能增加新的合作机会。政策制定者在促进数字发展投资的同时，需要妥善处理合理的公共关切，特别是数据安全、隐私权、知识产权保护、消费者保护和维护文化价值观等问题。在规则创新中需要在公共关切和私人投资者的利益之间寻找适当的平衡点。[1]

（二）"一带一路"沿线投资规则及其投资争端解决机制的创新

近些年，中国签订的BIT为数不少，拥有大量的投资实践。但"一带一路"沿线的投资法治推进尚存在较大问题，尤其对于"一带一路"沿线复杂的投资环境，制度和规则覆盖仍显不足，投资实践需要多重考虑或创新。曾文革教授提出中国在未来BIT及自贸协定的签署中应考虑是否要逐渐接受"准入前国民待遇+负面清单"模式。[2] 笔者认为，因为这些沿线国家的法治及法制都不是很完善，或许应该首先借用现存的国际投资法律制度，在此基础上，进行进一步协商是否可以实施"准入前国民待遇+负面清单"模式。实际上我们与沿线国家若实施这种模式，对我国而言也是一种挑战，因为目前为止，我国在与他国的投资协定里尚未采用这一模式。例如，中国与韩国、瑞士的BIT中，国民待遇拓展至投资扩大阶段，但并未言明"设立"、"并购"等内容，显然是打了折扣的准入前国民待遇。除此之外，中国签署的其他BIT均未采用准入前国民待遇。值得一提的是，《中澳自贸区协定》的"投资"章节初步采用了准入前国民待遇，但仅限于澳方对中国投资者实行准入前国民待遇。当然以资本输出国的优势采用新的模式对于出海的中国投资来说，未必不是一件好事情，因为采用"准入前国民待遇+负面清单"模式，中国资本可以得到更大的投资范围，而沿线国家未必会允诺。

除此之外，对于投资规则的创新，因原有的投资规则基本是保护资本输出国的投资者利益的，因此我们可以采取框架式或部分规则的继续采用，结合具体情况加以创新。比如设置"安全例外"、"根本安全例外"防止缔约国滥用国家安全审查制度以及仲裁庭扩大解释。但是，值得注意的是，有些

〔1〕 李书峰编译："全球投资进入数字化时代"，载《社会科学报》2017年7月13日，第7版。

〔2〕 曾文革、党庶枫："'一带一路'战略下的国际经济规则创新"，载《国际商务研究》2016年第3期。

沿线国家或者没有加入ICSID公约或者在某些国际投资条约里放弃运用投资人-地主国争端处理机制（Investor-State Dispute Settlement，ISDS机制）。2015年底，印度政府对外公布了最新的BIT范本。印度本身没有加入ICSID公约。印度政府最新的BIT范本缩小了BIT下的投资者与国家间投资争端范围：一是对“投资”的定义进行缩限；二是印度BIT范本中的许多部分都被认为是对来印投资的投资者权利保护的限制，而非对印度投资者到海外进行投资的权利的保护。值得注意的是，印度政府在BIT范本中干脆删去了最惠国待遇条款，并直接限制了投资者针对东道国税收或者公益服务而提出的控诉权利。此外，印度BIT范本中的一些部分，如因向ISDS提请仲裁而产生的通知义务的详细规定及对仲裁员独立性的规定，被看作是针对《跨太平洋伙伴关系协议》（IPP）和《跨大西洋贸易和投资伙伴关系》（TTIP）谈判中围绕ISDS所产生争论所提出的一种应对之策，也为今后BIT中类似事项的规定提供了更为清晰可行的范例。

对于与我国国情相契合的规则应该有所创新，如我国投资者以国有企业为主，以互联互通、能源领域投资等为主，那么在投资保护规则方面就要有所侧重：对于法制、法治不健全之国，将政府行为延至中央最基层政府，从而最大限度地保护我国投资者针对其他当地机构不当行为而进行控诉的权利。“国民待遇条款”应该适用于地方或者当地政府的法律及其他措施；对“投资者”采用广义定义，从而最大限度地保护我国投资者。对“投资”同样采用广义定义，明确包括投资政府债券、法院判决、仲裁裁决及从控股公司或者投资公司获利的投资方式。明确在投资规则中包括“任何税收措施”及“政府所提供的公益性服务”，并规定直接因投资者与东道国政府协议而产生的争端可能构成对投资协定的违反。“国民待遇条款”在“相似情形下”为所有投资者提供不低于对本国投资者所提供的保护，因此“故意的、非法的”歧视在国家层面上被禁止，这应适用于地方政府行为。“征收”行为在满足公共利益需要、符合法定程度并且支付充足补偿的情况允许进行，并且在投资规则里就何种行为构成征收作出了一系列具体的规定。

在投资规则创新上，还要将数字经济嵌入投资规则中。

对于“一带一路”沿线国家争端解决机制研究可以从以下方面进行拓

展：①鉴于投资争端的专业性、复杂性及国家政策性影响强等特殊性，或构建一套独立的投资争端解决机制服务于"一带一路"沿线国家的投资争端，同时要考虑与ICSID机制之间的关系，是借鉴还是完全自主创新。因为在投资争端解决机制里，尤其是ISDS机制，沿线许多国家都加入了该机制，那么我国要么创新新机制，要么考虑创新的基点以及和原来ISDS之间的关系。②考虑到解决沿线国争端存在众多复杂的情况，有人提出将争端多主体协调程序以偏向政治性的解决方式引入投资争端解决机制，这可能是对原有国际投资争端解决机制的一大创新。

（三）国际争端解决机制方面的创新

这是我国目前讨论最热烈的一个话题。不少国内外学者对"一带一路"沿线国家争端解决方式都提出了自己的观点。如刘敬东教授提出构建"一带一路"争端解决机制是一项具有重大意义的系统工程，是"一带一路"法治建设中极为关键的一步，需要统筹国际、国内两大资源，需要国际法治与国内法治的良性互动，需要国际争端解决机制与内国司法的相互配合。构建"一带一路"争端解决机制，既要立足于现有国际上多边性、区域性、双边性争端解决机制，推动"一带一路"沿线国家协商建立创新性经贸争端解决机制，又要充分运用内国司法机制和商事海事仲裁机制，形成一套多层次、立体化、相互配合、良性互动的争端解决格局。〔1〕王贵国教授提出，基于前述现有的争议解决机制的局限性和存在的问题，为"一带一路"量身定制一套争议解决机制势在必行。〔2〕曾文革教授提出专门设立一套专属于"一带一路"的争端解决机制，抑或是直接援用现有的WTO争端解决机制和ICSID仲裁机制是"一带一路"法治建设面临的两难选择。而就贸易争端而言，曾文革教授认为可以直接援用WTO争端解决机制（DSB）。原因如下：其一，"一带一路"沿线国家中已有3/4的WTO成员国，其他诸如阿富汗、伊朗、伊拉克等数个国家也已成为WTO观察国，积极筹划"入世"，所以各

〔1〕刘敬东："构建公正合理的'一带一路'争端解决机制"，载《太平洋学报》2017年第5期。

〔2〕王贵国："'一带一路'争端解决制度研究"，载《中国法学》2017年第6期。

国通过 DSB 解决争端具有 WTO 法的基础。其二，“一带一路”沿线的 WTO 成员国对 DSB 的态度较为复杂，既有中国、10 个欧盟成员国、印度、印度尼西亚、泰国、菲律宾、巴基斯坦等援用 DSB 较多的国家，也有新加坡、马来西亚、摩尔多瓦等较少援用 DSB 的国家，更有从未作为 DSB 申诉方的国家，但即便是第三种国家也频频作为第三方出现在 DSB 中。这表明，无论经济体量大小，在贸易争端中，只要符合国家利益，DSB 还是受到认可的。所以，在认可 DSB 的“一带一路”沿线国家之间适用这一机制是可行的。此外，对于其他尚未“入世”的国家以及对 DSB 有抵触情绪的国家，现阶段可以借鉴 NAFTA 争端解决机制，采用法律与外交相结合，发挥磋商、调停、斡旋等传统争端解决手段的作用，随着贸易依附程度增强，在积累政治互信的基础上促成仲裁机制。因此，在援用 WTO 机制的基础上，“一带一路”的贸易争端可以通过政治手段灵活解决。就投资争端而言，“一带一路”的法治选择有：其一，援用 ICSID 投资仲裁机制。这一仲裁机制的规则与历来的实践表明，确有偏袒投资者利益、打压东道国的现象。若投资者-东道国争端提交 ICSID，投资者反倒可获得充分“照顾”。但不可否认，当地救济原则仍会导致争端受东道国管辖。其二，还可以援用《能源宪章条约》的投资仲裁机制。[1]

笔者认为，建立专门的“一带一路”的争端解决机制，需要考虑几个问题：一是如何建立专门的“一带一路”争端解决机制？制度的渊源、人才从哪里来？二是与现存的贸易争端体制（主要是 DSB）、投资争端解决体制（主要是 ISDS）之间的关系和取舍；三是如何面对近几年来的争端解决机制的创新成果，如综合性经济贸易协议（Comprehensive Economic and Trade Agreement，CETA）里投资法院的设立、ISDS 里的机制改进等。实际上，对于 DSB，中国是持支持态度的，尽管它解决的是国与国之间的贸易争端，但事实证明，它是有效的，但是否可以在原基础上将其改变为个人可以诉国家

〔1〕 曾文革、党庶枫：“‘一带一路’战略下的国际经济规则创新”，载《国际商务研究》2016 年第 3 期。

的机制，或者将贸易和投资争端合并[1]却是一个有所挑战的选项。正因为如此，目前，国际社会也鉴于区域贸易协定（RTAs）及其争端解决机制（DSMs）的增多对于DSB所提出的挑战，也在考虑其所产生的影响。

基于前述内容，在"一带一路"争端解决机制问题上，笔者认为，首先应该用好目前的机制，其次在此基础上进行选择性创新。原因如下：一是我国面临的沿线国家之法治和法制状况不是很健全和完善，对于有"法"或"国际法硬法"嫌疑的投资争端解决机制持谨慎态度；二是现行的争端解决体制还是行之有效的，已经积累了多年的实践经验，对于国际法治有着重大影响，固然其仍有很多地方需要改进和完善，但这恰恰可能就是我们在倡议实施过程中可以做创新的地方。

（四）倡议下的亚投行金融机构创新是值得努力的领域

在这个领域，应该考虑几个方面：一是要致力于国际组织之作用的建设；二是要充分发挥融资机构的作用；三是如何针对倡议达到有所侧重的建设融资与实现人类国际社会良治之间的平衡；四是借鉴成功的国际组织的模式：如世界银行或亚投行。

（五）倡议下能源合作法律机制创新

国际能源合作没有统一的国际机制，在现有多边能源机制中，专门能源合作机制石油输出国组织（OPEC）与国际能源署（IEA）分别作为能源输出国与输入国的俱乐部而互相抵制。中国尚未加入IEA，这制约了中国参与国际能源规则制定的能力。在倡议实施中，多边合作使我国能够从沿线国家获取足够的能源以满足我国生产、生活的需要，同时参与国际能源规则制定。2015年在荷兰海牙举办的能源宪章（Energy Charter）部长级会议上，中国签署了新的《国际能源宪章宣言》。这标志着中国由受邀观察员国变为签约观察员国，在国际能源治理道路上迈出了新的一步。能源宪章是一个致力于加强能源生产国与消费国、国家与企业、企业与企业多维度对话，推动能源多边合作的国际性组织。其合作领域涵盖了整个能源产业链，涉及能源

[1] 王贵国："'一带一路'争端解决制度研究"，载《中国法学》2017年第6期。

投资促进与保护、能源贸易、能源过境运输、争端解决以及能源效率等方面。[1] 新的《国际能源宪章宣言》将该组织的关注范围扩大至能源减贫等新领域。中国也将在本次签署《国际能源宪章宣言》的基础上与能源宪章进一步深化合作。基于此，中国可否在"一带一路"沿线的能源国家里通过购买能源、建设能源基地以及基础设施给沿线的能源国家之减贫达到新高度？这不失为一个思路。

结　论

倡议是中国参与全球治理的一个重大尝试，这其中既具有中国式的价值取向同时也含有规则取向。其中的国际经济制度是重要的组成部分。面对全球治理的庞大体系、国际经济制度的繁杂，我们应该有选择地对倡议实施有效果的几个方面首先进行创新，在有所积累、容易产生效果的基础上，逐渐深入。因此，笔者选择了五个方面作为国际经济法律制度创新的突破口进行论述，希望在这些切入口得到突破。实际上，这些突破还需要许多深入研究，如数字经济与投资政策如何体现在我国国内法以及与沿线国家的国际合作中；如何在沿线国家中利用国际条约保护我国的国有企业的投资等。这些都需要更多同仁的研究成果。当然也希望在全球治理之倡议实施的其他需求方面看到更多同仁的研究成果，从而效力于人类的发展和福利的增加。

〔1〕"中国签署新的国际能源宪章宣言"，载 http://www.xinhuanet.com/2015-05/29/c_127858197.htm，最后访问日期：2018 年 4 月 30 日。

上海自由贸易港：内涵、特征及其法制保障*

廖　凡**

一、问题的提出

2017年3月30日，国务院印发《全面深化中国（上海）自由贸易试验区改革开放方案》（国发〔2017〕23号），其明确规定，“在洋山保税港区和上海浦东机场综合保税区等海关特殊监管区域内，设立自由贸易港区。”在中国（上海）自由贸易试验区（以下简称“上海自贸试验区”）已有实践基础上建设自由贸易港（以下简称“自由港”），至此正式提上日程。2017年10月18日，党的十九大报告重申“赋予自由贸易试验区更大改革自主权，探索建设自由贸易港”。2017年11月10日，时任国务院副总理汪洋在《人民日报》发表《推动形成全面开放新格局》的署名文章，明确了自由港的基本内涵：“自由港是设在一国（地区）境内关外、货物资金人员进出自由、绝大多数商品免征关税的特定区域，是目前全球开放水平最高的特殊经济功能区。”〔1〕据此可以认为，境内关外、免征关税、进出自由是未来上海自由港的基本特征，而“开放水平最高”则是决策层对上海自由港的目标

* 本文是中国社会科学院哲学社会科学创新工程项目“‘一带一路’建设中的国际经济法律问题研究”的阶段性成果。

** 法学博士，中国社会科学院国际法研究所研究员，最高人民法院“一带一路”司法研究基地研究员。

〔1〕 汪洋：“推动形成全面开放新格局”，载《人民日报》2017年11月10日，第4版。

定位。

从2013年9月18日国务院发布《中国（上海）自由贸易试验区总体方案》（以下简称《总体方案》）、9月29日上海自贸试验区正式挂牌起算，上海自贸试验区已走过近五个年头。五年中，试验区"肩负着我国在新时期加快政府职能转变、积极探索管理模式创新、促进贸易和投资便利化，为全面深化改革和扩大开放探索新途径、积累新经验的重要使命"，[1]围绕贸易便利化、投资便利化、金融改革创新、事中事后监管四大主题进行了卓有成效的探索，[2]不但完成了"制度闯关"的预期任务，积累了大量可复制可推广的经验，而且对其他自贸试验区的建设发展起到了引领和推动作用，使自贸试验区的星星之火渐成燎原之势。在此基础上，进一步对标国际最高标准，探索建立开放水平最高的自由港，对于上海而言，可谓正当其时、当仁不让。

本文从法律角度，对上海自由港建设中的一些基本问题加以分析：一是如何理解自由港的基本内涵和特征，特别是其与目前的自贸试验区有何区别与联系；二是如何在法律和制度层面凸显及保障自由港的基本定位和功能，现行制度和规则又存在哪些有待改进和完善之处。

二、自由港的基本内涵与特征

（一）自由港的基本内涵

确切地说，自由港并不是自贸试验区的"进阶"，而应当是我国更早设立，后来成为自贸试验区一部分的保税区的进阶。自由港和保税区在性质上均属"自由贸易园区"（free trade zone，FTZ），即"在某一国家或地区境内设立的实行优惠税收和特殊监管政策的小块特定区域"，并由此区别于"自由贸易区"（free trade area，FTA），即"两个以上的主权国家或单独关税区通过签署协定，在世贸组织最惠国待遇基础上，相互进一步开放市场，分阶

---

〔1〕《中国（上海）自由贸易试验区总体方案》第1条。

〔2〕参见廖凡等：《上海自贸试验区建设推进与制度创新》，中国社会科学出版社2017年版，第4~12页。

段取消绝大部分货物的关税和非关税壁垒，改善服务和投资的市场准入条件，从而形成的实现贸易和投资自由化的特定区域”。[1] 就基本内涵而言，自由贸易园区类似于世界海关组织《关于简化和协调海关业务制度的国际公约》即《京都公约》（1973 年制定并于 1974 年生效，1999 年修订并于 2006 年生效）专项附约 4（Specific Annex D）所称的“自由区”（free zone）。根据该附约，自由区是指“缔约一方的部分领土，在该部分领土内运入的任何货物就进口税费而言，被认为在关境以外”，[2]亦即所谓“境内关外”。各国实践中对自由贸易园区的称谓不一而足，有对外贸易区、自由关税区、免税贸易区、自由区、自由港等，但在免纳关税这一核心特征上则是共通的。我国在改革开放之后设立的经济特区、保税区、出口加工区、经济技术开发区等特殊经济功能区，都在不同程度上具有自由贸易园区的某些特征。例如，“保税区”起初英译为 bonded area，后来则统一更改为 free trade zone。

《京都公约》所称的自由区主要是在贸易层面，就关税而言，即免纳关税并免于通常的海关监管措施。这是所有自由区或者说自由贸易园区的共性特征。在此基础上，有关国家又基于自身需求和优势，在资金流动、人员进出等方面对其自由区附加更多优惠和便利措施，提供“增值”和“加成”，从而在自由区阵营内部又进一步形成开放程度不等的“梯队”。以香港、新加坡、鹿特丹、迪拜为代表的自由港（free port），就位于梯队的顶端，代表着开放的最高水平。就此而言，自由港是保税区的进阶，也是自由区的高级阶段。

之所以说自由港并非自贸试验区的进阶，是因为自贸试验区的使命和功能要远比纯粹意义上的自由港或自由区更为丰富。自贸试验区全称中的“中国”和“试验”二字足以表明，其定位绝不仅限于通过关税豁免促进对外

---

〔1〕 参见商务部、海关总署：《关于规范“自由贸易区”表述的函》［商国际函（2008）15 号］。事实上，我国“保税区”的官方英译就是 free trade zone，参见上海自贸试验区官网，http://en.shftz.gov.cn/about-ftz/introduction/. 本文网络资料的最后访问时间均为 2018 年 4 月 1 日。

〔2〕 International Convention on the Simplification and Harmonization of Customs Procedures（Kyoto Convention）as amended，Specific Annex D（Customs Warehouses and Free Zones），Chapter 2，available at http://www.wcoomd.org/en/topics/facilitation/instrument-and-tools/conventions/pf_revised_kyoto_conv/kyoto_new/spand.aspx.

贸易或是通过政策优惠吸引外商投资，更重要的是通过在贸易、投资、金融等领域的放权，探索政府职能的转变，改革政府治理经济的方式，积累相关经验并在成熟时向全国推广。换言之，对于自贸试验区而言，积累可复制可推广的经验与提高自身开放程度同样重要，甚至可能更加重要。就此而言，自由港与自贸试验区并不完全在同一个“频道”，不宜简单比对；未来的上海自由港毋宁说是上海自贸试验区中基于上海特有禀赋而不考虑“可复制可推广”、凸显“特性”而非“共性”的那些成分的延伸和强化。

（二）自由港的基本特征

1. 境内关外

按照《京都公约》的上述定义，“境内关外”应当是所有自由贸易园区的共同特征。换言之，尽管自由贸易园区位于一国境内，但从关税征收和海关监管的角度，将之视为处在海关之外，从而无需缴纳关税，并免于通常的海关监管措施。当然这并不意味着自由贸易园区对于海关监管而言是“法外之地”，而是说要将监管降到可能的最低限度，而使便利化达到可能的最高限度，从而打造和提升相关区域的竞争力和吸引力。

上海自贸试验区是在上海外高桥保税区、上海外高桥保税物流园区、洋山保税港区和上海浦东机场综合保税区四个海关特殊监管区域的基础上建立起来的，就贸易和海关措施而言，其核心部分仍然是这四个保税区。尽管上海自贸试验区的自我定位是“境内关外”，在监管方式上强调“一线放开，二线管住”，并基于这一原则试行海关监管制度创新，[1] 但在贸易自由化方面距离自由港的标准仍然存在差距。对此下文将进一步讨论。

2. 免征关税

就《京都公约》对自由区的上述定义而言，免征关税可谓自由贸易园区的本质特征。但这里所说的免征关税并非一般意义上的作为一种税收优惠措

---

〔1〕《中国（上海）自由贸易试验区条例》第18条规定：“自贸试验区与境外之间的管理为‘一线’管理，自贸试验区与境内区外之间的管理为‘二线’管理，按照‘一线放开、二线安全高效管住、区内流转自由’的原则，在自贸试验区建立与国际贸易等业务发展需求相适应的监管模式。”第19条规定：“按照通关便利、安全高效的要求，在自贸试验区开展海关监管制度创新，促进新型贸易业态发展。”

施的零关税，而是指对从境外进入并存放于自由区（一线）但不进入境内其他区域（二线）的商品免于征税，其实质上是我国法律所称的“保税”的概念。[1] 关于保税的法律性质或者说理论基础，尚无通说。有论者归纳了五种学说，即附条件担保说、视同未经准许的进口货物说、海关监管说、关税原点说和关税保存说（核准缓缴说），并赞成核准缓缴说，即“保税是指关税纳税义务人对于应缴税的进口（含视同进口）货物，基于特定条件，经依法申请主管海关单位核准后，由海关保留暂缓执行缴纳关税的权利而纳税义务人亦得以暂缓履行缴纳税款义务，惟由海关监管的状态”。[2] 从现行《海关法》和《保税区海关监管办法》的相关规定看，[3]核准缓缴说与我国立法和实践的基本思路是一致的。但值得注意的是，“缓缴”这一用语隐含有时间、期限之义，即只是在某一时间段内暂不缴纳，之后仍需缴纳。这种含义其实更符合《京都公约》专项附约4第1章所规定的“海关仓库”或者说“保税仓库”(customs warehouse)，[4] 而不是第2章所规定的自由区。[5]

原《上海市外高桥保税区管理办法》（1990年发布，已失效）第9条规定：“转口贸易的货物在保税区内储存不超过1年。如有特殊情况，经海关

---

〔1〕《海关法》第34条规定：“经国务院批准在中华人民共和国境内设立的保税区等海关特殊监管区域，由海关按照国家有关规定实施监管。”

〔2〕参见刘奇超等：“保税制度国际比较与中国关税法立法——兼论保税及保税制度的政策属性”，载《国际税收》2017年第7期。

〔3〕《海关法》（2017年修正）第59条规定：“暂时进口或者暂时出口的货物，以及特准进口的保税货物，在货物收发货人向海关缴纳相当于税款的保证金或者提供担保后，准予暂时免纳关税。”《保税区海关监管办法》（海关总署令第65号，1997年发布）第12条规定：“从境外进入保税区的货物，其进口关税和进口环节税收，除法律、行政法规另有规定外，按照下列规定办理：①区内生产性的基础设施建设项目所需的机器、设备和其他基建物资，予以免税；②区内企业自用的生产、管理设备和自用合理数量的办公用品及其所需的维修零配件，生产用燃料，建设生产厂房、仓储设施所需的物资、设备，予以免税；③保税区行政管理机构自用合理数据的管理设备和办公用品及其所需的维修零配件，予以免税；④区内企业为加工出口产品所需的原材料、零部件、元器件、包装物件，予以保税。前款第1项至第4项规定范围内外的货物或者物品从境外进入保税区，应当依法纳税。转口货物和在保税区内储存的货物按照保税货物管理。”

〔4〕《京都条约》专项附约4第1章第11条规定，海关应当规定货物在海关仓库的最长存储期限，该期限不得短于1年。See Kyoto Convention as amended, Specific Annex D, Chapter 1, Art. 11.

〔5〕《京都条约》专项附约4第2章第14条规定，除例外情形外，自由区内的货物存储不得设置期限。See Kyoto Convention as amended, Specific Annex D, Chapter 2, Art. 14.

批准可适当延长，但延长期不得超过1年；超期不出运的，由海关按有关规定处理。”《中国（上海）自由贸易试验区条例》（以下简称《上海自贸试验区条例》）第19条第5款则规定：“区内保税存储货物不设存储期限。”可见，就保税而言，上海自贸试验区已经完成了从“保税仓库”向“自由区”的“进化”，区内货物免征关税的要旨在于“附条件”（不进入境内区外）而非“附期限”。同时，对于《海关法》第59条关于“在货物收发货人向海关缴纳相当于税款的保证金或者提供担保后，准予暂时免纳关税”的规定，也可以基于海关的监管资源和能力，并综合考虑收发货人的资质、信誉等因素，对于担保的具体形式进行区别化的灵活处理。总之，将保税理解为“附条件地免征关税”而非“经核准缓缴关税”，更符合自由区和自由港的本质特征。

3. 进出自由

货物、资金、人员的进出自由，既是自由港“境内关外”定位的逻辑延伸和具体体现，也是确保实现这一定位的必要安排。

货物进出自由是指对自由港与境外之间的货物进出口提供最大限度的自由化和便利化。例如，鹿特丹港可以提供24小时通关服务（周日除外）、先存储后报关、以公司账册管理及存货数据取代海关查验，企业可以选择适合的通关程序，运作十分便利。新加坡以电子报关和电子审单为基础建立起的无缝“一站式”电子通关系统贸易网是新加坡自由贸易园区的精髓，该系统打通了海关、检验检疫、税务、军控、安全、经济发展局、企业发展局、农粮局等35个与进出口贸易相关的政府部门，所有通关程序统一经过贸易网执行；贸易网24小时运行，自动接收、处理、批准和返还企业申报的电子数据。[1]

资金进出自由是指自由港内最大限度地取消投资限制和外汇管制，使得与贸易相联系的投资和金融活动得以充分开展并进一步便利和促进贸易进行。例如，香港的资本市场完全开放，对外资公司参与当地证券交易没有任

〔1〕 参见周艳：《自由贸易园区与港口城市的再开放》，浙江大学出版社2015年版，第55、67页。

何限制；完全开放外汇市场，无论实行何种汇率制度，香港本地资金和境外资金均可自由进出；除赌博业外，所有行业均向外资开放，且无持股比例限制。[1] 迪拜的杰贝阿里自由贸易园区没有任何外汇管制措施，货币可以自由兑换，不受限制。[2]

人员进出自由则是指自由港实行宽松的出入境政策，为区内企业员工及来访商务人士的出入境及/或短期居留提供便利。这方面香港非常典型。出于方便国外专业人士和投资者进出以及促进旅游业等目的，香港实施宽松的签证政策，全世界约有170个国家和地区的居民可以免签证在香港停留7天至6个月不等。[3]

三、上海自贸试验区现有相关制度的评价与完善

应当说，境内关外和免征关税只是自由港的起点，也是所有自由贸易园区均应具有的共性特征，而在此基础上，货物、资金、人员进出自由的程度才是体现和衡量自由港开放特性和程度的关键指标。换言之，自由港的建设需要更加灵活便捷的海关监管措施、更加开放自由的投资金融环境，以及更加友好宽松的人员管理方式。就此而言，上海自贸试验区的相关法律制度与自由港的要求相比仍然存在不小的差距。

（一）货物进出自由

相对而言，货物进出自由或者说贸易自由化是上海自贸试验区与自由港差距最小的方面。按照《上海自贸试验区条例》“一线放开、二线安全高效管住、区内流转自由”的要求，上海自贸试验区在原有保税区管理制度的基础上探索建立与国际贸易等业务发展需求相适应的监管模式，目前总体上已经建立起一整套通关便利化制度，对接国际惯例，对促进国内特殊监管区域转型升级效果明显。对照代表当前国际贸易规则最新发展趋势的世贸组织《贸易便利化协定》，其中第12条第40项具体贸易便利化措施我国海关已经

---

〔1〕 参见商务部国际贸易经济合作研究院课题组：“中国（上海）自由贸易试验区与中国香港、新加坡自由港政策比较及借鉴研究”，载《科学发展》2014年第9期。

〔2〕 参见周艳：《自由贸易园区与港口城市的再开放》，浙江大学出版社2015年版，第79页。

〔3〕 参见周艳：《自由贸易园区与港口城市的再开放》，浙江大学出版社2015年版，第69页。

全部进行了对标研究，相关措施已经全面落地。[1] 具体来说，一是创新“一线放开、二线安全高效管住、区内自由”的监管制度，在海关、检验检疫部门配合下，推出“先入区、后报关”，“一次申报、一次查验、一次放行”等多项创新举措。二是搭建国际贸易“单一窗口”。2015年6月，国际贸易“单一窗口”1.0版正式上线运行，覆盖6个功能模块，涉及17个口岸和贸易监管部门，600多家企业上线办理业务，初步具备了国际贸易“单一窗口”的基本构架和主要功能；2016年1月，“单一窗口”2.0版上线，涉及9大功能模块，联通20个监管部门，上线企业达到1200多家，服务范围涉及2.6万家外贸企业，货物申报数据项减少1/3，船舶申报数据项减少80%，大幅提高了口岸通行效率。三是货物状态分类监管。对保税货物、非保税货物、口岸货物进行分类监管，通过“联网监管+库位管理+实时核注”的监管模式，对货物的“进、出、转、存”情况进行实时掌控和动态核查。[2]

在此基础上，可以考虑从以下四个方面进一步促进贸易自由化和便利化：

第一，进一步明确和强化自由港“境内关外”的法律属性，将重点放在“免于日常监管”亦即如何在技术和安全允许的范围内尽可能的“不管”，以有别于仍是以“管”为基本着眼点的“海关特殊监管区域”。事实上，只要区内货物不违法违规流入境内区外，就不会对海关税收制度和监管制度造成影响。因此，完全可以在确保“二线管住”的前提下，进一步提升“一线放开”和“区内自由”的程度和水平，提高各类货物通关、存储、转运的效率和便利程度。从监管方式看，就是要从无差别的常规监管变为差别化的精准监管，借助货物风险分类、企业信用分级等手段，针对重点风险事项建立有效的监管体制机制，包括探索一线无条件准入、实施第三方采信、基于大数据分析确定负面清单和重点监管对象等。进而言之，由于自由港建设

---

〔1〕 参见“对标国际深耕改革——上海自贸区新型海关监管制度基本形成”，载《人民日报（海外版）》2016年9月29日，第8版。

〔2〕 参见廖凡等：《上海自贸试验区建设推进与制度创新》，中国社会科学出版社2017年版，第13~14页。

主要是考虑自身禀赋和竞争力，并不承担积累可复制可推广经验的任务，因此自由港相对于自贸试验区而言，其基调应当是“一线放得更开，二线管得更严”。这一原则也适用于后续讨论。

第二，探索更加综合化、一体化的管理模式。适应“境内关外”这一特质和“自由化”这一基本要求，自由港应当基于最小化原则设置最为简化的政府机构。〔1〕目前上海自贸试验区实行的“单一窗口”制度是一种数据和信息整合的模式，虽然为企业提供了很大便利，但并未改变多个部门多头管理的基本格局。如上所述，由于自由港建设并无“可复制可推广”的任务压力，因此完全可以进行更大胆的尝试，在港区内仿效美国的机构整合模式，将海关、检验检疫、边境巡逻、移民规划等多个机构整合到一个部门，〔2〕以减少条块分割，提高办事效率。

第三，降低综合税负，提高纳税便利化水平。自由港的竞争力不仅在于（附条件地）免征关税，更在于其综合税负率要低，从而在税赋环境上具有竞争力。在这方面上海相比香港、新加坡等代表性自由港有着明显差距。此前上海自贸试验区的建设强调“可复制可推广”，要借助自贸试验区的“制度闯关”来推进改革开放、转变政府职能，而不是成为通过政策优惠招商引资的“政策洼地”。这就使得上海自贸试验区并未获得实质性的税收优惠安排。例如，广东、福建三个自贸试验区的鼓励类产业企业享有的15%的企业所得税优惠税率，〔3〕上海自贸试验区就并不享有。而从建设自由港的角度看，类似的税收优惠安排显然是有必要的。除直接优惠外，依法定程序实施完善费用扣除标准、扩大税前列支范围、增加税额豁免额度、分期或延期纳税、增加亏损结转年限、创新加速折旧等间接优惠制度，不断扩大优惠项

〔1〕参见上海对外经贸大学自由贸易港战略研究院：“关于建设自由贸易港的经验借鉴与实施建议”，载《国际商务研究》2018年第1期。

〔2〕参见商务部国际贸易经济合作研究院课题组：“中国（上海）自由贸易试验区与中国香港、新加坡自由港政策比较及借鉴研究”，载《科学发展》2014年第9期。

〔3〕参见《财政部、国家税务总局关于广东横琴新区福建平潭综合实验区深圳前海深港现代服务业合作区企业所得税优惠政策及优惠目录的通知》（财税〔2014〕26号，2014年3月25日）。

目，也是降低综合税负的题中应有之义。[1] 此外，还应通过建立便利的纳税服务体系、完善国际化税收管理制度等方式，提高港区的纳税便利化、国际化程度，使之具备自由港所应有的良好税赋环境。

第四，与国际航运中心建设保持联动。与自贸试验区的“全国一盘棋”、“雨露均沾”相比，自由港的建设发展极大地依赖于上海利用和发挥其港口优势，将通关、存储便利与物流、航运便利紧密结合起来。因此，推进国际航运中心建设对于上海建设自由港具有极为重要的现实意义。《上海国际航运中心建设蓝皮书2017》的综合评价结果显示，2017年全球综合实力前五的国际航运中心分别为新加坡、伦敦、香港、汉堡和上海，上海从2016年的第6位上升到第5位。[2] 根据中央部署，到2020年上海将基本建成具有全球航运资源配置能力的国际航运中心。而从目前来看，与海运有关的高端服务业如仲裁、理赔、租船、保险、融资等是上海国际航运中心建设中的短板，也是上海未来应该努力发展的方向。[3]

（二）资金进出自由

在笔者看来，自由港的资金进出自由包含两层意思，即外商投资领域更大范围和更深层次开放，以及推进资本市场开放和人民币资本项目可兑换。

1. 外商投资领域开放

“准入前国民待遇+负面清单”管理模式是上海自贸试验区投资法制建设的核心特征，也是上海自贸试验区设立以来的最大亮点。《上海自贸试验区条例》明确规定：“自贸试验区在金融服务、航运服务、商贸服务、专业服务、文化服务、社会服务和一般制造业等领域扩大开放，暂停、取消或者放宽投资者资质要求、外资股比限制、经营范围限制等准入特别管理措施。……自贸试验区实行外商投资准入前国民待遇加负面清单管理模式。负

---

〔1〕 参见四川天府新区成都管理委员会地方税务局课题组：“完善国内自由贸易试验区税收政策研究”，载《国际税收》2017年第10期。

〔2〕 参见张晓鸣：“上海跃升至‘国际航运中心’第五位”，载《文汇报》2017年7月20日，第2版。

〔3〕 参见廖凡等：《上海自贸试验区建设推进与制度创新》，中国社会科学出版社2017年版，第144~145页。

面清单之外的领域，按照内外资一致的原则，外商投资项目实行备案制，……外商投资企业设立和变更实行备案管理。”在上海自贸试验区2013年、2014年两版负面清单的基础上，2015年国务院办公厅推出了统一的《自由贸易试验区外商投资准入特别管理措施（负面清单）》，将负面清单管理模式推广到全国，并进而于2017年发布了《自由贸易试验区外商投资准入特别管理措施（负面清单）（2017年版）》（以下简称《2017年版清单》）。《2017年版清单》划分为15个门类、40个条目、95项特别管理措施，比2015年版减少了10个条目、27项措施。[1]

“瘦身”后的《2017年版清单》在外商投资开放度方面进一步提高，例如在金融业方面就取消了外国银行分行不可从事“代理发行、代理兑付、承销政府债券”业务、外资银行获准经营人民币业务须满足最低开业时间要求、境外投资者投资金融资产管理公司须符合一定数额的总资产要求等限制。但客观地说，以现行开放水平而言，上海自贸试验区距离国际性自由港的标准仍有不小差距。例如，自由港通常也是国际金融中心，金融业开放发达，但目前《2017年版清单》在金融业方面对外资仍有诸多限制，例如证券公司、期货公司、基金公司的外资比例均不得超过49%；寿险公司外资比例不超过50%；银行业虽然没有外资比例限制，但对于外方股东的身份、资质和总资产等都有非常严格的限制。同样地，高水平的国际性法律服务也是新加坡、香港地区等自由港的标志性特征，而目前自贸试验区对法律服务的外资进入限制依然严格，如外国律师事务所只能以代表机构的方式进入中国，且禁止从事中国法律事务。这些限制无疑都会在不同程度上妨碍和削弱港区的国际竞争力。

因此，就自由港这一目标而言，上海自贸试验区目前在外商投资领域特别是高端服务业的开放上显然还有进一步拓展和深化的空间。未来应当围绕自由港作为“全球开放水平最高的特殊经济功能区”这一基本定位，在投资开放特别是服务业开放方面进行更多探索。

---

〔1〕 减少的条目包括轨道交通设备制造、医药制造、道路运输、保险业务、会计审计、其他商务服务6条，同时整合减少了4条。

2. 推进资本市场开放和人民币资本项目可兑换

《上海自贸试验区条例》明确规定："在风险可控的前提下，在自贸试验区内创造条件稳步进行人民币资本项目可兑换……的先行先试。"2015年10月六部委和上海市人民政府《进一步推进中国（上海）自由贸易试验区金融开放创新试点加快上海国际金融中心建设方案》(以下简称《联动方案》）则重申"率先实现人民币资本项目可兑换"，要求"抓紧启动自由贸易账户本外币一体化各项业务，进一步拓展自由贸易账户功能；自由贸易账户内本外币资金按宏观审慎的可兑换原则管理"。可见，推进人民币资本项目可兑换是自贸试验区金融改革创新的首要任务，而试行资本项目可兑换的关键则是以"分账核算"为核心特征的自由贸易账户系统。

目前自由贸易账户按照"一线放开，二线管住"的原则运行。具言之，自贸试验区内居民可通过设立本外币自由贸易账户实现分账核算管理，开展投融资创新业务；非居民可在自贸试验区内银行开立本外币非居民自由贸易账户，按准入前国民待遇原则享受相关金融服务。按照"一线放开"的原则，居民自由贸易账户与境外账户、境内区外的非居民账户、非居民自由贸易账户以及其他居民自由贸易账户之间的资金可自由划转；而依据"二线管住"原则，居民自由贸易账户与境内区外的银行结算账户之间产生的资金流动视同跨境业务管理。从实践情况看，自由贸易账户系统运转良好，成效显著。截至2016年8月末，上海市所有金融机构皆能直接或间接接入自由贸易账户系统，累计开立自由贸易账户5.8万个，办理跨境结算折合人民币7.7万亿元，涉及107个国家和地区以及2.4万家境内外企业。[1]

但总体而言，目前自由贸易账户在"二线管住"上做得比较彻底，而在"一线放开"上则有所不足。一个突出的表现是，目前自由贸易账户仅开通了对机构业务，两类个人账户（区内居民个人账户和区内非居民个人账户）均未开通，从而限制了自由贸易账户功能的充分发挥。而另一方面，自由贸易账户的实际使用效率并不高，更多企业还是习惯使用传统的非居民账户

---

〔1〕 参见张新："上海自贸区：以自由贸易账户系统为基础推进八大核心金融改革取得突破性进展"，载《金融时报》2016年9月29日，第5版。

（NRA）或者离岸账户（OSA），原因则包括自由贸易账户开立不够便捷、账户内资金的可兑换程度不高、资金进入账户后使用途径有限等。[1] 这种较为谨慎的开放安排背后有诸多考虑，但顾及“一线”与“二线”之间的“互通”和“渗透”，[2] 不敢将口子开得太大应该是重要原因之一。而这其实又回到了如何处理上海自身对外开放与积累可复制可推广经验之间的关系这一本文反复论及的问题。事实上，笔者一直主张，对于“可复制可推广”的理解不宜绝对化，不应认为自贸试验区的任何创新举措都要以可复制可推广为前提。金融领域就是一个很好的例子。金融要素天生具有集中性，需要大资金、大市场、大平台，这也正是上海建设国际金融中心的原因之所在。在此情况下，如果一味强调可复制可推广，一来易于束缚金融创新思路；二来复制、推广过快会对试验深度和要素积累造成影响；三来复制、推广过多会分散金融资源，妨碍要素集聚，影响国际金融中心的建设进程。[3] 在建设高标准国际性自由港的背景下，这一命题应当说更能成立。因此，在后续制度改革创新中大可不必过多考虑如何实现“互通”和“渗透”，而是应当在继续保持“二线安全高效管住”的基础上，进一步放开“一线”，包括尽快推出个人自由贸易账户、简化账户开立和资金划转手续、提高账户内本外币兑换额度等，从而推进在资本项目可兑换进程中迈出更具实质性的步伐。

而与推进自贸试验区人民币资本项目可兑换密不可分的，是允许和支持区内机构和个人双向投资于境内外资本市场，特别是实质性开放境内资本市场。目前我国对外商直接投资和对外直接投资的限制已经相对较少，而在间接投资即证券投资方面的限制仍然较为严格。资金进入自由贸易账户后之所以使用途径有限，受限制就是重要原因之一。故此，应当按照《联动方案》关于“允许或扩大符合条件的机构和个人在境内外证券期货市场投资，尽快

---

〔1〕 参见胥会云：“自由贸易账户拓展　到底会增加点什么”，载 http://www.yicai.com/news/4707098.html.

〔2〕《中国人民银行关于金融支持中国（上海）自由贸易试验区建设的意见》规定：“同一非金融机构主体的居民自由贸易账户与其他银行结算账户之间因经常项下业务、偿还贷款、实业投资以及其他符合规定的跨境交易需要可办理资金划转。”

〔3〕 参见廖凡等：《上海自贸试验区建设推进与制度创新》，中国社会科学出版社 2017 年版，第 15 页。

明确在境内证券期货市场投资的跨境资金流动管理方式，研究探索通过自由贸易账户等支持资本市场开放”的要求，拓展现有自由贸易账户的投资功能，提高现有QFII（合格境外机构投资者）和QDII（合格境内机构投资者）的投资额度，并适时推出QFII2（合格境外个人投资者）和QDII2（合格境内个人投资者），将之与自由贸易账户相结合，使得资本市场开放和资本项目可自由兑换相辅相成、相得益彰。

（三）人员进出自由

出入境自由和停居留便利也是自由港的一大吸引力和竞争力之所在。如上所述，香港实施宽松的签证政策，全世界约有170个国家和地区的居民可以免签证在香港停留7天至6个月不等。相比之下，上海在人员进出自由方面还存在较大差距。尽管《上海自贸试验区条例》和《进一步深化中国（上海）自由贸易试验区改革开放方案》均对此提出了明确要求，[1] 但要克服诸多制度障碍而切实付诸实施还任重道远。就建设高水准的国际性自由港这一目标而言，至少需要从以下三个方面进一步改革和完善相关体制机制：

第一，针对与港区内企业有常规业务往来的境外商务人士，实施更加灵活的短期商务签证制度，包括简化相关申请流程和文件要求、给予一定期限内多次往返便利等。

第二，放宽外国人来华工作许可制度及相关工作签证制度，为港区吸引和留住人才创造条件和提供保障。这里所说的外国人既包括高层次人才（技术专家、企业高管等），也包括企业一般员工，还包括为前两类人员（也可能包括区内中国人）提供私人服务的劳务人员（如菲佣）。确保这些相关人员能够顺利来华工作并获得相应工作签证，是打造和强化港区“软实力”的

〔1〕《上海自贸试验区条例》第24条规定：“自贸试验区简化区内企业外籍员工就业许可审批手续，放宽签证、居留许可有效期限，提供入境、出境和居留的便利。对接受区内企业邀请开展商务贸易的外籍人员，出入境管理部门应当按照规定给予过境免签和临时入境便利。对区内企业因业务需要多次出国、出境的中国籍员工，出入境管理部门应当提供办理出国出境证件的便利。”《进一步深化中国（上海）自由贸易试验区改革开放方案》［国发（2015）21号］第24条规定：“探索适应企业国际化发展需要的创新人才服务体系和国际人才流动通行制度。完善创新人才集聚和培育机制，支持中外合作人才培训项目发展，加大对海外人才服务力度，提高境内外人员出入境、外籍人员签证和居留、就业许可、驾照申领等事项办理的便利化程度。”

一个重要方面。

第三，对港区内外籍高层次人才申请中国永久居留权给予适当倾斜。中国的外国人永久居留身份证素有“全世界最难拿绿卡”之称。尽管我国早在2004年就出台了《外国人在中国永久居留审批管理办法》，并规定了从形式上看并不十分苛刻的基本门槛条件，[1]但由于实际操作中的严格控制，顺利获得中国绿卡的外国人少之又少[2]。为满足人员进出自由要求，提升上海作为自由港的吸引力和竞争力，有必要考虑对港区内的外籍高层次人才申请中国“绿卡”予以适度倾斜并提供所需便利。

四、结语

在上海自贸试验区顺利完成《总体方案》设定的“经过两至三年的改革试验，……为我国扩大开放和深化改革探索新思路和新途径，更好地为全国服务”的预期目标后，2017年国务院印发的《全面深化中国（上海）自由贸易试验区改革开放方案》（国发〔2017〕23号）对上海自贸试验区提出了新的更高要求，即“对照国际最高标准、最好水平的自由贸易区，全面深化自贸试验区改革开放，加快构建开放型经济新体制”。换言之，上海自贸试验区积累可复制可推广经验的任务已经基本告一段落，下一阶段的工作重心是充分利用自身禀赋和发挥特有优势，向“全球开放水平最高”的自由港看齐。这一基本原则必须加以明确和坚持，以便为下一步改革创新工作提供清晰而坚定的思路。

上海自身的独特优势以及自贸试验区四年多来的发展创新为上海建设高水平自由港奠定了必要基础。未来应当紧扣自由港的基本内涵和特征，围绕

---

〔1〕 根据《外国人在中国永久居留审批管理办法》第6条的规定，申请在中国永久居留的外国人应当遵守中国法律，身体健康，无犯罪记录，并符合下列条件之一：①在中国直接投资、连续3年投资情况稳定且纳税记录良好；②在中国担任副总经理、副厂长等职务以上或者具有副教授、副研究员等副高级职称以上以及享受同等待遇，已连续任职满4年、4年内在中国居留累计不少于3年且纳税记录良好；③对中国有重大、突出贡献以及国家特别需要；④亲属团聚。

〔2〕 例如，2016年公安部批准1576名外国人在中国永久居留，至此中国“绿卡”持卡人数才破万。而在中国长期居住的外籍人口已有近百万人。参见“中国‘绿卡’的珍贵程度　你一定想不到!”，载 http://www.infzm.com/content/131280.

货物进出自由、资金进出自由和人员进出自由三个方面进一步改革和完善相关制度和规则，包括但不限于建立与“境内关外”这一基本属性相吻合的海关监管和政府管理模式，降低港区综合税负水平，扩大相关行业特别是高端服务业对外开放，推进资本市场开放和人民币资本项目可兑换，实施更加灵活的签证制度、外国人来华工作许可制度和“绿卡”制度等。“长风破浪会有时，直挂云帆济沧海。”搭乘新时代的巨轮，践行全面深化改革、扩大对外开放的国策，上海自由港建设的前景令人期待。

论中国语境下的自由贸易区法律制度*

马忠法** 彭亚媛***

一、引言

中国政府在2013年9月适时作出决定在上海建立自由贸易试验区（以下简称“自贸区”〔1〕），以期在国际贸易和中国的进一步改革中作出制度性构建的尝试，“打造中国经济升级版”，并在全球贸易中起到至关重要的作用；同时适当放松管制、减少税收和有限监管以有利于促进经济发展并为国际贸易和投资提供便利。〔2〕这一重大决策与早期提出的鼓励企业“走出去”

* 本文为上海市哲学社会科学“十二五”规划课题（2012BF005）项目。

** 复旦大学法学院教授，博士生导师。

*** 复旦大学国际法博士研究生。

〔1〕关于这一概念，为了避免媒体及公众将其与跨关境或国境的“自由贸易区”（FTA）混淆，2008年商务部和国家海关总署专门出台了《关于规范“自由贸易区”表述的函》；它规定自贸园区是指在某一国家或地区境内设立的实行优惠税收和特殊监管政策的小块特定区域。当时我国的经济特区、保税区、出口加工区、保税港、经济技术开发区等特殊经济功能区都具有“自由贸易园区”的某些特征，但又尚无与“自由贸易园区”完全对应的区域。参见《关于规范“自由贸易区”表述的函》（商国际函〔2008〕15号）。本文没有特别说明时，“自贸园区”与“自贸区”为同一含义。

〔2〕BASCAP, “Controlling the Zone: Balancing Facilitation and Control to Combat Illicit Trade in the World's Free Trade Zones”, May, 2013, p. 1, available at http://www.iccwbo.org/Advocacy-Codes-and-Rules/BASCAP/Welcome-to-BASCAP/.

战略及后来提出并不断深入的"一带一路"倡议,[1]构成了中国在新形势下应对全球贸易发展新形态的三大有效措施。围绕这些措施，进行相应的法律制度探讨意义重大，但本文限于篇幅，只探讨自贸区的法律制度。自全国第一个自贸区——上海自贸区——正式成立与运行起至2017年4月1日，河南、浙江等7个自贸区正式挂牌，全国共建立了11个自贸区。2018年4月，在中国改革开放40周年之际，中共中央国务院决定将在海南建设自贸区和中国特色自由贸易港。[2] 这标志着中国在建设自贸区和自由贸易港方面又迈出了关键的一步。

根据部署，我们将围绕制度创新这个核心，接纳高标准国际经贸规则，扩大自贸区的领域和范围以形成特色各异、侧重不同的自贸区试点格局，使改革全面深化，开放力度进一步加大。而自贸区扩容之后，各自贸区的条例或办法主要是参照上海的做法，在结构上雷同之处较多，而在内容上各自又有自己的特色和着重点。中央要求自贸区法律制度建设是一种制度创新的尝试，而非改革开放初期各地为吸引外资而采取的各种（如土地、税收、劳动力等方面）优惠政策的翻版，但实践中会否成为新一轮的优惠政策的大比拼？由此会否通过所谓的地方性政策来贬损国家法律制度的权威？为此，我们很有必要对自贸区的法律制度进行梳理，发现其不足之处，以期能在今后的探索中逐步完善，为十九大报告提出的"赋予自由贸易试验区更大改革自主权，探索建设自由贸易港"[3]及2018年的政府工作报告提出的"全面复制推广自贸试验区经验，打造基于自由贸易港建设基础上的改革开放新高地"[4]在法律制度构建和完善方面作出一些有价值的探索。

---

〔1〕 2013年9月和10月，国家主席习近平在出访中亚和东南亚国家期间，先后提出共建"丝绸之路经济带"和"21世纪海上丝绸之路"两个符合欧亚大陆经济整合大战略的重大倡议，合称"一带一路"战略。2015年3月，为推进实施"一带一路"，以新的形式使亚欧非各国联系更加紧密，互利合作迈向新的历史高度，中国政府发布《推动共建丝绸之路经济带和21世纪海上丝绸之路的愿景与行动》。

〔2〕 具体内容参见中共中央国务院：《关于支持海南全面深化改革开放的指导意见》（2018年4月11日），载《人民日报》2018年4月15日。

〔3〕 参见习近平：《决胜全面建成小康社会　夺取新时代中国特色社会主义伟大胜利》，人民出版社2017年版，第35页。

〔4〕 参见李克强："政府工作报告（2018）"，载《人民日报》2018年3月23日。

关于国内自贸区法律制度探讨研究，从中国期刊网上以其为主题查找可以获得的文献有430余篇，其中约95%的论文是2014年以来发表的（2015年和2016年较多，分别达125篇和107篇），而且多集中于自贸区涉及的具体制度，如金融、货物贸易、知识产权、投资中的负面清单制度及争端解决等，从自贸区法律制度的整体架构和内容方面进行探讨的不多。较早在整体上研究自贸区法律制度的论文实质上是将“保税区”视为作者们所理解的“自贸区”；〔1〕也有学者提出了中国自贸区法律制度的构想，认为应包括立法机构、海关监管、投资、人员流动、货物进出口、税收优惠及金融便利等。〔2〕 2013年之后，有学者主张在上海自贸区制度创新中要把握以下方面：自贸区法治如何依法突破既有规则，根据“国家战略”定位进行法治建设，地方立法应有所作为，建立集中统一的市场监管综合体系，注重建立健全争端解决机制等。〔3〕 也有学者从开放与改革两个向度提出自贸区法律制度的构建需将法治的新议题展开为投资便利化、贸易自由化、金融国际化等十二个方面，并阐释了有待未来研究的新领域。〔4〕 还有人认为上海自贸区的法制环境建设的立法框架、执法体制、司法体系等面临极大挑战，要实现从“法律试验”到“制度转型”，就要充分考量改革后执法监管体制的可复制性等。〔5〕 更有人认为国家应尽快推出统一的、对接国际高标准规则并兼顾原则性和灵活性的全国性自贸园区立法，〔6〕出台“中国自贸区法”，并遵循“法治先行”原则，使自贸区法律制度与管理模式逐步由三层级过渡升级为双层级。〔7〕

---

〔1〕 参见刘剑文等：“中国自由贸易区建设的法律保障制度”，载刘剑文主编：《财税法论丛》（第3卷），法律出版社2004年版。

〔2〕 张小玲：《我国建立自由贸易园区法律问题研究》，海南大学2010年硕士学位论文。

〔3〕 沈国明：“法治创新：建设上海自贸区的基础要求”，载《东方法学》2013年第6期。

〔4〕 郑少华：“论中国（上海）自由贸易试验区的法治新议题”，载《东方法学》2013年第6期。

〔5〕 杨力：“中国改革深水区的法律试验新难题和基本思路——以中国（上海）自由贸易试验区的制度体系构建为主线”，载《政法论丛》2014年第1期。

〔6〕 陈立虎：“中国自由贸易园区立法的新思考”，载《法治研究》2016年第2期。

〔7〕 李猛：“中国自贸区法律制度的构造及其完善”，载《上海对外经贸大学学报》2017年第2期。

上述涉及自贸区整体法律制度研究的成果从不同角度为相关制度的完善提供了很有价值的思考和视角，但在该制度的法理、法律渊源、性质、特征等方面可以进行更为系统和深入的探讨，特别是制定统一的自贸区法的论点值得商榷，其论证也缺少足够的说服力。这些均需澄清或加强论证。

本文的创新点是在现有相关研究的基础上，提出自贸区法律制度突破和完善的法理基础为“符合规律的法律是良法”，而作为改革开放深入的试验区——自贸区——其重要使命是探索建立完善的市场经济法律制度，因此，构建和完善自贸区法律制度的法理来自于使其符合市场经济发展规律；分析论证了自贸区法律制度的法律渊源、法律特征及其使命等，最后还提出完善相关制度的建议。本文不赞同有些学者提出的先制定中国统一的“自贸区法”的观点。本文的逻辑结构是由引言引出需要讨论的问题，然后在研究综述的基础上，结合自贸区建设与发展的背景，介绍和论述我国自贸区法律制度的主要内容并分析其主要特征与面对的问题。最后结论部分在前文分析的基础上，提出构建与完善自贸区法律制度的建议。

二、中国自贸区的主要法律规范

本部分讨论的自贸区法律制度主要是从法律渊源的角度进行分析。从自贸区法律制度效力等级上看，目前（截至2018年3月23日）主要有，立法机关制定的规范性文件——法律——有4个（但2个已经失效）；国务院制定的规范性文件——行政法规——重要的有16个；国务院各部委制定的规范性文件——部门规章——重要的有60余个；上海地方立法机关和政府制定的规范性文件——地方性法规和规章——有80个左右。[1] 至于其他10个自贸区相关省市制定的适合各自特点的地方性法规和规章，这里不一一罗列，具体信息可以参照后文及各个自贸区的官方网站“政策法规”一栏。下文将就主要的法律法规作简要介绍：

〔1〕 参见“政策法规”，载 http://www.china-shftz.gov.cn/，最后访问日期：2018年3月20日。

（一）立法机关制定的规范性文件

至2017年9月，立法机关制定的规范性文件主要有：①2013年8月30日，第十二届全国人大常委会通过的《关于授权国务院在中国（上海）自由贸易试验区暂时调整有关法律规定的行政审批的决定》。②2014年4月26日关于《〈中华人民共和国刑法〉第一百五十八条、第一百五十九条的解释》（以下简称《2014年解释》），全国人大常务委员会讨论了《公司法》修改后《刑法》（妨害对公司、企业的管理秩序罪）第158条、第159条的适用范围问题，解释如下：《刑法》第158条、第159条的规定，[1]只适用于依法实行注册资本实缴登记制的公司。③2014年12月28日，第十二届全国人大常委会通过的《全国人民代表大会常务委员会关于授权国务院在中国（广东）自由贸易试验区、中国（天津）自由贸易试验区、中国（福建）自由贸易试验区以及中国（上海）自由贸易试验区扩展区域暂时调整有关法律规定的行政审批的决定》。④2016年9月3日第十二届全国人大常委会表决通过了《关于修改〈外资企业法〉等四部法律的决定》（以下简称《2016年决定》）。

其中第1个和第2个规范性文件的核心内容是：暂时调整《外资企业法》第3条、《中外合资经营企业法》第3条、《中外合作经营企业法》第5条[2]和《台湾同胞投资保护法》第8.1条等中有关行政审批的内容（改为"备案管理"）。[3] 这些条款主要涉及行政管理审批制度以及准入前非国民

---

[1] 《刑法》第158条规定："申请公司登记使用虚假证明文件或者采取其他欺诈手段虚报注册资本，欺骗公司登记主管部门，取得公司登记，虚报注册资本数额巨大、后果严重或者有其他严重情节的，处3年以下有期徒刑或者拘役，并处或者单处虚报注册资本金额1%~5%罚金。单位犯前款罪的，对单位判处罚金，并对其直接负责的主管人员和其他直接责任人员，处3年以下有期徒刑或者拘役。"《刑法》第159条规定："公司发起人、股东违反公司法的规定未交付货币、实物或者未转移财产权，虚假出资，或者在公司成立后又抽逃其出资，数额巨大、后果严重或者有其他严重情节的，处5年以下有期徒刑或者拘役，并处或者单处虚假出资金额或者抽逃出资金额2%以上10%以下罚金。单位犯前款罪的，对单位判处罚金，并对其直接负责的主管人员和其他直接责任人员，处5年以下有期徒刑或者拘役。"

[2] 具体内容参见全国人大常委会《关于授权国务院在中国（上海）自由贸易试验区暂时调整有关法律规定的行政审批的决定》（2013）。

[3] 《全国人民代表大会常务委员会关于授权国务院在中国（广东）自由贸易试验区、中国（天津）自由贸易试验区、中国（福建）自由贸易试验区以及中国（上海）自由贸易试验区扩展区域暂时调整有关法律规定的行政审批的决定》（2014）。

待遇等问题，目的是减少政府不必要的行政干预，由市场决定的事情交由市场来决定。但它们只是涉及上述各法律的若干条款，而非整个法律；其用词是“暂时调整”而非“停止”，上述与行政审批相关的条款的调整在3年内试行，如果实践证明可行的，则修改和完善有关法律；如果实践证明不可行的，则恢复有关法律规定的实施和履行。自贸区法律制度的具体内容——投资领域，含建立投资准入前国民待遇原则、改革外商投资管理模式——采取负面清单管理模式，深化行政审批制度改革。这些均是反映从身份到契约的变化，对中国推行市场经济建设意义重大。这些规定体现的核心思想是全面提升事中、事后监管水平（宽进严管）；放松管制的同时，加强对劳工标准、投资者权益保护、环境保护、公平竞争等的有效监管。

经过3年试验，证明上述暂停实施的效果是积极的，值得肯定，故在2016年9月3日第十二届全国人民代表大会常务委员会表决通过了《2016年决定》，自2016年10月1日起施行。该决定对于三资企业法〔1〕以及《台湾同胞投资保护法》等12个行政审批条款作出修改，将国家规定的准入特别管理措施之外的外商投资企业和台胞投资企业，其公司设立和公司事项变更，由审批制改为备案制。国家规定的准入特别管理措施由国务院发布或者批准发布。〔2〕上述法律修改后，2013年、2014年全国人大常委会的两个决定自动失效；而第三批设立的7个自贸区就无需全国人大常委会作出决定，直接依据修改后的四部法律和国务院的相关规定设立即可。故目前由立法机关通过的有效的规范性文件只有第2项和第4项两项。其中《2014年解释》主要是基于《公司法》的修改而作出的，而《2016年决定》是基于自贸区先行先试成功之后而对相关法律进行的修改。它们的内容涉及涉外投资的四部法律和《刑法》相关规定。此外，与之相关的还有2013年修改后的《公司法》所规定的取消公司最低注册资本标准和实缴资本制等，改为公司注册资本由公司章程规定并实施认缴资本制等，这降低了公司设立的门槛，利于

〔1〕三资企业法即《外资企业法》《合资经营企业法》《合作经营企业法》。

〔2〕“全国人大常委会关于修改《外资企业法》等四部法律的决定”，载《人民日报》2016年9月5日。

“大众创业万众创新”战略的实施及自贸区企业的设立等。需要明确的一点是：这些法律规范的形成虽源于自贸区的活动，或与自贸区密切相关，但它们不仅适用于自贸区，也适用于全国。

(二) 国务院制定的规范性文件——16 个重要的行政法规

国务院制定的行政法规目前主要有 16 个。其中最为重要的四个文件的名字和大体内容分别如下：

1.《自由贸易试验区外商投资国家安全审查试行办法》

该办法目的是为了保障国家安全而对敏感投资主体、并购对象、敏感的行业、技术、地域的外商投资进行安全审查。[1] 其内容有：审查范围、内容、工作机制和程序、其他规定。审查内容主要是外商投资对于国防安全、文化安全、网络安全、国家经济稳定、国家安全关键技术研发能力以及社会生活秩序和社会公共道德的影响。[2] 外商投资国家安全审查是多数发达国家的通行做法，在我国自贸区内实行负面清单制度后，它是一个非常必要的配套制度和措施。

2.《国务院关于实行市场准入负面清单制度的意见》与《自由贸易试验区外商投资准入特别管理措施（负面清单）》

市场准入负面清单制度是指，一个国家以清单方式明确列明在本国境内禁止和限制投资的行业、领域和业务等，并且相关政府依法采取相关管理措施等一系列的制度安排；负面清单以外的行业、领域、业务等，外商投资企业、本国企业等皆可依法平等进入。负面清单之内的非禁止投资领域，须进行外资准入许可。

2015 年 10 月中国发布了《关于实行市场准入负面清单制度的意见》，该《意见》对负面清单制度的适用范围、原则和期限作出了详细的规定(自 2015 年 12 月 1 日至 2017 年 12 月 31 日)。[3] 负面清单制度重点规定了不符合国民待遇等原则的外商投资准入，以及相应的政府层面的特别管理措

〔1〕 参见《国务院办公厅关于印发自由贸易试验区外商投资国家安全审查试行办法的通知》(国办〔2015〕24 号)，2015 年 4 月 8 日。

〔2〕 参见《自由贸易试验区外商投资国家安全审查试行办法》(2015 年 4 月 8 日)。

〔3〕 具体见《国务院关于实行市场准入负面清单制度的意见》(2015 年 10 月 19 日)。

施。该措施适用于上海、广东、天津等11个自由贸易试验区。《自贸试验区负面清单》先后发布过4个版本：第1个和第2个版本适用于上海，分别于2013年9月和2014年6月颁布，特别措施也从190项减少到139项，减少51项，调整率达26.8%。[1] 随着中国经济的发展和对外开放力度的加大，2015年4月8日，国务院颁布了第3个版本的负面清单，将特殊措施进一步减少到122项，并适用于上海、广东、天津、福建四个自贸区。[2] 17年6月16日发布、同年7月10日起开始实施的《自由贸易试验区外商投资准入特别管理措施（负面清单）(2017年版)》，根据《国民经济行业分类》(GB/T4754-2011) 划分为15个门类、40个条目以及95项特别管理措施。2017年版负面清单与上一版相比，减少了10个条目和27项措施。该版本的负面清单，同时面向11个自贸区，涉及政府层面的特别管理措施，既包括了具体行业措施，也涵盖适用于所有行业的水平措施。同时2015年版本的自贸区负面清单废止。可以看出，负面清单是变化较快的领域，其趋势是使制造业、服务业等领域更加开放。譬如，2017年版本的自贸试验区负面清单减少的10个条目，囊括了保险业务行业、轨道交通设备制造行业、道路运输行业、医药制造行业、会计审计行业和其他商务服务等；缩减的27项特别管理措施有：金融业有4项，交通运输业有2项，采矿业有2项，制造业有10项，信息技术服务业有1项，租赁和商务服务业有4项，教育有1项及文化、体育和娱乐业2项。[3]

《自贸试验区负面清单》中没有列出的，与国家安全、金融审慎、政府采购、补贴、公共文化、公共秩序、非营利组织和税收有关的特别管理措施，按照现有规定实施；如果自贸试验区内的外商投资涉及国家安全，则必须按照《自由贸易试验区外商投资国家安全审查试行办法》的规定进行安全审查。

负面清单制度是外商投资准入前国民待遇的重要依据，参照国际通行的做法对吸引优质外资能够起到积极推动作用。根据统计数据，截至2017年4

---

〔1〕 参见中国（上海）自由贸易试验区2014版负面清单情况说明会，载 http://www.scio.gov.cn/xwfbh/gssxwfbh/fbh/Document/1374308/1374308.htm.

〔2〕 具体内容参见《自由贸易试验区外商投资准入特别管理措施（负面清单）》(2015年版)。

〔3〕 参见《自由贸易试验区外商投资准入特别管理措施（负面清单）》(2017年版)。

月，上海自贸区总共设立外资企业 8734 家，吸纳合同外资 6880 亿元人民币；广东、福建、天津 3 个自贸区总共设立外资企业 12 712 家，合同涉外资 11 357 亿元人民币。也就是说，4 个自贸区，仅 1/2000 的国土面积，吸引了全国将近 10%的外资。〔1〕

3.《进一步深化中国（上海）自由贸易试验区改革开放方案》

该方案是党中央、国务院作出的重要决策，是在新的国际贸易环境下为全面深化改革、增加开放探索新途径、累积新经验的重大举措，对加快转变政府职能、探索新型管理模式、推进贸易和投资便利化、形成进一步改革的新动力、增强开放新优势具有意义重大。自贸试验区应当要当好改革开放的排头兵，成为创新发展先行者，以制度创新为核心，贯彻创新驱动等国家战略，在构建改革开放型经济新体制、创新区域经济合作模式、完善法治化营商环境等方面，要率先挖掘改革潜力，破解改革中遇到的困难，要积极研究外商投资准入前国民待遇和负面清单管理模式，深化政府管理体制改革，提高事中事后监管能力和水平。建设自贸区的指导思想是：解放思想，先行先试，核心任务是制度创新，重要底线是防控风险，重要主体是企业，以开放促改革、促发展，加快行政管理体制转变，高屋建瓴，以制度创新推动全面深化改革，构建和完善国际化、市场化、法治化的投资和贸易规则体系，促使自贸试验区成为中国全面参与全球化进程的重要载体，可以更好地推动“一带一路”战略建设和长江经济带发展，总结可复制可推广经验，示范引领，服务全国。〔2〕

4.《国务院关于推广中国（上海）自由贸易试验区可复制改革试点经验的通知》

在全国范围内可复制可推广的改革事项，涉及投资管理领域（如外商投资广告企业项目备案制、涉税事项网上审批备案、企业设立实行“单一窗口”等近十项内容）、贸易便利化领域（如中转货物产地来源证等五项）、

〔1〕 季明等：“算好三笔账，上海自贸区赢得新空间”，载《新华每日电讯》2017 年 6 月 11 日。

〔2〕 具体内容参见《进一步深化中国（上海）自由贸易试验区改革开放方案》（2015 年 4 月 8 日）。

金融领域（如外商投资企业外汇资本金意愿结汇等事项）、服务业开放领域（如允许融资租赁公司兼营与主营业务有关的商业保理业务等事项）、事中事后监管措施（如社会信用体系、企业年度报告公示和经营异常名录制度等）。此外还有在全国其他海关特殊监管区域可复制可推广的经验，包含海关监管制度创新（如期货保税交割海关监管制度等）及检验检疫制度创新（如进口货物预检验、分线监督管理制度等）。[1]

其他行政法规[2]和国务院相关部门作出的近六十个关于自贸区的规章，内容详尽细致，涉及自贸区管理的方方面面，此处不一一介绍。

（三）地方性法规和规章

1. 上海地方性法规与规章

上海地方性法规主要指2014年7月25日《中国（上海）自由贸易试验区条例》，其内容（共9章57条）有总则5条，含制定依据、目标、市场主体作用等；管理体制6条，涉及管委会、统筹管理与协调、综合审批、集中处罚等；投资开放6条，如暂停等相关准入特别措施、负面清单、认缴制；贸易便利7条，涉及一线放开，二线管住；单一窗口；人员跨境；金融服务8条，涉及人民币资本项目和跨境使用、金融市场、外汇等；税收管理3条，涉及税务服务便捷、相关信息共享；综合监管10条，涉及行政监管（重事中事后）、行业自律、社会监督、公众参与；法治环境11条，含区内立法、

[1] 具体内容参见《国务院关于推广中国（上海）自由贸易试验区可复制改革试点经验的通知》（2014年12月21日）。

[2] 这里的其他行政法规，包括以下：2013年12月21日《国务院决定在中国（上海）自由贸易试验区内暂时调整有关行政法规和国务院文件规定的行政审批或者准入特别管理措施目录》（2013-51号）、2014年9月4日《国务院关于在中国（上海）自由贸易试验区内暂时调整实施有关行政法规和经国务院批准的部门规章规定的准入特别管理措施的决定》、2016年1月12日《国务院关于同意在天津等12个城市设立跨境电子商务综合试验区的批复》、2015年12月22日《国务院关于上海市开展“证照分离”改革试点总体方案的批复》、2015年12月6日《国务院关于加快实施自由贸易区战略的若干意见》、2015年8月28日《国务院办公厅关于印发加快海关特殊监管区域整合优化方案的通知》、2015年8月31日《国务院办公厅关于加快融资租赁业发展的指导意见》、2016年10月8日国务院通过自2017年2月1日起施行《企业投资项目核准和备案管理条例》、2017年3月30日《国务院关于印发全面深化中国（上海）自由贸易试验区改革开放方案的通知》、2017年5月5日通过的《国务院办公厅关于加快推进“多证合一”改革的指导意见》，等等。

执法、司法、信息公开等；附则1条。[1] 上海是先政府规章后地方性法规，目前在第三批自贸区中，河南、陕西、湖北和四川等也是先制定了政府规章，至于将来会否制定或什么时候制定地方性法规，不得而知。

第二批3个自贸区均是直接制定地方性法规，各地人大在制定各自自贸区的条例时十分关注《中国（上海）自由贸易试验区条例》的规定，并不同程度地加以参考。广东、天津与福建先后制定了《中国（广东）自由贸易试验区条例》（2015年5月29日）、《中国（天津）自由贸易试验区条例》（2016年1月4日）与《中国（福建）自由贸易试验区条例》（2016年4月1日）。第三批自贸区中，目前只有浙江在酝酿自贸区地方性法规。

第三批7个自贸区中，河南于2017年3月29日公布了《中国（河南）自由贸易试验区管理试行办法》（共9章67条）。[2] 湖北省于2017年4月10日通过了《中国（湖北）自由贸易试验区建设管理办法》。[3] 陕西于2017年12月14日通过了《中国（陕西）自由贸易试验区管理办法》（共9章51条）。[4] 四川于2017年8月6日颁布了《中国（四川）自由贸易试验区管理办法》（共7章66条）。[5] 浙江是以地方性法规的形式于2017年12月27日颁布了《中国（浙江）自由贸易试验区条例》（共8章59条）。辽宁于2017年9月在其省政府网站上发布了《中国（辽宁）自由贸易试验区条例（草案）》的征求意见稿（共9章70条）。[6] 重庆目前尚未见到制定相关条例或办法的信息。这些自贸区制定的条例或办法总体而言内容大体相近，主要参照《中国（上海）自由贸易试验区条例》，只是在特色方面，结合本自贸区的特点，略有变化。不过，河南、四川、湖北、陕西是采用省政府规章的形式，而浙江是采用地方性法规的形式，而辽宁也计划采用地方

---

[1] 参见《中国（上海）自由贸易试验区条例》（2014）。

[2] 参见《中国（河南）自由贸易试验区管理试行办法》（2017），河南省人民政府第178号令。

[3] 参见《中国（湖北）自由贸易试验区建设管理办法》（2017），政令第394号。

[4] 《中国（陕西）自由贸易试验区管理办法》，载 http://www.shaanxiftz.gov.cn/zcfg/dfzcfg/BNbAJn.htm？pt=zwgk&op=dfzc.

[5] 参见《中国（四川）自由贸易试验区管理办法》（2017），四川省人民政府第320号令。

[6] "省政府法制办就《中国（辽宁）自由贸易试验区条例（草案）》公开征求意见"，载 http://www.ln.gov.cn/wsdc/dfxfg/201709/t20170921_3049446.html.

性法规的形式。

截至2018年4月28日，上海市地方性规章（适用于所有自贸区或部分自贸区的，没有计算在内）有80余个，综合类8个，投资类15个（负面清单、境内境外投资备案），金融类18个，服务类2个，管理类23个，争端解决类4个，税收类2个，其他11个；[1]广东省地方性规章有综合类约31个，投资类15个，贸易类15个，金融类20个，财税类14个；[2]天津地方性法规各类加在一起240个左右，特色是注重一带一路；[3]福建约180余个，其特色是针对我国台湾地区和东盟自由贸易区等，加强与它们的经贸往来。[4] 第三批设立的自贸区中，河南自贸区政策法规近30个；[5]浙江自贸区将政策法规分为总体政策、综合类、投资类、贸易类、通关监管类和财税类六大类，每一类分别有：3个、9个、5个、2个、4个和2个。[6] 其他不一一列举。[7]

总的来说，关于自贸区的法律制度，从结构上说已经构建了从法律法规到部门规章再到地方性法规和规章较为完整的制度体系。

三、自贸区法律制度的特点及其使命

（一）自贸区法律制度的特点

从我国自贸区近几年的运行实践来看，上海、天津、广东、福建自贸区都追求机制、体制、法治上的创新和突破。前述四个自贸区都以加快行政管理体制转变、加大投资领域的开放程度、推动贸易发展方式转变、便利金融领域的开放创新、完善法治领域等的制度安排作为首要任务。[8] 中国政府

---

〔1〕 参见“政策法规”，载 http://www.china-shftz.gov.cn/.

〔2〕 参见“政策法规”，载 http://www.china-gdftz.gov.cn/zcfg/csl/#zhuyao.

〔3〕 参见“政策法规”，载 http://www.china-tjftz.gov.cn/html/cntjzymyqn/ZCFG24994/List/list_0.htm.

〔4〕 参见“政策法规”，载 http://www.china-fjftz.gov.cn/article/list/gid/85.html.

〔5〕 参见“地方政策法规”，载 http://www.china-hnftz.gov.cn/zwgk_ list-76-3.html.

〔6〕 参见“政策法规”，载 http://www.china-zsftz.gov.cn/list/379.

〔7〕 相关数据可参见各个自贸区官方网站的“政策法规”部分。

〔8〕 周汉民：“中央党校省部级干部进修班战略思维与领导能力研究专题第一课题组——我国四大自贸区的共性分析、战略定位和政策建议”，载《理论视野》2015年第4期。

第三批批准设立的7个自贸区也紧随其后。11个自贸区建设的共同之处是：都十分重视制度先行，每一个自贸区的官方网站都有“政策法规”栏目，及时将它们所在的省、市（直辖市）通过的规范性文件予以公开，以便于实施，使自贸区的一切活动真正做到在法规透明下运行，而非改革开放之初的“摸着石头过河”。为此，本部分就整体上的自贸区法律制度的特点作一分析。我们认为它有以下三个特点：

1. 自贸区法律制度建设中的“先行先试”使得现有的自贸区制度政策性特征明显

中国自贸区法律制度的建设在探索中遵循先行先试原则，而《总体方案》是先行先试的法律界限。自贸区的法制建设既要预留空间以求制度创新，又要协调改革的阶段性与法律安定性之间的关系。[1] 但到底如何把握分寸以期在实现改革目标的同时不对当下的法律体系造成冲击？目前可以看出，现有的相关规定政策性特征明显，多数规范性文件的立法效力等级阶位较低，以行政法规、部门规章和地方性法规为主体；[2]而且其制度框架处于发展变动之中。在积极发挥立法的引领作用与着力增强前瞻性方面，尚有很大的努力空间。

“先行先试”不仅涉及执法还涉及积极发挥立法的引领作用等，并着力增强前瞻性，内容上将宽进及事中、事后监管制度作为重中之重。带来的问题是：“先行先试”、“允许试错”可否突破现有的法律规定？上海自贸区最早采取“先行先试”，其每一个“先试”都有可能与现行法律法规相违背。但违背的“界限”在哪里？即可以突破规章、行政法规还是法律？如果突破的是人大制定或修改的法律，有无可能影响到法律的权威？现在的改革不再是“摸着石头过河”而应是“先立法后改革”，这种突破与“法治”理念是否冲突？

对上述问题的回答都会涉及修改或废止现行法律法规，而根据自贸区法

---

〔1〕 丁伟：“上海市人民代表大会法制委员会关于《中国（上海）自由贸易试验区条例（草案）》审议结果的报告——2014年6月17日在上海市第十四届人民代表大会常务委员会第十三次会议上”，载《上海市人民代表大会常务委员会公报》，2017年7月31日。

〔2〕 黄洁：“上海自贸区争端解决机构的建立与相关国内法制度创新”，载《中山大学学报（社会科学版）》2014年第5期。

治方面"先行先试"的要求，这些修法活动又多是从地方开始试验的。但是地方政府只是法律的执行者并没有立法权，如果它们要"先行先试"修改相关规定，可能会突破现有的法律体系从而"违法"。自贸区虽说非常特殊，但是废止或修改了现行有效的法律和规章，合法性问题仍然需要探讨。举例而言，在企业设立登记方面，上海市工商行政管理局2013年9月《关于中国（上海）自由贸易试验区内企业登记管理的规定》（以下简称《规定》）取消了公司最低注册资本的要求，取消了发起人首次出资比例以及股东货币出资比例的规定，甚至取消了公司股东缴足出资期限的规定。〔1〕这一规定显然与《公司法》的相关内容相违背〔2〕，是厅局级行政机关的规章对《公司法》部分条款在自贸区内的废止〔3〕。当然，2013年底，我国《公司法》的修改几乎全部采纳了这一《规定》上述的所有内容，试行的级别很低的规范性文件中的内容直接变成法律的条款，在我国立法史上是较为少见的。我们认为造成这种现象的理由是：它较为符合我们大力提倡的"大众创业、万众创新"这一政策，〔4〕为创业者降低创业门槛，同时也较为符合多数国家公司法的通行做法；正所谓只要符合"规律"，就不问"英雄出处"。但这种做法（用效力位阶较低的规范性文件否定或废止法律的部分条款）可否在其他领域进行推广，即"先行先试"是否意味着自贸区可以任意突破法律规范的界限？如果可以，该界限如何把握？这些都很值得研究。这种做法的好处是对显然不符合规律的内容可以在短期内废止，但其最大的风险是对现存法律制度的权威与体系完整带来冲击。〔5〕

2. 自贸区法律制度的内容彰显出其满足市场经济发展规律内在要求的特点

自贸区自设立以来，从不同层面通过的规范性文件彰显出其适合市场经

---

〔1〕参见《关于中国（上海）自由贸易试验区内企业登记管理的规定》第6条。

〔2〕具体参见《公司法》（2005年修改）第26条、第27条第3款、第59条、第81条。

〔3〕参见杨登峰："区域改革的法治之路——析上海自贸区先行先试的法治路径"，载《法治研究》2014年第12期。

〔4〕具体内容参见2015年6月11日，国务院《关于大力推进大众创业万众创新若干政策措施的意见》（国发〔2015〕32号）。

〔5〕陈俊："上海自贸区的立法挑战及对策探讨"，载《上海法学研究》2014年第1期。

济发展需求的法律制度的特点，体现了政府法治理念的重大转变，其核心是"非禁即可"，意图设立"小政府、大社会"的制度，政府做好该做的，其他放手给企业等市场主体做。这一特点的具体表现就是：从私人部门如企业、市民等角度看，这些制度遵循"法无禁止皆可为"原则；而从公权力部门如政府部门的角度看，遵循"法无授权不可为"、"法定职责必须为"的原则。规范的内容以负面清单管理为核心，将宽进及事中、事后监管制度作为重中之重，持续深化管理体制改革。

这些方面在投资和企业设立等领域的典型例子有：在投资方面，投资领域的负面清单管理模式，外商投资采用准入前国民待遇，对外投资合作"一站式"服务。在企业设立方面，工商企业注册的"单一窗口制度"、外商投资企业备案制等，以及《公司法》修订后取消公司最低注册要求和规定的"认缴资本制"等。在贸易方面，贸易便利化是自贸区改革的重点内容，贸易监管制度不断创新；海关口岸管理部门扎实加强实施信息互换、监管互认、执法互助方面的工作，不断完善"一线放开、二线管住"监管模式；国际贸易"单一窗口"为企业提供了一站式服务。在金融服务方面，切实提高服务实体经济质量和水平，金融开放举措不断创新；上海自贸试验区自由贸易账户试点由人民币业务逐渐拓宽到外国货币；广东、天津、福建自贸试验区试点大胆突破，试行了公募房地产信托投资基金产品、中小微企业贷款风险补偿、"银税互动"诚信小微企业贷款免除担保等营商举措。在监管方面，初步形成以防控风险为底线，严密高效的事中事后监管体系；建构了事前诚信承诺、事中评估分类、事后联动奖惩的全链条信用监管体系；信用信息公示平台广泛建立，采取"企业年度报告公示和经营异常名录制度"监督企业合法经营。在公共服务方面，鼓励大众创业创新，服务于创新创业企业的公共服务支撑体系不断完善；上海市突破性地将自贸试验区的人才建设与科技创新中心建设相结合，不断优化高层次人才引进、留学生就业等制度；广东出台《人才建设意见》，建立和完善粤港澳人才合作示范区；天津开辟"双创特区"，为创业创新企业提供"一站式服务"；福建引入就业培训机构、创新创业孵化中心等"双创"服务支持机构。

根据第三方机构对上海自贸试验区的联合评估结果，4/5 的受访企业反映营商环境朝着国际化、法治化方向发展，90%以上的企业认为自贸区后续发展潜力巨大；问卷调查结果显示，自贸试验区政府部门服务效率、企业设立便捷度、办事透明度等的成绩有目共睹。[1] 这表明自贸区法律制度建设初见成效，这些成就依赖于该制度的内容符合了市场经济发展规律。

3. 国际法与国内法相结合的特征明显

自贸区相关法律制度的特点之一是国际法与国内法的结合，但显示出与国际通行做法一致之趋势加强的特征。即使是商贸领域，同样也要坚持法治主权，即坚持立法、执法与司法主权的独立，以国内法律规定（如国内投资法、贸易法、海关法和银行法、证券法、保险法等金融法）为基础；然而，在经济全球化下，由于商贸活动所具有的特性，其区域或国家民族特色往往被规律性所覆盖，而该领域的良法就是其特定规律的反映，是符合市场经济发展的内在规律的法律，[2]故该领域的规制可能体现了更多的国际法及国际惯例的特征。西方在市场经济发展中探索出的符合规律的国际性规范需要接纳，但在制定相关条例时，要注意表达的方式与严谨。在制定相关规定时，要减少政府行政权力的干预，让企业自主权得到充分行使。

我国上海、天津、广东、福建各自制定的《自贸区条例》等地方性法规的部分内容反映了这一点。上海自贸区意在“建立与国际投资、贸易通行规则相衔接的基本制度体系和监管模式……建设具有国际水准的投资贸易便利的自贸区”，并且切实可行的举措正在推行。[3]在检验检疫方面，检验检疫部门按照国际通行规则进行监管，首次从法律层面肯定“采信第三方检测结果”；[4]在税务方面，把握税制改革方向，遵守国际惯例，优化适应境外股权投资和离岸业务发展的税收政策，避免利润转移、税基侵蚀；[5]在标准认证方面，鼓励自贸区内企业申请国际性的环境和能源管理体系标准认证[6]

---

〔1〕 王优玲：“启动改革开放探索新航程”，载《文汇报》2016年9月1日。

〔2〕 即政府管好自己应该管理的事项，为市场交易主体营造良好的法治环境，对于由市场主体自行或自主决定的事项，政府没必要也不应该干涉。

〔3〕《中国（上海）自由贸易试验区条例》（2014）第3条。

〔4〕《中国（上海）自由贸易试验区条例》（2014）第20条。

〔5〕《中国（上海）自由贸易试验区条例》（2014）第33条。

〔6〕《中国（上海）自由贸易试验区条例》（2014）第50条。

等。广东规定自贸试验区依托港澳、服务内地、面向世界，建立符合国际标准的投资贸易规则体系；[1]它积极借鉴国际通行规则和国际惯例，不断优化国际化、市场化、法治化营商环境[2]等。福建规定自贸试验区建立与国际惯例相衔接的商事登记制度；[3]税收方面遵循国际惯例，促进利于境外股权投资和离岸业务发展的税收政策的实施；[4]环保方面，鼓励企业采用国际能源管理体系标准和先进环保设备技术，鼓励企业自愿签订环境协议；[5]知识产权保护方面，完善与国际接轨的知识产权管理体制机制和保护制度[6]等。天津规定"自贸试验区以制度创新为核心……建立与国际贸易投资规则相衔接的制度框架和监管模式"；[7]在人才方面，按照国际通行做法，推进人才引进和激励政策；[8]在知识产权保护方面，知识产权管理体制机制和保护制度要和国际接轨；[9]环境保护方面，推进企业采用国际性环境和能源管理体系标准认证的工作。[10]

但上述规定使用的"国际通行"、"与国际接轨"、"符合国际标准或水准"、"国际惯例"等词都是非常模糊或较为抽象的，在实际实施中难以操作，因为它们有的难以界定（如"税制方面的国际惯例"），有的可能根本就没有（如"与国际接轨的知识产权管理体制机制"）。[11] 我们倒是认为用国际法的具体表现形式如多边贸易规则（典型代表是 WTO 框架下的协议）、多边投资规则、双边投资协定、双边自由贸易协定、区域自由贸易协定等较为规范的用词来表达可能更为明确，也更易操作一些。自贸区无非就是把中

[1] 《中国（广东）自由贸易试验区条例》（2016）第 3 条。
[2] 《中国（广东）自由贸易试验区条例》（2016）第 75 条。
[3] 《中国（福建）自由贸易试验区条例》（2016）第 18 条。
[4] 《中国（福建）自由贸易试验区条例》（2016）第 36 条。
[5] 《中国（福建）自由贸易试验区条例》（2016）第 52 条。
[6] 《中国（福建）自由贸易试验区条例》（2016）第 62 条。
[7] 《中国（天津）自由贸易试验区条例》（2015）第 3 条。
[8] 《中国（天津）自由贸易试验区条例》（2015）第 47 条。
[9] 《中国（天津）自由贸易试验区条例》（2015）第 49 条。
[10] 《中国（天津）自由贸易试验区条例》（2015）第 50 条。
[11] 有关与"国际接轨"的分析，可参见马忠法："从国际法的效力根据析'与国际接轨'之误区"，载《国际经济法学刊》2006 年第 2 期。

国批准或加入的国际条约或协议的一些做法加以实施，或对没有加入但可能对自贸区活动产生影响的一些协定或条约（如 TPP 的规则在很大程度上高于 WTO 规则[1]）的内容用前瞻性的措施加以吸纳，以便提前做好应对。因此，可以说，涉及国际法与国际惯例时，可能更多的是它们的适用问题，即如何通过立法等将它们转化为国内法律法规，并加以实施。

（二）自贸区法律制度的使命

建立中国自由贸易试验区是中央在新形势下推进改革开放的重大举措，是将中国推向市场经济改革深水区的重大步骤，是中国实现经济结构、社会结构转型，并最终完成市场化改革的最大抓手；其建设是国家战略的重要组成部分，是中央顶层设计的一部分；它的重要使命之一就是为全面深化改革和扩大开放探索新途径、积累新经验，示范带动、服务全国。自贸区试验的成功对促进中国深化改革和全面参与全球化进程至关重要。因此，其改革是高质量和高标准的改革，这就要求自贸区能够做到地方创新、自我改革、突破和升级。

自贸试验区的区域功能有很多，但主要体现在以下几方面：一是转变政府职能，明晰政府和市场主体的定位，提高管理效率；二是加大投资管理体制改革，特别是外商投资制度，有效实施负面清单制度；三是扩大服务业、制造业等领域的开放；四是推动贸易转型升级，创新监管服务模式；五是深化金融领域开放；六是探索建立与国际投资和贸易规则体系相适应的行政管理体系，培育符合市场规律的营商法治环境。为此，自贸区的法律制度也要根据这些功能来进行设计。

有人认为，自贸区法律制度使命的四大重点是：把我国国际经贸谈判需要作为制度创新的重要依据，为国际贸易规则制定增加话语权准备条件；按照国民待遇扩大服务业开放的先行先试；科学评估自贸区建设进程，完善风险防控机制；将自贸区打造成为知识产权保护的示范区。[2] 然而，这只是

〔1〕 邢厚媛、白明、袁波："从上海自贸试验区视角看 TPP 及其影响"，载《科学发展》2016 年第 1 期。

〔2〕 参见张磊："上海自贸区：新一轮改革开放的重要支点"，载《人民日报》2014 年 5 月 5 日。

一家之言。实际上，针对自贸区的上述任务，自贸区法律制度就要：为以创新举措打造开放新优势及全面深化改革开放探索新制度，为自贸区促进中国经济升级、融入全球及提升核心竞争能力提供制度保障，为自贸区功能的实现，为更广范围的更为深入的改革、开放和经济发展提供制度模式。而自贸区法律制度的直接使命就是能够促进政府管理职能的重大转变、让企业等市场主体更为自主和自治、能够便利贸易和投资、使监管更为高效便捷与法制环境更为规范，最终为培育国际化、市场化、法治化的营商环境提供制度保障。

四、自贸区法律制度的主要不足及其完善

结合前文所述的自贸区法律规范的内容及其特点，我们可以发现它有两个主要的不足，而这对其使命的完成会带来一些障碍，为此，需要努力完善该制度。

（一）现有自贸区法律制度存在的主要不足

1. 自贸区法律制度还不足以形成一个独立的、自成体系的部门法

从目前调整自贸区内相关活动法律规范的内容看，相应的自贸区法律制度难以证明其是一个有自己独立的立法基础和独立的行政法治框架的部门法，自贸区的相关事项，在现有法律中都有相关规定，特别是三资企业法和《台胞投资企业法》修订后，有关投资制度的内容还是由这些法律进行调整。但将来它是否可以在各自贸区试行基础上，在各地条例的基础上由全国人大制定一个统一的“自贸区法”，目前尚难定论，但我们认为这种可能性不大，具体原因参见下文相关部分的论述。

自贸区试验的主要目的是先行先试，在形成一系列符合市场经济发展规律的法律法规后再在全国推行。然而，由这些规范形成的制度在全国推行后，它带来的一个现实问题是：这种全方位的、试行改革的自贸区还有存在的必要吗？实际上，中国语境下的自贸区与国外一般意义上的自贸区有着很大的不同，后者主要涉及特定区域特别是为货物出口、过境等提供便利等，并不肩负中国自贸区这种一个可以说无所不包的改革试验的使命。如果在将来全国都实施了符合真正意义上的市场经济规律的法律法规，显然这种自贸

区就无存在的必要；如果它们没有存在的必要，那么相应的立法也就失去了基础。如果按照目前自贸区的功能去制定一部“自贸区法”，面对的困难会很多：如何协调与其他相关法律的关系，其内容可能是一个十分庞杂、涉及市场经济与贸易的百科全书式的法律。不过，如果将自贸园区回归到一般意义上的自贸区，制定一个全国的“自贸区法”是完全可能的，就像新加坡〔1〕、美国等所制定的相关法律那样。

2. 立法授权方面的法律依据〔2〕充分性有待加强

自贸区建设要立法先行，于法有据。目前中国自贸区法制建设的一个很大特点是集创制性法规、自主性法规、实施性法规等性质于一身，而这就对其立法依据提出较高要求。《立法法》规定，全国人大可以授权国务院根据实际需要就有关事项〔3〕进行立法，先行制定行政法规，〔4〕但是没有说可以授权地方进行立法。而且《立法法》还进一步限制了该立法权，规定被授权机关不仅要把自己行使的权力严格限制在授权范围之内，而且转授给其他机关也要受到严格限制。〔5〕国务院如何在授权立法的范围内，充分发挥地方的立法主动性与创造性（先地方政府规章，后地方性法规），把握好中央事权与地方事权的界限，在地方立法的权限范围内充分释放创新的制度空间，是需要充分研究的。〔6〕根据《立法法》第11条规定，授权立法事项，待条件成熟时，应当由全国人大及人大常委会及时制定法律。〔7〕实际上前面提到的有关《公司法》的修订，事先并不是以“行政法规”方式试行成功后才上

〔1〕 参见高娟等：“新加坡自由贸易园区运营的经验及启示”，载《世界海运》2014年第3期。

〔2〕 2015年修正后的《立法法》也规定，全国人民代表大会及其常务委员会可以根据改革发展的需要，决定就行政管理等领域的特定事项授权在一定期限内在部分地方暂时调整或者暂时停止适用法律的部分规定。参见《立法法》第13条。

〔3〕 参见《立法法》第8条规定的内容。

〔4〕《立法法》第9条规定：“本法第8条规定的事项尚未制定法律的，全国人民代表大会及其常务委员会有权作出决定，授权国务院可以根据实际需要，对其中的部分事项先制定行政法规，但是有关犯罪和刑罚、对公民政治权利的剥夺和限制人身自由的强制措施和处罚、司法制度等事项除外。”

〔5〕 参见《立法法》第12条。

〔6〕 李猛：“中国自贸区授权立法问题研究”，载《甘肃政法学院学报》2017年第2期。

〔7〕《立法法》第11条规定：“授权立法事项，经过实践检验，制定法律的条件成熟时，由全国人民代表大会及其常务委员会及时制定法律。法律制定后，相应立法事项的授权终止。”

升为法律规定的，它直接由地方性政府规章试行后被证明有效而直接被吸纳到法律的制定之中。

自贸区立法难点在于处理好创制性规范、自主性规范与实施性规范之间的关系，重大改革阶段性与法律安定性的关系，地方立法的有限性与立法前沿性的关系，地方条例实施与国务院《总体方案》实施之间的协调性等问题。[1] 从基本理论来说，税收基本制度（包括税种的设立、税率的确定和税收征收管理等），基本经济制度（涉及投资），财政、海关、金融和外贸（涉及货物、服务贸易）的基本制度，及诉讼和仲裁制度等法律制度属于法律规定的国家事权，应由国家立法予以保障。但目前上海相关规定的主要依据是《总体方案》中“上海市要通过地方立法，建立与试点要求相适应的试验区管理制度”的规定。将国务院颁布的《总体方案》视为国务院授权地方立法的依据，其来源的权威性和稳定性似有不足。如果说自贸区的立法试验能够进行的话，可能主要是根据“法未禁止皆可为”这一原则进行的，但该原则在运用上主要适用于非公共权力机关等主体在民商事范围内、依据意思自治可以进行自由活动等事项（减少政府行政权力的干预，加强企业自主权的行使），而对于权力机关应遵循“法未授权不可为”的原则，自贸区所在地的省、市、自治区等公共权力机关是否能够突破法律的授权进行区域性立法在法律依据和理论方面似乎理由不够充足。

目前，四地制定自贸区条例的根据是人大授权国务院后经国务院批准的自贸区设置的《总体方案》；自贸区条例不过是对该方案涉及的内容进行细化规定而已。显而易见的是，国务院《总体方案》之效力应该高于各地方的自贸区条例。立法上要求自贸区的立法集创制性法规、自主性法规、实施性法规的性质于一身，还需要更多的努力

（二）自贸区法律制度的完善

1. 自贸区法律制度完善的基本原则是遵循市场经济规律

自2013年9月以来，自贸区制度在实践中迅速发展，已初步形成了具有一定特色的行政和法律体系。我国自贸区建设中的制度创新目标有：一是

---

[1] 参见丁伟：“自贸区‘基本法’的难点与看点”，载《上海证券报》2014年5月16日。

应对全球经济贸易新规则而提前谋划设计；该目标的本质在于落实“科学立法，严格执法，公正司法，全民守法”十六字方针中的“科学立法”，制定出符合规律的法律。全球贸易有其自身的运行规律，探索出规律并反映到自己的国内法及相应的国际规则中，对中国和全球贸易都意义深远。当前，经济全球化新的发展趋势推动了全球贸易和投资规则的重构。中国必须及时作出战略性规划以适应国际竞争，通过自贸区先试先行，逐步形成和积累参与国际多边事务和区域合作的经验。根据国际新的贸易投资规则，与发达国家展开谈判与合作，为中国下一步全面参与全球化进程提供必要的铺垫和准备。二是加快国内经济转型升级的步伐。中国需要避免“中等收入陷阱”，改革开放进入深水区，经济增长速度逐步放缓，经济发展“新常态”显现，更加需要良好的顶层设计。自贸区的设立不仅能够加快生产要素流动，推进中国经济全球化进程，而且能够推动政府职能转变，提高政府管理效能，成为中国进一步开放的窗口。[1] 自贸区的发展目标决定了其法律制度建设既要完善国内法架构，又要对接国际规则，两者不可偏废。而合理的国际规则是发达国家等在很长时间内的贸易投资等活动中所探索出符合规律的内容在规则层面的反映。

2017 年中国自贸区的扩容给其法律制度构建带来了机遇，但同时也带来了挑战。第三批批准的 7 个自贸区进一步扩大了我国有自贸区的省份及区域面积，而且每一个自贸区的重点与特征都不相同，这样可以有更多试验的机会，通过更多的试错或试验，寻求到适合中国自贸区发展内在规律的法律制度，进而推广到全国。同时，对那些符合规律的国际贸易投资规则等的吸收利用，也是自贸区制度建设中相当重要的部分。良法的本质是符合规律，即市场经济发展的内在规律需要制定出符合规律的法律。因此，完善自贸区法律制度的基本原则就是要遵循市场经济发展的内在规律。

2. 完善制度的路径

（1）进一步明确和细化现有的相关规定。上海先行试验的企业登记注册

---

〔1〕 参见周汉民：“我国四大自贸区的共性分析、战略定位和政策建议”，载《国际商务研究》2015 年第 4 期。

方面的制度、公司注册资本方面的制度、负面清单投资管理模式的推行等对促进市场经济发展起到了积极作用，基本体现了这些领域的规律。然而，有些制度还需进一步完善，还有待于细化和明确。例如，负面清单制度在透明度等方面，应详细列明对外国投资的限制条件，并明确“限制”、“禁止”的含义；对于“限制”类产业，应当明确限制的内容、条件和依据；对“禁止”类产业，应当明确禁止的依据。[1] 随着新的自贸区的不断建立，我们应结合它们各自的重点和特点，进行相应的制度创新，来不断充实和完善适用于所有自贸区的符合市场经济规律的共性规则，然后再由地方立法向全国立法转变，进而推进全国的市场经济法律制度之完善，以实现建立中国自贸区所设定的目标。

（2）将试验成功的规则及时转变为法律。对于自贸区取得的一些较为成熟的经验和成果，应该及时制定某一特定领域的法律，或依据试验中已经形成的良好经验，适时对现有法律进行修改和完善。后一种做法较为现实，也更有意义。实际上，我国已根据《十二届全国人大常委会立法规划》和《国务院2014年立法工作计划》，由商务部启动了对《中外合资经营企业法》《外资企业法》《中外合作经营企业法》的修改工作，并最终于2016年9月完成了《中外合资经营企业法》等四部法律的修改。此外，我国已经出台了《外国投资法（草案征求意见稿）》，目前其内容正在讨论之中。《外国投资法》的制定，将为外国投资者来华投资创造稳定、透明和可预期的法律环境，这是值得肯定的。而另一个较为成功的例子是2013年年底，基于上海自贸区的实践对《公司法》的修改，其修改符合市场主体准入制度发展的规律，在现实中获得了良好的效果。这种成功经验，也颇值推广。

有人建议，为了避免自贸区扩容后各自贸区优惠政策大比拼的现象，可以借鉴自贸区制度发展比较成熟的国家的做法，如美国、新加坡等，都是通过国家统一立法来对自贸区事务进行规范等事实，制定统一的“自贸区法”

---

〔1〕 联合国贸易和发展会议组织在《世界投资报告2012》中指出，与正面清单模式相比，负面清单模式需要对现有的国内政策进行详尽核对，要费力很多。如果没有明确的规定，实施我国负面清单制度时，对相关法律规范的梳理、列举和明晰，任务将较为艰巨。参见王峰：“负面清单和法律对接：从特别授权到《外国投资法》”，载《21世纪经济报道》2015年9月23日。

或“自贸区条例”。〔1〕但笔者认为，除了制定统一的“自贸区法”难度较大之外，更主要的是我国的自贸区与前述国家的自贸区有着本质区别，如果进行简单的类比，难免会误入歧途。因为我们的自贸区不仅履行国际货物贸易等单方面的职能，还是改革开放的试验区，其主要任务是形成可复制可推广的、符合市场经济规律的一系列法律制度（含政府职能转变、金融、投资、服务等）以期在全国推行。在经过其试验形成全国推行的市场制度后，目前这种形态可能就没有存在的必要了。因此制定这样的包罗改革开放可能涉及的各种问题的法律既无可能也无必要。

五、结束语

中国语境下的自贸区是一个新鲜事物，它不同于一般意义上的自贸区。它与“一带一路”倡议相结合，必将有力地推动中国新一轮改革开放的深入进行，为中国市场经济建设的完善做出积极贡献。截至目前，我们尚未有全国人大及其常委会以及国务院针对自贸区的统一专门立法。各地自贸区条例或办法是该地自贸区建设和发展的直接依据，是特定自贸区整体制度框架的“基本法”。自贸区条例或办法虽然重要，但毕竟是地方性法规或规章，其影响力和规范作用与国家层面的法律以及行政法规相比显然无法相提并论。自贸区肩负着制度创新的使命，而制度创新要具有可复制性、可推广性和可升级性等特征。根据前文对自贸区法律制度的内容、特征、使命及其不足和完善的分析，我们认为，基于对“良法是规律的反映”这一原则的遵循及自贸区试验“法律先行”等要求，我国未来自贸区立法将由地方立法、部门立法向国家立法转变，但形式可以多种多样，未必非要试图通过一个所谓大而全的“自贸区法”来适应深化经济改革和扩大对外开放的需要。

---

〔1〕 参见周汉民：“序言 我为上海自贸区鼓与呼”，载周汉民等主编：《上海自贸区解读》，复旦大学出版社 2014 年版。

“一带一路”背景下亚投行面临的法律风险及其对策研究*

张继红** 赵 明***

“一带一路”倡议推动互联互通，着力改善沿线国家及地区的基础设施建设，亚投行的建立则为“一带一路”沿线国家及地区的基础设施建设提供强有力的融资支持。亚投行不仅填补了现有国际金融组织体系的不足，也将进一步促进亚洲经济融合及一体化发展。更重要的是，亚投行虽然短期内难以改变欧美在国际金融体系中的主导地位，但其可能成为推动国际金融体系变革的内在动力，大大强化了以中国为代表的发展中国家在亚太地区拥有国际话语权的能力。然而，在国际投融资环境和相关法律法规并不十分完备的情况下，亚投行的运行势必面临诸多法律风险。如何进行风险防控，则是当下亟待解决的关键问题。

一、亚洲基础设施投资银行的设立及发展

（一）成立背景

2008 年美国次贷危机后，全球市场需求持续放缓，亚洲经济体面临较大的经济下行压力。如果没有稳定的经济增长作为基础，结构调整也不过是纸上谈兵，而解决保增长和调结构这两难的交汇点就是“扩大投资和加快基础

---

* 本文系上海科技金融研究院“‘一带一路’战略背景下开发性金融保障制度的构建与发展”阶段性成果；同时受上海对外经贸大学“一带一路”金融法制学科建设立项资助。

** 法学博士，上海对外经贸大学法学院教授，硕士生导师。

*** 上海对外经贸大学法学院 2015 级本科生。

设施建设”。根据麦肯锡咨询公司报告，2008~2018 年未来 10 年内，基础设施建设方面亚洲将面临巨大的资金缺口，为了保持目前的增长，至少需 8 万亿美元的资金投入才能满足需求的爆炸性增长。而目前亚洲开发银行和世界银行每年能够提供给亚洲国家用于基础设施的资金不到 100 亿美元，[1]存在较大的融资缺口。而原有的国际开发性金融机构如世界银行、亚洲开发银行等因贷款条件严苛、贷款程序繁琐、决策周期长、未能充分考虑受援国家实际情况等问题而广受诟病。特别是上述机构基于“华盛顿共识”而在贷款中附加的私有化、放松管制等政治性条件尤其遭到批评。[2]加之，“一带一路”沿线国家及地区大都缺乏相对完善的商业环境和配套基础制度建设，贷款业务主要集中于油气资源开采、管道运输等能源领域，[3]信用结构较为单一，贷款集中度较高，不利于贷款风险的缓释，商业性金融由于风险控制及营利性等因素不愿意过多参与和介入。而基础设施是一国开展经济活动的基础，面对巨大的基础设施投资资金需求，现行国际发展融资体系所能实际动用的金融资源十分有限，亚洲发展中国家及新兴市场国家急需找到新的融资渠道以维持其本身的发展。在此背景下，亚投行应运而生。

亚洲基础设施投资银行（Asian Infrastructure Investment Bank，简称“亚投行”或“AIIB”）系政府间性质的亚洲区域多边开发性金融机构。2013 年 10 月 2 日，习近平主席同印尼总统苏西洛（Susilo Bambang Yudhoyono）举行会谈时提出了筹建 AIIB 的倡议。2014 年 10 月 24 日，21 个首批意向创始成员国的财长和授权代表在北京签署了“亚投行”筹建备忘录，共同决定成立 AIIB。2015 年 12 月 25 日，AIIB 正式成立，并于 2016 年 1 月投入运营。[4] 截

---

〔1〕 参见覃菾：“亚洲基础设施银行或于今签约成立　最大股东中国将出资 500 亿美元”，载《第一财经日报》2014 年 10 月 24 日。

〔2〕 参见廖凡：“比较视野下的亚投行贷款条件研究”，载《法学杂志》2016 年第 6 期。

〔3〕 参见蒋志刚：“‘一带一路’建设中的金融支持主导作用”，载《国际经济合作》2014 年第 9 期。

〔4〕 See AIIB Website：About AIIB-Introduction，available at https：//www.aiib.org/en/about-aiib/index.html.

至2017年12月19日，AIIB共有84个正式成员国。[1] AIIB意向创始成员国按大洲分，亚洲34国，欧洲18国，大洋洲2国，南美洲1国，非洲2国，总计57国。AIIB的主要任务是促进亚洲地区的基础设施建设，主要业务范围包括对成员国进行直接贷款或者参加贷款、为急需资金的基础设施项目融资、为亚洲基础设施项目提供技术援助、同国际各机构或各国公私经济实体合作来吸引基建投资，以此来促进区域合作与伙伴关系。

AIIB正式运营以来，基于国际社会对基建投资拉动经济积极作用的共识以及各方的合力推动，走过了高速发展的两年。根据2016年年报，亚投行首年共计贷出17亿美元，有9个项目获批。[2] 同时，AIIB积极与其他开发性金融机构展开合作，与其他国际多边开发性银行联合融资完成了16个项目，[3] 其中8个与世界银行联合融资，4个与亚行联合融资。可见，亚投行与现有多边开发金融机构是互补而非竞争关系。

AIIB合作大事记[4]

批准时间	合作机构	合作项目
2016年6月24日	亚　行	巴基斯坦M4高速公路开发项目，AIIB和亚行各提供了1亿美元融资。
2016年6月24日	欧洲复兴开发银行	塔吉克斯坦边境道路改善工程，其中AIIB资助2750万美元，欧洲复兴开发银行资助6250万美元。
2016年6月24日	世　行	印度尼西亚全国棚户区改造项目，AIIB和世行各出资21 650万美元。
2016年9月27日	世　行	巴基斯坦水电站扩建工程，AIIB提供3亿美元，世行提供3.9亿美元。

〔1〕 See AIIB Approves Membership of Cook Islands, Vanuatu, Belarus and Ecuador, available at https://www.aiib.org/en/news-events/news/2017/20171219_001.html.

〔2〕 See AIIB Website: News and Events, Annual Report 2016, available at https://www.aiib.org/en/news-events/news/2016/annual-report/index.html.

〔3〕 参见和佳：“与世行、亚开行、IMF等多边机构联合融资16个项目 亚投行主打合作牌”，载《21世纪经济报道》2018年1月16日。

〔4〕 See AIIB Website: Projects.

续表

批准时间	合作机构	合作项目
2016年12月21日	世　行	阿塞拜疆跨安纳托利亚天然气管道项目，AIIB 提供6亿美元，世行提供8亿美元。
2017年3月22日	世　行	印度尼西亚大坝运行改善和安全项目第二阶段，AIIB 和世行各出资1.25亿美元；区域基础设施发展基金项目，AIIB 出资1亿美元，世行出资1.3亿美元。
2017年6月15日	亚　行	格鲁吉亚巴统绕城公路项目，AIIB 和亚行各出资1.14亿美元。
2017年6月15日	世　行	塔吉克斯坦诺拉克水电改造工程一期工程，AIIB 出资6000万美元，世行出资2.557亿美元。
2017年9月27日	亚　行	印度升级改造区域间电网系统，AIIB 提供1亿美元，亚行提供5000万美元。
2017年9月27日	国际金融公司（IFC）	国际金融公司亚洲新兴基金，AIIB 和 IFC 各出资1.5亿美元。
2017年12月8日	欧洲投资银行（EIB）	印度班加罗尔地铁项目，AIIB 提供3.35亿美元，EIB 提供5.83美元。

（二）决策机制

1. 投票权分配制度

国际上已有的投票权构成方式，即基本投票权和加权投票权组成成员的总投票权。AIIB 在此基础上，创设了创始成员票，每个创始成员均享有600票的创始成员投票权。AIIB 成员国的总投票权由三部分构成：基本投票权、股份投票权和创始成员投票权。基本投票权占总投票权的20%，全体成员平均分配。[1] 中国投票权占总投票权的26.06%，为现阶段投票权占比最高的国家，印度及俄罗斯的投票权位居第二和第三位。

亚投行更加注重成员间的平等问题。现任行长金立群就公开表示，“第一大股东的地位不是特权，而是责任与担当；中国将承担大国责任，遵守国

〔1〕《亚洲基础设施投资银行协定》第28条。

际通行准则，在决策中尽可能多地采用达成一致的方式。"[1] 应该说，AIIB在投票权上的创新机制有效地保障了成员国的发言权，确保了创始成员国的主导地位，在筹建初期就有效激励了更多国家和地区加入到创始成员国的行列中去。

2. 股份份额分配

在国际金融机构中，成员主要通过认缴的资本份额影响决策。资本份额决定成员分得的股份比例，进而决定投票权。[2] AIIB综合考虑各方面因素后，将75%的认缴比例留给域内成员，域内成员的出资比例为25%。同时，新加入成员的初始认缴比例由理事会决定，但除非特殊情形，必须满足不得使域内成员持有股本在总股本中的比例下降到75%以下（《亚洲基础设施投资银行协定》第5条）。

上述比例分配主要出于AIIB区域性质考虑。亚投行的成员国主要集中在亚洲区域，五大出资国也均是亚洲国家，因此首先就要保障域内成员充分的话语权。域外成员国丰富的资金、技术和管理水平对亚投行的有效运营也发挥着重要作用，因此在保障域内成员发言权的同时，也留给域外成员一定的话语权。

（三）内部治理结构

《亚洲基础设施投资银行协定》规定了AIIB设立理事会、董事会、管理层三层管理架构。理事会是AIIB的最高决策机构，由各成员国财长或央行行长组成，拥有最高决策权。董事会负责指导亚投行的总体业务，由12名董事组成，将分别来自9个域内成员选区和3个域外成员选区。管理层则是由行长、副行长、首席运营官等组成的专业团队，负责AIIB日常运营的具体工作。[3] 相较世行、IMF、亚行，AIIB在内部治理结构上采取了诸多创新举措。

---

[1] 金立群："亚投行是对国际金融秩序的完善而非颠覆"（2015年3月"中国发展高层论坛"上的讲话），载http://www.chinaelections.com/article/1955/236906.html.

[2] 参见顾宾："亚投行法律解读：从章程到标准"，载《金融法苑》2015年第2期。

[3] 参见新华网："30个国家批准亚投行协定　金立群回答监管机制等问题"，载http://news.xinhuanet.com/world/2016-01/18/c_128637570.htm，最后访问日期：2017年10月1日。

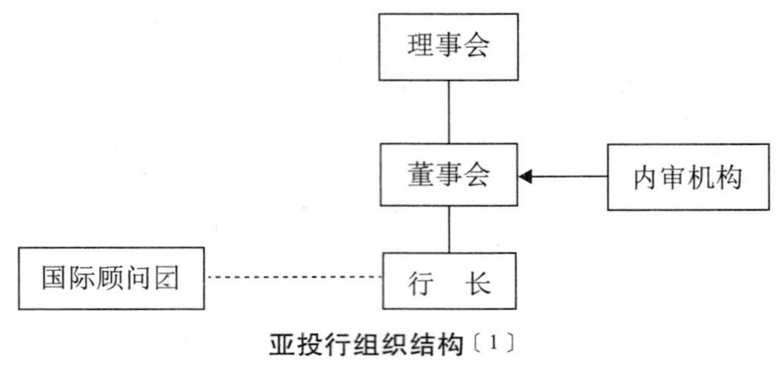

亚投行组织结构[1]

1. 理事会设置

AIIB 每个成员国在理事会中都会设置自己的代表，各国任命一名理事和一名副理事。除理事缺席情况外，副理事无投票权。在年会上会选举一名理事担任主席，任期到下届主席选举为止。第一任理事会主席是中国的财政部长楼继伟。

AIIB 创设了理事会投票的三级表决机制，即超级多数（代表不低于 3/4 总投票权的 2/3 以上全体理事赞成）、特别多数（代表不低于 1/2 总投票权的 1/2 以上全体理事赞成）、简单多数（代表占总投票权 1/2 以上的出席理事赞成）。AIIB 将各事项按重要程度进行了分类，不仅提高了表决效率，也能在表决时更好地表达不同成员国的意志。

此外，AIIB 在议事程序上也有所创新。理事会应当召开年会并按理事会规定或董事会要求召开其他会议。在会员国提请召开理事会的部分，亚投行的规定与现有国际开发性金融机构有所不同，需要五个成员国向董事会提出请求，董事会才能要求召开理事会会议（《亚洲基础设施投资银行协定》第 24 条）。上述议事规则很大程度上限制了大股东成员国滥用权力以请求召开理事会会议。[2]

---

〔1〕 See AIIB Website, available at https://www.aiib.org/en/about-aiib/governance/index.html#structure, last visited on October 6, 2017.

〔2〕 国际复兴开发银行规定的这一比例为 25%，美国、日本和任意一个西方主要国家达成一致便可召开理事会，商议推动理事会权限内的重大决议。

2. 董事遴选机制

AIIB 借鉴亚行机制，分区域内外分配董事名额。域内董事的初始数量为9名，由域内理事投票选出；域外董事的初始数量为3名，由域外理事投票选出。[1] 同时，创始成员有权在其选区内永久担任或轮流担任董事或副董事。[2] 因此，任何国家都不可能在共12席的董事会中拥有超过一个的席位，这对一些小的成员国而言十分有利，不仅充分保障了域内成员国的主导权以及创始成员国的主导权，也体现了亚投行更强的开放性和包容性。

此外，AIIB 打破了国际金融机构设立常驻董事会的惯例，不设常驻董事会，而是由无偿的非常驻董事会进行监督管理（《亚洲基础设施投资银行协定》第27条）。此项突破，将为亚投行省下大笔固定支出，同时减少董事会与其他成员的摩擦。对于申请贷款的国家来说，必要的流程和干预将不存在，放款进度及效率也将大幅提升。

3. 行长产生机制

根据 AIIB 协定，行长遴选机制采用"人头+资本"的综合选举方式，即必须获得2/3以上理事和代表3/4投票权的支持才能当选行长。来自中国的金立群正式当选为亚投行首任行长，5名副行长分别来自英国、印度、韩国、德国和印度尼西亚，其中3人来自亚洲国家。[3] 英国人丹尼·亚历山大（Danny Alexander）任副行长兼董事会秘书，负责在理事会、董事会和高级管理人员三层结构之间的沟通协调；韩国人洪起泽（Kyttack Hong）任副行长兼首席风险官，负责风险管理实务，以实现财政的可持续性；印度人潘笛安（D. J. Pandian）任副行长兼首席投资官，负责投资领域的规划、监督，保障银行运营效率；德国人冯阿姆斯贝格（Joachimvon Amsberg）任负责政策和战略领域的副行长，负责推动和监督战略议程的落实，推动业务投资领域策略与程序的完善；印尼人拉克齐（Luky Eko Wuryanto）任副行长兼首席

[1] 《亚洲基础设施投资银行协定》附件二"选举董事"第4、6条。

[2] 《亚洲基础设施投资银行协定》附件二"选举董事"第10条。

[3] "亚投行公布五位副行长人选　皆来自不同国家"，载 http://finance.qq.com/a/20160206/011471.htm，最后访问日期：2017年10月4日。

行政官，主要负责设施管理、人力资源、信息技术方面的工作。[1] 5名副行长均有在国际金融机构或各国中央财政部门的任职经历，并在自己分管负责的领域有着丰富经验。可见，管理层的选拔与出资额并没有必然的联系。从目前成员国的认缴股本来看，排在前五的依次是中国、印度、俄罗斯、韩国、澳大利亚。但高管的人选并非均出自上述国家，而是综合了域内和域外国家、兼顾发达国家和发展中国家，通过公开透明的招聘过程任贤选能。

（四）币种的选择

国际开发性金融机构对币种的选择，直接关系到银行业务对所选货币的使用率。从目前已有的国际开发性金融机构如亚行、欧洲复兴发展银行、泛美开发银行等所选择的货币来看，基本都是以美元、欧元、日元等作为记账、报告、业务开展等的计价货币。虽然对货币币种的选择呈现出多样化趋势，但基本都以较稳定的国际储蓄货币（被国际货币基金组织纳入 SDR 货币篮子）为主。

亚投行未来的项目融资和贷款，势必与市场密切相关。国际储蓄货币对项目的展开、市场的正常运行会产生积极作用。自 2016 年 10 月 1 日开始，人民币被国际货币基金组织纳入 SDR 货币篮子，正式成为国际储蓄货币。根据 AIIB 协定第 6 条规定，对初始认缴中原始实缴股本的每次缴付均应使用美元或其他可兑换货币。被认定为欠发达国家的成员可全部使用美元或其他可兑换货币，或者成员可在部分使用美元或其他可兑换货币的同时，使用本币完成其中不超过 50%的缴付。银行可随时将此类缴付转换为美元。银行的待缴股本，成员可选择美元或银行偿债所需货币进行缴付。换言之，AIIB 在主要以美元为计价结算方式的同时，还可以用“其他可兑换货币”缴付，这其中就包括已经入篮的人民币。尽管人民币还不是全球通用的国际性货币，但随着“一带一路”倡议的深度推进，人民币国际化速度必然会进一步加快。未来，根据各类货币风险情况以及亚投行实际业务需要，可以考虑在某

[1] “亚投行公布五名副行长人选及分工”，载 http://finance.china.com/comment/11173298/20160206/21470581_2.html，最后访问日期：2017 年 10 月 6 日。

些项目贷款或投资中逐步使用人民币。[1]

应该说，亚投行作为新兴区域开发性金融机构，能够为"一带一路"建设发展提供强有力的资金支持和融资服务。"一带一路"沿线多为欠发达的国家与地区，急需发挥基础设施建设对于经济发展的正向作用，促进生产要素流动，降低生产成本，提高市场进入的便利性。改变基础设施落后的现实，成为实现"一带一路"互联互通的先决条件。而大部分域内成员国的金融市场不完善，无法及时纠正市场失灵、调整基础设施建设的资金错配。主要发达国家又对于这些问题缺乏切身体会，造成了其主导的多边开发性金融机构对于发展中国家的开发性投资的支持不足。同时，"一带一路"倡议的实施需要聆听多方声音，顾及区域内众多国家的利益，亚投行建立起的多边融资框架必将提供各方成员沟通、协商的契机，有利于最大限度内达成共识、消除分歧，将"一带一路"具体项目落到实处。

同时，亚投行的成立也将助推我国新一轮对内改革和对外开放。以亚投行为金融支点的"一带一路"倡议，能够为中国的对外产业转移和海外投资开辟广阔空间，并盘活长期以来受地理区位、资源禀赋以及发展基础等因素制约的中国西部经济。中国 GDP 总量占亚洲的 1/3，经济水平在域内成员国中较为发达、增长较为稳定，经常项目、通货膨胀、就业率等宏观经济指标较为健康，同时也是大部分成员国的最大贸易伙伴，又具有利用基础设施建设拉动经济发展方面的丰富经验，是推动该机制建设的必然人选。这里需要特别强调的是，"一带一路"只是一个合作倡议，推动亚投行的设立不意味着中国企图重构以其为中心的"金融新秩序"，亚投行对于现有的国际发展融资体系的作用是补充完善而非取而代之。

二、亚投行存在的主要法律风险

AIIB 目前的规范主要有三大类：AIIB 协定（Articles of Agreement）、AIIB 细则（AIIB by-Laws）以及其他依照 AIIB 协定制定的一系列补充规范，

[1] 2015 年 10 月 8 日，中国人民银行推出的人民币跨境支付系统（Cross-border Interbank Payment System，CIPS）正式启动。AIIB 可将 CIPS 引入其项目运行，以推进人民币的国际使用率。

层级效力依次降低。2015 年 12 月 25 日正式生效的 AIIB 协定是 AIIB 运行的“基本大法”，规定了 AIIB 的性质、宗旨和经营方针，也是亚投行运营过程中协调内外机制的根本性依据。AIIB 后续出台的规范主要集中在管理、采购、环境和社会这四个维度，对 AIIB 协定作了进一步的拓展和细化。

AIIB 法律规范一览表〔1〕

发布日期	发布文件
2015 年 12 月	《亚洲基础设施投资银行协定》(AIIB Articles of Agreement)
2016 年 1 月	《主权贷款与担保定价》(Sovereign-backed Loan and Guarantee Pricing)；《公开信息临时政策》(Public Information Interim Policy)；《公开信息请求处理指令》(Public Information Requests Processing Directive)；《亚洲基础设施投资银行细则》(AIIB by-Laws)；《理事会程序规则》(Rules of Procedure of Governors)；《董事会程序规则》(Rules of Procedure of Directors)；《执委会成员行为准则》(Code of Conduct for Board Officials)；《银行人员行为准则》(Code of Conduct for Bank Personnel)；《亚投行雇员条例》(Employee Regulations)；《总部协议》(Headquarters Agreement)；《采购政策》(Procurement Policy)；《公司采购政策》(Corporate Procurement Policy)
2016 年 2 月	《环境与社会框架》(Environmental and Social Framework)
2016 年 5 月	《主权担保贷款的一般条款》(General Conditions for Sovereign-backed Loans)
2016 年 6 月	《关于收货人采购说明的临时操作指令》(Interim Operational Directive on Procurement Instructions for Recipients)
2016 年 11 月	《风险管理框架》(Risk Management Framework)
2016 年 12 月	《关于禁止业务的规定》(Policy on Prohibited Practices)
2017 年 3 月	《融资操作政策》(Operational Policy on Financing)；《国际关系操作政策》(Operational Policy on International Relations)
2017 年 4 月	《向公众征求关于 AIIB 投诉处理机制的意见》(Complaints Handling Mechanism)
2017 年 8 月	《公共信息请求处理指令》(Public Information Requests Processing Directive)

〔1〕 根据 AIIB 官网发布的法律文件自行整理。

续表

发布日期	发布文件
2017 年 12 月	《资产负债管理政策》（Asset Liability Management Policy）

然而，上述文件仅仅是为今后制定法律法规提供指导性参考（Guiding References），目前在争议解决、外部监管、信息披露等方面仍然缺乏实施细则和完备的制度设计，其中暴露的法律风险日益凸显，亟待完善。

（一）监管机构缺失

从 AIIB 协定内容看，目前的治理组织仅涉及亚投行的决策和日常经营管理，并未提及监督机构。申言之，AIIB 内部监管和外部监管均存在一定程度的缺失。

内部监管层面，AIIB 虽然设置了直接对董事会负责的内审机构（Compliance，Effectiveness，Integrity Unit，CEIU），但 CEIU 没有被列入正式组织结构。这里，CEIU 主要负责三个方面的监管：审查业务合规（Compliance）、评估银行绩效（Effectiveness）以及监督银行员工的职业和道德操守（Integrity），并未涵盖对内部成员国资金认缴、AIIB 资金投放等方面的监督。亚投行的法定股本是 1000 亿美元，分为 100 万股，每股的票面价值为 10 万美元。初始法定股本分为实缴股本和待缴股本，比例为 2∶8，而其中的实缴股本也是分 5 次缴清（《亚洲基础设施投资银行协定》第 4 条）。AIIB 必须考虑是否能够顺利取得已认缴但尚未实际缴纳的股本。

与此同时，资金投放业务的监管也存在缺失。《亚洲基础设施投资银行协定》第 13 条规定：“银行审议融资申请时，应在综合考虑有关因素的同时，适当关注借款人以银行认为合理的条件从别处获得资金的能力。”“银行在提供或担保融资时，应适当关注借款人及担保人未来按融资合同规定的条件履行其义务的可能性。”两处都提及了“适当关注”，然而“关注”的依据是什么，“可能性”达到多大才投放资金，规定得并不明确。在错综复杂的政治利益和经济利益的驱动下，必须防范个别成员国滥用权力、收受贿赂、怀有偏见地投放银行资金。但 AIIB 对 CEIU 之权限及职责并无明确规定，其作为内审机构本身的公正性和廉洁性亦存疑。

外部监管方面，对于项目实际开展情况、资金利用情况也缺乏必要的监管机构，可能会导致债务违约风险较大。基础设施的建设周期长、资本流动缓慢。基础设施建设完成并投入运营后，需要相当长一段时间才能收回成本并实现盈利，项目贷款国的贷款偿还能力存在很大风险。国际评级机构对各国的国家主权信用评级，大多数发展中国家，尤其是南亚、中亚、中东国家的信誉评级都在B级以下，有些国家甚至没有进入评级。[1] 因此，设置专门的监管机构跟踪项目开展情况，确保资金得到有效利用十分必要。

（二）治理机制透明化有待完善

2017年国际三大评级机构均给予了AIIB最高信用评级,[2]但这主要出于对AIIB运营成效和发展前景的考量，AIIB在治理机制透明化问题上仍然存在一定问题。《亚洲基础设施投资银行协定》第34条对“报告与信息”作了规定，主要集中在银行与成员国之间的“透明度”上，如第3款规定“银行应向其成员发送包括经审计账目报表的年度报告，并应公布上述报告。银行还应每季度向其成员发送银行财务状况总表及损益表，说明其业务经营状况”。然而银行对外的“透明程度”则规定得较为笼统和抽象，如第34条第4款规定“银行应制定信息披露政策，以推动提高业务透明度。在银行认为对履行其宗旨与职能有益的情况下，可公布相关报告”。然而，披露什么内容、披露标准是什么、哪些业务准许哪些主体参与、每个项目的贷款检查程序等问题，都不够明确、清晰，具体细则有待进一步完善。

2016年，亚投行出台《公开信息临时政策》和《公开信息请求处理指令》，这是亚投行建立公开信息政策的专门性法律文件，充分借鉴了现有国际开发性金融机构的经验，确立了银行关于信息披露和保密、公开信息类别、应保密的信息类型、执行和审查的指导原则，并明确了公众请求信息披

[1] 参见王军杰、连金璐：“论亚洲基础设施投资银行的运行机制、风险及防范对策”，载《国际商务研究》2016年第2期。

[2] See AIIB Websites News：“AIIB Receives Third Triple-A Credit Rating”, release on July 18, 2017, available at https：//www.aiib.org/en/news-events/news/2017/20170718_001.html, last visited on October, 5, 2017.

露的渠道、程序和要求等。[1] 然而，现有规则还需进一步完善。按照上述文件，银行管理层应将每年对董事会的临时政策执行情况进行审查并在官网上定期更新，但执行情况的审查结果尚未在官网上予以详细公布，使得运营的透明度大打折扣。

(三) 投资争端解决机制不健全

AIIB 运行过程中可能出现两种争端：与亚投行有关的争议；投资者与成员国之间的争议。《亚洲基础设施投资银行协定》对前者作出了较为详尽的规定，对后者却完全没有提及。上述制度缺失很有可能导致争议进一步升级。

《亚洲基础设施投资银行协定》将与亚投行有关的争议分为内部争议和外部争议。对于内部争议，即银行与内部成员间发生的争议，需要通过仲裁等特别程序解决。《亚洲基础设施投资银行协定》第 55 条规定了仲裁条款："在银行与已终止成员资格的国家之间，或者在银行通过终止银行业务的决议之后银行与成员之间发生争议，应提交由三名仲裁员组成的法庭进行仲裁。"并对仲裁的选任、裁决的表决方式、仲裁结果的效力以及特殊仲裁员都作了规定。"仲裁员中，一名由银行任命；一名由涉事国家任命；除双方另有协定外，第三名由国际法院院长或银行理事会通过的规章中规定的其他当局指定。"这种设置，显然不属于常设机构仲裁，而我国目前仲裁相关国内法规定也不承认"临时仲裁"，因此对于《亚洲基础设施投资银行协定》中的仲裁之定性仍较为模糊。对于外部争议，即银行与非成员发生的争议，《亚洲基础设施投资银行协定》第 46 条对此进行了规定。对于"银行为筹资而通过借款或其他形式行使的筹资权、债务担保权、买卖或承销债券权而引起的案件，或者与银行行使这些权利有关的案件"，"在银行设有办公室的国

---

[1] See Public Information Interim Policy: ... This Public Information Interim Policy sets out the Bank's guiding principles on disclosure and confidentiality of information, categories of information to be made public, types of information to be treated as confidential and provisions for implementation. This Interim Policy is the first instrument in the establishment of the Bank's policy on public information..., available at https://www.aiib.org/en/policies-strategies/operational-policies/public-information.html, last visited on October, 5, 2017.

家境内，或在银行已任命代理人专门接受诉讼传票或通知的国家境内，或者在已发行或担保债券的国家境内，可向有充分管辖权的主管法院对银行提起诉讼”。

然而对投资者与成员国间的投资争议解决，《亚洲基础设施投资银行协定》并未涉及。亚投行内部没有统一的争端解决机构，成员国极有可能选择其他的第三方仲裁机构。一旦不同的仲裁机构对同一问题的理解及适用仲裁规则不同，就会导致裁决结果的不一致。

2017 年 4 月 27 日，AIIB 发布了向公众征求投诉解决机制（CHM）的意见，[1] 旨在处理因投资项目环境和社会因素而遭受损害的争议[2]。在第一阶段收到了来自联合国、亚洲、澳大利亚、欧洲、南美和美国的非政府组织及学者、商业和专业机构的 15 份书面意见。在 4 次集团视频会议以及AIIB 2017 年年会上都进行了讨论，提出了很多建设性建议，如投诉处理流程透明、反对报复和匿名的投诉人保护等。[3]

三、对策及建议

（一）设立专门的内部及外部监管机构

对于内部监管，仅有一个内审机构履行监督职责远远不够。从 AIIB 性质来看，其采用典型的公司治理机制。在英美法系，采用的是在董事会内部设置独立董事制度；而大陆法系，则采用单独设立监事会的方式。AIIB 可以考虑在现有三层治理结构的基础上，增设“监事会”。这主要考虑到成员国中大陆法系国家较多，对“监事会”的接受程度和实操经验都会较高。加之，尽管 AIIB 的设计是市场化的产物，但这里面必然存在一定的政府背景，

---

〔1〕 Call for Public Consultation for the Proposed Asian Infrastructure Investment Bank (AIIB) Complaints Handling Mechanism (CHM).

〔2〕 See AIIB, Call for Public Consultation for the Proposed Asian Infrastructure Investment Bank (AIIB) Complaints Handling Mechanism, released on April 27, 2017, available at https://www.aiib.org/en/policies-strategies/operational-policies/complaint-mechanism.html, last visited on October 7, 2017.

〔3〕 See AIIB Website: Policies and Strategies, Public Consultation: Draft Complaints Handling Mechanism, available at https://www.aiib.org/en/policies-strategies/operational-policies/public-consultation-phase2/index.html, last visited on October, 5, 2017.

如果采取“独立董事制度”，在全球政治和经济相互作用之背景下，这里的“独立董事”很难确保实质上的独立性。

至于外部监管，可以借鉴世界银行的经验，建立与非政府组织的协商和申诉机制。世行设置了两个协商机构，即市民社会小组和市民参与小组，同时还设置了两个申诉机构，即合规监察员和检查小组，[1]确保其管理和决策机构能够及时地了解金融治理行为对微观金融市场的影响，听取非政府组织的意见和建议，并根据情况及时作出调整，保持治理行为的合法性与合理性。

同时，由于 AIIB 成员国涉及亚洲各个区域以及欧洲、非洲等多个国家，可以考虑在几个重点区域设立区域监管机构，在这些机构内部建立项目评估机制，负责对项目实际运营状况和资金利用情况的监管，严格实行“审贷分离”。AIIB 在放贷之前可以派工作组到相关国家对项目的可行性、对环境可能的影响以及还贷能力等进行实地考察，要求申贷方报送详细的可行性分析；要求项目单位定期报送工程进度，并派专家组不定期现场考察。专家组应不定期更换，以避免出现可能的贪污受贿问题。

此外，AIIB 在高管层的设计上，也可以进一步细化。在现有部门的基础上，增设相关的执行部门，如市场部主要负责处理与各多边开发金融机构合作事宜以及联络私人资本，技术援助部门主要负责对成员方提供技术援助等。高管层结构的完善也将促进监管机构的完善，缓解监管机构的压力。

（二）完善信息披露制度

2009 年 11 月 17 日，世界银行批准了新的信息披露政策。该政策指出，从准备中的项目、实施中的项目、分析和咨询活动到执行董事会会议纪要，均可从世行对外网站中查询，并通过公共信息中心系统和世界银行集团档案库对外提供。同时，该政策规定了对信息申请的明确回复程序，以及针对申请者认为世行不合理的拒绝本应公开信息的申诉机制。上述披露规则给 AIIB 信息披露制度的完善提供了有益借鉴。

目前 AIIB 采用了“正面清单” + “负面清单”披露模式。在“正面清单”中明确信息披露的范围及程序，主要包括基本信息和业务信息，前者如

〔1〕 参见王丽华：“亚投行参与区域金融治理的法律分析”，载《法学》2016 年第 2 期。

内部治理机制、决策机制、相关决议和报告、董事会会议纪要、预算、业务范围等，后者涵盖项目文件、采购文件、投资声明、与项目有关的环境和社会政策等涉及公众利益的信息。同时，亚投行为了保护隐私和商业秘密，将个人信息、安全和保障信息、内部调查信息、财务信息、行政管理信息等列入信息公开例外的范围。在披露信息最大化与尊重其客户、股东、雇员及第三方有关信息保密之间保持动态平衡。但是现有的“负面清单”过于宽泛和笼统，导致在具体操作过程中一些本应披露的信息极易被解释为信息公开例外信息，进一步降低银行决策的透明度。这里，应将上述例外情形加以详细解释和明确界定。

信息披露应贯穿整个项目周期，特别是在项目运行过程中的一些具体事项等执行信息的披露格外重要。以绿色债券的发行为例，应确定绿色债券标准问题，即什么样的项目适合发行绿色债券，并制定适格项目的遴选流程，及时公布适格项目的建设和运营情况。同时，对于项目管理，可以采取计分卡制度，详细记录每一个项目的实施情况，实现管理层和执行层无缝对接，及时发现风险并有效减少不必要的损失。

信息披露应规定具体期限，确保相关公众及利益方有足够时间作出反应。申言之，信息披露确定具体期限可以对企业、东道国等各方主体行为产生明确指引，反之，“合理期限”等模糊表述虽然具有灵活性但制约了信息披露的有效性。而且，贷款项目在准备、调查、评估、审查以及实施等各个阶段的信息变动，特别是对相关利益方权利产生较大影响的信息应做到及时更新并确保披露信息的真实、准确、完整。

(三) 建立多元化融资机制

如前所述，由于亚洲发展中国家的信用评级普遍较低，国内动荡或经济危机都可能导致大部分的认缴资金无法到账。而基础设施建设作为公共产品之一，存在着“搭便车”行为，即不少成员国在不产生或较少产生相应成本的同时受益于整个开发性金融机构的利益。对此行为，AIIB在完善其治理结构时，应充分考虑成员国参与的成本问题，将投入较多的成员国与投入较少或者不投入成本的成员国相区别，通过建立差别性的激励机制，使那些及时认缴资金、投入成本较多、参与度较高的成员国能够享受更多的利益。上述机制不仅能够激发各成员国积极参与 AIIB 的建设中去，亦能避免因个体利益最大化而导致的 AIIB 的非理性建设。

与此同时，亚投行在确立融资机制时，应发动、鼓励商业银行运用创新融资工具，加强与民间资本的合作，积极拓展多元化融资渠道。

1. *发动并鼓励商业银行参与投融资活动*

以亚行为例，2012 年 1 月 11 日，亚行和中国光大国际有限公司（以下简称"光大国际"）与六家银行达成合作协议，提供 1 亿美元的 B 类贷款，以支持在中国利用清洁技术建设一系列新的垃圾焚烧发电厂。[1] 这里，AIIB 可以主动牵头，鼓励中国及其他 AIIB 成员国的商业银行通过"银团贷款"的方式参与到亚洲基础设施建设的投融资活动中去，按照"信息共享、独立审批、自主决策、风险自担"的原则自主确定各自授信行为，并按实际承担份额享有银团贷款项下相应的权利，履行相应的义务。而且，AIIB 亦应继续保持和世行、亚行的合作，以缓解初期项目的融资压力。

此外，AIIB 可以考虑发行绿色债券这一创新融资工具。绿色债券符合亚投行运营的绿色理念，符合亚投行制定"严格并切实可行的高标准保障条款"的既定目标。对投资者而言，投资高质量、可交易的固定收益类产品，实为履行保护环境、应对气候变化的社会责任，有利于提升投资者的社会形象，实现社会效应和经济效应的双赢。[2] 从长远看，这对亚投行扩大融资范围有着积极意义。同时，可以借鉴亚行经验，推行多批次贷款机制。这是亚行 2005 年推出的一项创新性融资工具。它主要针对需要资金的子项目组，根据项目的实际推进情况分阶段提供资金，如甘肃黑河水电开发股份有限公司通过多批次贷款机制进行的二龙山和大孤山两个子项目就是典型的成功案例。[3] 这一机制不仅缩短了项目审批周期，减少了项目开发成本，而且使

---

〔1〕"亚行与银团贷款支持光大国际在中国建设清洁的垃圾焚烧发电厂"，载 https://www.adb.org/zh/news/adb-banks-sign-loan-china-everbright-internationals-clean-waste-energy-plants-prc，最后访问日期：2017 年 10 月 7 日。

〔2〕参见顾宾："世行经验对亚投行债券融资策略的启示"，载 http://www.financeun.com/News/201656/2013cfn/82759668300.shtml，最后访问日期：2017 年 12 月 9 日。

〔3〕参见"财政部亚行推广多批次贷款机制的'黑河经验'"，载 http://www.czxx.gansu.gov.cn/xinwenzhuanqu/caijingyaowen/20090813/1636317972eb70.htm，最后访问日期：2017 年 10 月 7 日。

子项目建设更具灵活性。

2. 加强与民间资本合作，引入 PPP 模式缓解融资压力

政府和私人资本合作（Public-Private Partnership，PPP）是公共部门与私人部门为提供基础设施和公共服务而建立的长期合作关系，是一种公私合营的新型模式，其特点是资金供给主体多、兼顾效率与公平、实现风险分散与利益共享。因为基础设施建设属于政府的公共服务职能范畴，私人部门在进入该领域开展建设和维护等相关工作前，需要政府的特许授权，体现出较强的政府信用和国家意志。PPP 模式通过引入私有资本来提升项目融资能力和融资效率，其利益制衡的内部治理机制可以有效提高项目运营能力和管理水平，实现公共服务的市场化运作。PPP 模式作为公共基础设施建设中私营企业、民营资本和政府部门充分合作的一种项目融资模式，充分调动政府以及私营企业运行项目的积极性，大大提升了资金回收的安全性。在“一带一路”建设中，采用 PPP 模式可以有效改观基础设施建设在东道国心中政治色彩过浓的印象，确保开发性金融的长期性和可持续性。

亚洲私人资本存量可观，但与发达国家相比，在基础设施建设投资上表现出私人部门参与度不高的特点。一方面，因为亚洲地区的政治风险、欠发达的经济环境使其望而却步；另一方面，受限于不发达的金融市场，私人资金更容易流入西方发达国家。鉴于此，需要亚投行作为中立机构来引导亚洲资本市场的游资，以提升亚洲国家整体生产力和竞争性。

虽然 PPP 模式有上述优点，但实地考察发现，基础设施建设涉及公路、铁路、机场、港口、电力、水力、移动通讯、卫生设施等诸多领域，并非每个项目对私人资本都有足够的吸引力。大多数私人企业仅愿意在设计和建筑方面进行投资，而对项目具体运作过程则望而却步。以电力领域为例，国有企业进行境外投资具有相当大的优势，毕竟在我国电力行业是国家垄断。有了国家的信用背书，其申请贷款相较私人企业更加便利，获取信息的渠道也更为通畅。AIIB 如何在现有政策和资源基础上细分不同行业和领域，利用 PPP 模式吸引私人资本参与基础设施建设还需要制定可操作性的具体规则及措施。

（四）设立全面的 AIIB 法律规范体系

如前所述，AIIB 在法律规范体系建设方面已经作了非常积极有效的努

力，在贷款机制、决策机制、程序规则、采购政策、信息披露机制、投诉处理机制、风险管理机制、资产负债管理机制、争端解决机制等方面出台了一系列规范和指引，进行了初步的规范性建设，今后还需进一步细化及完善。

以争端解决机制为例，设立亚洲基础设施投资银行争端解决中心（ACSID）[1]乃大势所趋。"一带一路"倡议的推进，需要制度性公共产品的支撑，而信誉良好效率高的国际争端解决中心被认为是"一带一路"建设不可或缺的制度性公共产品。[2] ACSID 的设立，其意义不仅是为国际社会提供可供选择的投资争端解决中心，更重要的是能够提升中国与亚太其他发展中国家在国际投资争端解决领域的话语权。鉴于中国与 AIIB 的其他成员国很多都是 WTO 成员和《华盛顿公约》缔约国，因此 WTO 争端解决机制、《华盛顿公约》项下的国际投资争端解决中心（ICSID）为 AIIB 的争端解决制度和规则的设计提供了另一条法律途径。在正式 CHM 出台之前所发生的投资者与成员国的争议，可以考虑先送到 ICSID 进行仲裁，ICSID 在当事人意思自治和仲裁程序透明度上广受国际社会认可。在 CHM 出台后，可以此为抓手，逐步建立 ACSID。需要注意的是，ACSID 管辖权范围应当在现有《亚洲基础设施投资银行协定》涵盖范围的基础上进一步扩大，应包括亚投行与银行客户之间的所有争端（即只要申请并使用了亚投行贷款的客户，与银行发生的争端）、使用亚投行贷款的私人客户与成员方之间的投资争端、项目当事人之间的争端，均可受 ACSID 管辖。[3] 同时，ACISD 具有完全的法律人格，而非亚投行的下设部门。这里强调 ACSID 的独立性，便于其作为争端解决中心处理上述纠纷，更能体现其权威性和公正性。

结　语

成立两年来，亚投行为"一带一路"沿线国家及地区的 24 个基建项目

---

〔1〕 ACSID：Asian Center for the Settlement of Investment Disputes.

〔2〕 参见王贵国："'一带一路'战略争端解决机制"，载《中国法律评论》2016 年第 2 期。

〔3〕 参见黄进、孔庆江："关于设立亚洲基础设施投资银行投资争端解决中心的探讨"，载《国际经济评论》2017 年第 6 期。

提供了42亿美元的贷款，成功撬动的公共和私营部门资金已经超过200亿美元。[1] 基础设施建设表面上是缺乏资金，实质问题是东道国缺乏吸引资金持续进入和实现良性循环的市场环境、政府信用和金融机制。亚投行的设立，不仅将政府信用与市场化、行业化运作有效结合起来，为亚洲地区基础设施建设提供资金支持，还能够在项目规划、建设、运营过程中促进投资地的信用及制度建设，为当地社区带来经济、社会以及环保等方面的收益。亚投行不仅符合中国国内改革需求，而且是未来国际金融秩序变革的重要力量。亚投行在决策机制、内部治理机制等方面一改原有的国际开发性金融机构由发达国家主导并垄断权力的做法，具有显著的中国特色，优先考虑发展中成员国的利益，充分尊重亚洲各国及地区的国情，切实帮助发展中国家寻找更适合自身情况的发展道路。相比制度建设，亚投行在贷款及项目投资方面面临的更大困难在于如何开展制度的实施，特别是在“一带一路”沿线国家及地区国内法律制度千差万别的情形下，如何进行融资风险的防控面临极大难度。这里，除了其自身的制度完善之外，在项目筛选时还要综合考量多方面因素，以确保业务本身的可持续发展，并能够为当地社会所接受。

---

〔1〕 参见朱丽娜：“金立群详解亚投行投资‘三大律’财政可持续是前提”，载《21世纪经济报道》2018年1月17日，第5版。

二、国际贸易法理论与实践

国际贸易法的关境本位

何　力*

国际贸易法是泛指的国际法，其“国际”一词在国际法上就是指国家与国家之间，也就是说是以国家为国际社会和国际法秩序的基本单位。这就是国际法的国家本位。在国际法的世界，国家主权原则贯彻始终，国家拥有主权，独立自主，缔结国际条约，建立并运营各种国际组织。但是，国际法下的国家本位并非体现在所有国际法类的法律部门里。如果我们把视野放到国际贸易法上，就会发现并非完全是国家本位，而是关境本位。这就是本文要探讨的问题。

一、国际贸易中的关境与国境

贸易是一种商业行为，是平等地进行货物或服务的交易。贸易分为对内贸易和对外贸易。对内贸易就是国内贸易，交易各方都是在一个国家或经济体内的公司或个人，不会出现货物或服务越境的情况，国内民商法调整着其交易关系。对外贸易就是国际贸易，交易各方是处于不同国家或经济体的公司或个人，调整其交易关系的是国际贸易法。因此，国际贸易的基本特征就是越境交易。至于其跨越的是什么境界，是不是都是国境，在国际贸易和国际贸易法中则要看具体情况了。在这里，可以把国际贸易跨越的境界分为国境和关境两类。但首先要说明的是，不论是国境还是关境，国际贸易都必须

* 法学博士，复旦大学法学院教授、博士生导师；上海海关学院兼职教授。

要通过海关才能完成。[1] 这个通过海关的程序叫做通关。

国际贸易是不同国家之间的商品、服务和技术的交易行为。其中以商品作为交易对象的货物贸易是国际贸易的核心。而服务贸易和技术贸易一般不发生直接通关行为。服务贸易中海关对旅客出入境携带物品实行查验，或者对交通工具进行监管，而技术贸易中海关则是对凝聚在商品里的知识产权实行海关保护。这两种贸易形式都最终体现为海关对实物的监管，归根到底还是对通关的货物或物品进行海关监管，所以关境在国际贸易中的意义集中在包括货物贸易在内的实物通关方面。

国际贸易不同于国内贸易。国内贸易是一种比较纯粹的交易关系，一般情况下不会引起政府的规制。而国际贸易只有交易当事人的行为是无法完成的。它必须要进行货物通关，即让货物通过关境，否则就构成走私行为，要受到海关法律的取缔。货物从关境内转移到关境外的出口贸易叫作出口通关，反之就是进口通关。这里的进出口也是相对的。无论什么货物贸易，出口通关时要受到出口国出口通关的规制，进口通关时要受到进口通关的规制。这两种规制都属于强制性法律规制，是不能也无法规避的。只要在通关过程中不能通过任何一道规制，国际贸易就无法完成。[2] 在一般的国际贸易中，每项国际贸易行为都要经过至少两道通关程序，因而受到设置于关境上的每个海关当局的监管。而在转口贸易等国际贸易中，则至少要经过 3 次以上的通关，要受到设置于关境上的多个海关当局的监管。

国境（boundary）是根据国际法划分国家间领土的明确的境界或区域。它有两重含义：其一，国境是指国家的境界，也称为国界，即国家领域的界线。它决定一个国家的领域的空间范围。在这个意义上国境范围内就是国家领土（national territory）。一个国家领陆的外部界线是陆地国境，一般与其他国家接壤，同时也是邻国的国境。一般说来，在陆地国境线上设置有界桩、栅栏、墙等障碍物，限制穿越国境线的行为，便于出入境管理。其二，国境

---

〔1〕 何晓兵："关于关境概念的再认识"，载《国际商务（对外经济贸易大学学报）》1999 年第 3 期。

〔2〕 何力：《国际贸易法》，复旦大学出版社 2003 年版。

是指国境线两旁一定境域，也称为边境。一个国家要维护国境的安全就要在边境区域实行某种边境制度，包括设置海关实行海关执法等制度。而为了便利各国之间的贸易往来，边境区域实施的通关便利化措施则大大缓解了国境给国际物流带来的障碍和不便。由于边境作为国界附近一定境域也是在国境线两侧展开的，因此从国家领土全域的角度上看边境还是附属于国境线的，所以国境和国家领土之间的关系仍然属于线与面之间的关系。

关境是海关管辖的边界或范围。海关管辖边界意义上的关境是狭义的关境。在这里关境（customs boundary）就是一定关税领域的外部境界。它是一条封闭的境界线，关境线内构成一个关税区。这个关税区就是海关当局管辖范围，因此狭义的关境就是行使关税权力的空间界线，而线外则是其他关税区当局的管辖范围。海关管辖范围边界意义上的关境是广义的关境。它不是界限的概念，而是领域的概念，即海关境域（customs territory）。在关境的境域内是行使海关管辖的空间范围，具有和国家领土全域相似的空间含义。广义的关境包括其海关领域内的所有领陆、领水和领空，是一个完整的三维空间。关境内的领陆是指该关境内的全部陆地。它是设置海关之所在，也是海关行使职权的基础和对象。关境内的领水是指关境内的水域部分。它主要具有海关执法意义，并且这样的执法还可以延伸到领水以外的毗连区。关境内的领空具有理论上的意义，在具体海关执法中还是通过领陆来实现。但是这并不意味着狭义的关境概念就没有任何意义。在具体的海关管理中，通关出入关境就是狭义的关境，我们也可以把它叫做关境线，以便和国界相对应。这样，所谓的通关就是商品货物出入通过一定关税领域的外部境界，而非穿越某整个关税领域。

虽然现在通常意义上的关境是广义的，指海关领域，但是就狭义的关境来说还是可以和狭义的国境相互比较。关境的范围和国境的范围在多数情况下是一致的。在这样的场合，关境线可以等于国境线，关境线内的海关领域就等于该国的领土。但是还有很多情况下关境和国境的范围不一致，其中可以进一步分为关境大于国境和关境小于国境两种情况。关境大于国境的情况是在关税同盟等经济一体化的场合。若干相邻国家互相取消原来以国境作为关境的海关及其税则，从而实行统一的海关税则，撤销了内部关税和内部海关，构成了一个超过国家领土范围的海关领域；关境小于国境的情况则出现在一些特殊的国家。[1]

二、关境本位

通过以上关于国境与关境的阐述，我们可以理解国境和关境不能画等号，关境偏离国境的情况是有可能出现的。国际贸易在后者的场合也是成立的。国际贸易和国内贸易的区别不仅在于是否跨越国境或关境，而是在于贸易的性质发生了变化，其合同的形式、法律关系和法律依据都有着本质上的不同。

国内贸易的本质是一种买卖交易活动。交易双方分别作为买方和卖方，签订买卖合同，明确双方的权利和义务，买卖法律关系即告成立。根据合同的约定，卖方请求买方支付价金，取得价金的所有权；买方请求卖方交付货物并取得货物的所有权，合同得到履行。这一切法律关系都是由一个国家范围的国内民商法调整，一般也不会涉及不同法律体系的同时适用和法律冲突问题。相对单纯的买卖法律关系一般也不必然会牵涉到其他方面的运输、保险等法律关系和法律义务。

而国际贸易则完全不同。交易双方跨越了国境或关境这一行为使其法律关系发生了根本性的变化。虽然传统的国际贸易是国际货物买卖，也是以买卖法律关系为核心，但由于买卖双方身处不同的国家或地区，涉及的国际贸易法就完全不同了。各国民商法、冲突法、国际条约、国际贸易惯例都可能成其为法律渊源。[2] 买卖双方的义务也不同于国内买卖交易。卖方的基本义务除了交付货物外，还要求移交一切与货物有关的单据，并转移货物的所有权。移交一切与货物有关的单据，主要是指国际货物运输的典型方式海上货物运输中的提单。提单具有物权凭证及债权凭证性质。移交提单，就意味着转移货物的所有权，而提单又与国际货物买卖的信用证支付等国际贸易支付是联动的，再加上跨国远距离海运耗费时间，运输风险之大是国内货物买

---

〔1〕 何晓兵编著：《中国海关实务》，中国商务出版社2004年版。

〔2〕 郑斌："国际贸易惯例的性质"，载《当代法学》2002年第10期。

卖和运输远远不能相提并论的，因而国际货物运输保险及其合同也成为其标准配置的组成部分。这样一来，国际贸易就不是一种单纯的买卖法律关系了，而是扩展到国际货物运输法律关系、国际货物运输保险法律关系、国际贸易支付法律关系。所涉及的国际贸易法律也不仅仅是国际货物买卖法，还有国际货物运输法、国际货物运输保险法、与国际贸易支付相关的票据法、信用证法等。这样国际贸易法就有了包括买卖、运输、保险和支付在内的四位一体的法律体系。虽然后来有了航空和陆上的国际货物运输以及电子商务等，但它们都是脱胎于这一传统的国际贸易法的法律体系，并从中发展而来。因此，国际贸易与国内贸易相比有了本质的不同。

国际贸易和国内贸易是两种不同的贸易，适用不同的法律，跨越国境的贸易自然是国际贸易，而跨越关境的是否也是国际贸易呢？答案是肯定的，因为跨越了关境的贸易，与跨越国境的贸易一样要通关，服从两个或两个以上的海关当局的监管，其合同的形式、法律关系及其内容、适用的法律等都与跨越国境的贸易没有区别。

由上文可知，国际贸易并非全部都是跨越国境的国与国之间的贸易，还包括跨越关境的贸易。由于关境可能比国境范围更小，所以关境才是国际贸易的最小单位，才是国际贸易的基本单位和构成分子。

我们也可以从对国际贸易的海关规制的角度进一步说明国际贸易中的关境之作用。国际贸易是一种经济活动，不是政治活动。对国际贸易实行海关法律规制是对经济活动的一种法律规制，与诸如出入境管理、外国人地位和外交保护等政治规制有一定的区别。在后者的场合，毫无疑问必须要以国家为基本单位，以国境作为规制的空间范围。然而在海关法律规制的场合就有可能与国家的政治境域发生偏离。

国家作为完全主权实体时，关境等于国境，国际贸易就是真正意义上的国与国之间的贸易。这就是关境等于国境的情况。但是在关境与国家的政治境域发生偏离时，国际贸易就不限于国与国之间的贸易。一个主权国家内部也有可能存在复数的关税领域（即广义的关境），并且在其关境内设立海关，处理通关事宜。这与在一个主权国家的海关办理通关事宜没有什么差别。这些关税领域相互之间的贸易、这些关税领域与其他国家之间的贸易，仍然属于国际贸易，因为它们必须进行通关，服从海关监管。这就是关境小于国境的情况。

若干主权国家也有可能将各自的关税领域合并，共同组成关税同盟或者更高的经济联合体，就有可能形成一个国家层次之上的单独关税领域。这时该关税领域内的不同国家之间的贸易则可能不用办理通关手续，也许只是进行海关统计，并不征收关税或者进行任何其他实质性的贸易法律规制。没有通关的贸易就不是真正意义上的国际贸易，只是统计学意义上的国际贸易。这就是关境大于国境的情况。这种情况在经济区域化发展的今天变得越来越普遍了。

综上所述，所谓国际贸易并非在任何情况下都是国与国之间的贸易。我们不能在任何情况下都以主权国家的政治国境来划分国际贸易的基本单位。考虑到关境大于或小于国境的情况我们可以得出结论：国际贸易实际上是以关境作为基本单位的。这就是国际贸易的关境本位。无论交易主体是在一个国家内或在不同国家，只要这种交易跨越了关境，它就是国际贸易。否则，其国际贸易只具有海关统计上的意义，并非真正的国际贸易。这种状况在国际投资、国际税务、国际商事仲裁等方面也是一样的。

三、单独关税区

在国际贸易和国际贸易法上，同一关境的经济体就是单独关税区（separate customs territory）。它是指在对外经济贸易方面有自主权的地区政府所颁布的海关法规得以全面实施的领域，包括一定的领陆、领水和领空。单独关税区海关当局对货物进出口实行海关监管，独立征收关税，采取海关措施，均按照其自己的海关法规，实行自己的关税税则。[1]

为什么在国际贸易及国际贸易法中会产生单独关税区这样一种不拥有政治主权的经济体的现象呢？单独关税区不是随意设立的，而是由于某种特定的经济、政治或历史原因而成为国际经济体系中的独立经济单位。它们也拥有政府以及立法、司法和行政的某些权能，并且具有在一定国际经济关系中

〔1〕 臧立："论 WTO 与单独关税区"，载《外交评论》2001 年第 3 期。

享受权利和承担义务的能力，全权代表该单独关税区的经济利益。单独关税区对区内经济利益的代表和维护主要是通过建立独立的海关、制定自己海关法规和关税税则、行使海关行政权和征收关税来实现。

单独关税区除享有海关专属权限外，它还具有其他广泛的经济和法律权限，以便从制度上、法律上保障单独关税区海关专属权限的实现。单独关税区当局对内一般有比较充分的经济管理权，可以对其关境内的个人和法人及其涉及的经济活动实行规制。单独关税区可以以国际经济法主体的地位参与到某些国际经济条约和国际经济组织中，成为国际经济体系中的独立经济单位。单独关税区一旦得到国际社会公认，便当然获得了缔结某些国际协定的权限。这种权限是有限的，一般只限于经济、体育、文化等领域，且形式上不能采用条约、公约、宪章等上位国际条约的缔约方式，只得采用协定或者协定以下的下位国际条约的缔约方式。

GATT 在单独关税区普及化和制度化过程中起到了关键作用。WTO 不但沿袭了 GATT 的做法，而且还进一步使得单独关税区能够作为其成员。作为一个正式的国际经济组织，WTO 可以正式规定加入者为“成员方”（members），而不是像 GATT 那样只称为“缔约方”。而这个“成员方”到底只指主权国家成员呢还是包括单独关税区在内？WTO 沿用了 GATT 的做法，就作为成员方的“country or countries”以及“national”等特定词汇作了专门的说明性解释，使之可以理解为包括了单独关税区。

2001 年 12 月 11 日，中国加入 WTO，并在 WTO 中全权代表中国的海关主权。而台湾也以“台澎金马单独关税区”的名义加入 WTO。加上先期成为 WTO 成员的香港和澳门，在 WTO 中中国有一个主权国家的成员资格，同时还有香港、澳门和台湾三个单独关税区的成员资格。[1] 在中国，内地和香港、澳门之间的贸易可以叫做内港贸易、内澳贸易，大陆和台湾的贸易可以叫做两岸贸易，但由于香港、澳门和台湾都是中国领土下的单独关税区，都有自己的海关当局和海关法规，独立行使海关监管权，执行自己的海关法规，符合国际贸易的基本单位——关境——的要件，所以根据国际贸易的关

---

〔1〕 姚铁明：“谈我国的单独关税区与原产地规则”，载《黑龙江对外经贸》2003 年第 8 期。

境本位的原理，内港贸易、内澳贸易和两岸贸易作为跨越了关境的贸易，也属于国际贸易。在这里必须厘清“国际”的概念在国际贸易法和国际公法中的不同含义。在国际公法上，“国际”是以主权为基础的。香港、澳门、台湾都是中国的一部分，处于中国的主权之下，这是毫不含糊的。但在国际贸易法上，“国际”是以关境来划分的，关境领域就是单独关税区，是可以作为国际贸易的规制主体的。这不仅符合国际贸易，也符合贸易以外的其他方面，比如国际投资除了指国与国之间的跨国投资外，也可以指中国内地（大陆）与香港、澳门、台湾之间的投资，国际金融等也是同理。至于香港、澳门和台湾几个关境领域之间的贸易、投资和金融等也都是同理。

国际贸易及国际贸易法的独立关境领域或单独关税区现象并非只在中国出现。它的历史非常久远，并且至今也是一个广泛存在的现象。在西欧中世纪后期近代主权国家出现的同时，近代意义上的海关就出现了。而海关在一些情况下是由主权国家设置的，在另外一些情况下则由一些非国家实体设立，很多一直保持到现在，如英国的海峡群岛、马恩岛。这就是单独关税区的由来。在后来的殖民时代以及非殖民化时代，以及所经历的很多战争等历史演变，又有很多单独关税区形成和存在下来，如英国、法国的若干海外领地（英属维京群岛、开曼群岛、法属新喀里多尼亚等）。国际社会也认可单独关税区的存在，如IMF、世界银行等国际经济组织的报告和统计中都是把单独关税区和欧盟作为单独的经济体对待，与国家基本上是同列的。

四、自贸区与国际贸易法关境本位

明确了国际贸易法的关境本位，就可以深入理解自贸区的意义了。自贸区有宏观的自贸区和微观的自贸区。宏观的自贸区是指由国家或单独关税区组成的自由贸易区（Free Trade Area，FTA）。FTA也指成立自由贸易区的自由贸易协定（Free Trade Agreement），从这里可以看出，它是国际层面的自贸区，因为具有经济性质，所以除了国家是其理所当然的成员之外，根据国际贸易法的关境本位，单独关税区能成为其成员，如前述的WTO中的中国香港、中国澳门和中国台湾，世界海关组织的中国香港、中国澳门、巴勒斯坦等。[1] 宏观的自贸区虽然其名头是贸易，但其职能却是可扩展的，可扩展到投资、知识产权保护、环境保护、劳工保护等领域。它们有些是两个国家或单独关税区之间的 FTA，即双边自贸区；有些则有更多的成员或缔约方，即区域性自贸区。按照国际贸易的关境本位，有些高级层次的自贸区已经升格成为关税同盟，并且还进一步统一海关法和关税税则，甚至统合海关机构。这样，它们的关境就有可能统一起来，成为单一关境的统一大市场。而其最高阶段就是欧盟，它实际上就是一个多个成员国构成的统一关境领域。

微观的自贸区是指在一个国家或单独关税区范围内划定一定的领域实行自由贸易政策和法律的区域（Free Trade Zone，即 FTZ）。它是在国家政府或单独关税区当局管辖之下的层面的区域，与 FTA 是国家或单独关税区之间的宏观相对而言属于微观层面。它是由世界海关组织的自由区（Free Zone）的概念演变而来。属于这类自由区的区域处于一个国家的边境或者单独关税区的关境之内，但因其实行自由贸易政策和法规，在关税或者其他若干海关监管方面推行更加宽松甚至完全自由的措施，所以被称为“境内关外”。这类自由区也有各种形式和名称，比如保税区（bonded area），出口加工区（export processing zone），对外贸易区（Foreign-Trade Zones，也称 FTZ）以及自由贸易区（free trade area）等。而后者就是所谓的微观自贸区。其实不管它们叫什么名字，从关境本位来看都没有实质性区别，都具有“境内关外”的性质。[2]

由于有了这样的“境内关外”FTZ 的存在，在一个国家或者单独关税区的国境或关境范围内，FTZ 区域与该国或单独关税区本土之间的贸易就带有某种程度的国际贸易性质，即进出这些地区应该办理通关手续，并且当事人之间的交易也可能适用国际贸易条约或惯例。另一方面，通过该国上述区域

---

〔1〕 世界海关组织官网，“世界海关组织成员名单”，载 http://www.wcoomd.org/-/media/wco/public/global/pdf/about-us/wco-members/list-of-members-with-membership-date.pdf? db=web，最后访问日期：2018 年 3 月 11 日。

〔2〕 何力：“贸易含义的演进与中国（上海）自由贸易试验区性质探析”，载《海关与经贸研究》2014 年第 1 期。

的转口贸易由于没有通过该国或单独关税区海关，所以并没有介入该国的国际贸易。此外，还有国际贸易中的自由港（free port）也是这种情况。由于这里与外国之间的贸易并没有通关，因而与通常的国际贸易是不同的。这里虽在国内进行贸易，也就是在一个国家范围内，但是由于需要通关，自然就成了国际贸易。一切国际贸易实务和法律都与国际贸易的场合并无两样。这也是国际贸易中国境与关境相脱节之现象。

欧洲联盟推行的经济一体化的核心内容之一就是成员国之间的贸易自由化。它意味着在欧盟共同市场内实现商品、人员、资本和服务的自由流通，废除一切关税壁垒和非关税壁垒。在这里除了一些新加入的成员国现在还处于过渡期，其关税壁垒和非关税壁垒的撤废还在进行外，一般成员国之间已经形成了单一的共同市场，也就是说已经拆除了经济国境。此外还有其他的一些区域性经济一体化组织已经或正在全面实现零关税目标，消除成员国之间贸易中的传统国境意义上的障碍。这样，一些跨越传统意义国境的贸易已经渐渐失去或已经不带有国际贸易的性质。

中国的 FTZ 起源于 1990 年外高桥保税区的建立，外高桥保税区划定了 10 平方公里的境内关外区域。后来全国各地相继建立了若干保税区。之后，中国的 FTZ 又分别升级，出现了综合保税区、保税物流园区、保税港区等。特别是在 2013 年 9 月，上海率先成立了上海自由贸易试验区［China (Shanghai) Pilot Free Trade Zone，以下简称“上海自贸区”］，为中国自贸区的开始，以后又在天津、广东、福建成立了第二批自贸区，在辽宁、浙江、河南、湖北、四川、陕西、重庆七地成立了第三批自贸区。从国际贸易法的角度分析，中国的自贸区更加注重的是投资政策和服务贸易，而在货物贸易和海关监管方面除了实行更加自由的境内关外政策和法律之外并无实质性变化，实际上就是原保税区的升级版。[1] 随着中国“一带一路”建设的展开，实行中国企业“走出去”战略，各种形式的 FTZ 还会在很多国家出现，而 FTA 也会不断在“一带一路”的沿线国家或地区建成。这样，国际贸易法的关境本位原理就具有越来越重要的意义。

---

〔1〕 周阳：“我国自由贸易试验区的性质分析”，载《上海经济研究》2016 年第 7 期。

论 WTO 协议下烟草平装与公共健康的冲突与平衡*

张丽英** 董 悦***

随着全球贸易自由化及国际经济一体化的深化，烟草及烟草制品在全球市场上的流通范围更广、速度更快；与此同时，烟草制品引发的疾病也引起了国际社会对公共健康的密切关注。烟草贸易自由化与健康的矛盾也日益突显。为了提醒公众烟草制品对人类健康的不良影响，降低其对实际消费者和潜在消费者的吸引力，国际上出现了对烟草平装的立法与实践。2011 年澳大利亚通过的《烟草平装法案》（The Tobacco Plain Packaging Act 2011）〔1〕和《实施烟草包装条例 2011》（Tobacco Plain Packaging Regulations 2011）〔2〕，成为国际上首个以立法形式强制要求香烟平装的国家，引发了烟草产业的抗议。烟草平装面临的最大挑战主要来自世界贸易组织（World Trade Organization，WTO）框架协议中的《技术性贸易壁垒协议》（Agreement on Technical Barriers to Trade，简称“TBT 协议”）〔3〕和《与贸易有关的知识产权协议》

* 本文是国家社科重点项目“应对国际贸易摩擦和争端的协调机制研究”（项目号：09AZD014）的子项目“应对国际贸易摩擦与争端协调机制比较研究”的后期成果。

** 中国政法大学国际经济法研究所教授。

*** 中国政法大学国际法学院 2014 级本科生。

〔1〕 Tobacco Plain Packaging Act 2011, No. 148, 2011, available at https://www.legislation.gov.au/Details/C2011A00148, last visited on 7 March, 2018.

〔2〕 Tobacco Plain Packaging Regulations 2011, Select Legislative Instrument 2011 No. 26, available at https://www.legislation.gov.au/Details/F2011L02644, last visited on 7 March, 2018.

〔3〕 Trade-Related Aspects of Intellectual Property Rights, available at https://www.wto.org/english/docs_e/legal_e/27-trips_01_e.htm, last visited on 7 March, 2018.

（Agreement on Trade-related Aspects of Intellectual Property Right，简称“TRIPs协议”）[1]中关于贸易自由和知识产权保护的内容。

鉴于烟草平装对烟草商的商标权利、自由贸易权利和公共健康利益均会带来重大影响，如何对两者之利益进行衡量、取舍，实现对两者之冲突的减少和控制具有重要的研究意义。本文将基于烟草平装制度的缘起，通过评析澳大利亚烟草平装立法引发的相关案例，探索WTO框架协议与烟草平装立法之间的法律冲突和价值冲突与平衡。

一、烟草平装制度的缘起与争议

（一）国际控烟运动与平装制度的产生

烟草自被发现至今已有五百余年历史，虽然人们明知烟草中的尼古丁、焦油等物质对健康有严重损害，但受强致瘾性和镇定作用的吸引，烟草制品仍然在世界范围内捕获了大量的忠实消费者。据世界卫生组织的估算，全球烟民人口数量超过11亿，约占世界总人口数的16%；同时，烟草制品每年会夺走约600万人的生命，其中因直接使用导致死亡的比例高达84%。[2]考虑到以上情形，一直以来各国对烟草制品的控制和管理普遍严格于其他商品。1997年，加拿大出台了《烟草法》（Tobacco Act，又称Bill C-71），对烟草制品的包装进行了严格规定；[3] 2001年欧共体通过了2001/37号烟草控制指令（Standard：EU-2001/37/EC）；[4] 2005年，《世界卫生组织烟草

[1] Agreement on Technical Barriers to Trade, available at https://www.wto.org/english/docs_e/legal_e/17-tbt_e.htm, last visited on 7 March, 2018.

[2] See World Health Organization, *Global Status Report on Noncommunicable Diseases* 2017, WHO Press, 2014.

[3] Tobacco Act (S.C. 1997, c. 13), 15 (1) Act, Information required on packages: “No manufacturer or retailer shall sell a tobacco product unless the package containing it displays, in the prescribed form and manner, the information required by the regulations about the product and its emissions, and about the health hazards and health effects arising from the use of the product or from its emissions.”

[4] Standard: EU-2001/37/EC, Directive of the European Parliament and of the Council on the Approximation of the Laws, Regulations and Administrative Provisions of the Member States Concerning the Manufacture, Presentation and Sale of Tobacco Products, available at https://standards.globalspec.com/std/514149/eu-2001-37-ec, last visit on 7 March, 2018.

控制框架公约》（World Health Organization Framework Convention on Tobacco Control，以下简称《控烟公约》或 FCTC）生效，强化烟草控制的国内立法成为各缔约国履行公约义务而形成的不可避免的趋势；2011 年，澳大利亚出台《烟草平装法案》及其实施细则《实施烟草包装条例 2011》，使其成为全球第一个通过立法强制执行烟草平装化的国家；2014 年以后，欧盟〔1〕、挪威〔2〕等 16 个国家和地区也分别以法令形式强制推行了烟草平装制度。〔3〕世界控烟运动的发展已经将烟草平装制度推上了历史舞台。

以澳大利亚《烟草平装法案》为例，根据该法，澳大利亚所有烟草制品的包装盒均须为深棕色、亚光纸质包装；除非法律另有规定，烟草制品的品牌、公司名称或子产品名称以外的任何商标或其他标识均禁止在零售的烟草产品包装上使用，准许在包装上出现的所有名称必须使用特定小号字体，且标注在固定位置。〔4〕同时，《实施烟草包装条例 2011》也对烟草制品及其零售包装上可以出现的商标名称、品牌公司或者商业名称和别名的数量、位置和大小等作出了细致、具体的规定。〔5〕上述两部法律共同搭建起极为严苛的澳大利亚烟草平装制度体系。概括来说，所谓烟草平装即对烟盒和烟棒的款式和其上标志的形式作严格限制，禁止各种花色、品牌形象、企业标志和商标出现的同时，要求进行健康警示。

---

〔1〕 EU Tobacco Products Directive（2014/40/EU）（TPD），available at http://www.tobaccotactics.org/index.php/EU_ Tobacco_ Products_ Directive_ Revision，last visit on 7 March，2018.

〔2〕 Act No. 5 of 10 February 2017，Amendment of Act No. 14 of 9 March 1973（Tobacco Control Act），available at https：//www.tobaccocontrollaws.org/legislation/country/norway/summary，last visit on 7 March，2018.

〔3〕 See WIKIPWDIA，"Plain tobacco packaging"，available at https：//en.wikipedia.org/wiki/Plain_ tobacco_ packaging，last visit on 7 March，2018.

〔4〕 See Tobacco Plain Packaging Act 2011，Chapter 2—Requirements for plain packaging and appearance of tobacco products，available at https：//www.legislation.gov.au/Details/C2016C00892，last visit on 7 March，2018.

〔5〕 See Tobacco Plain Packaging Regulations 2011，Part 2—Requirements for retail packaging of tobacco products and Part 3—Requirements for appearance of tobacco products，available at https：//www.legislation.gov.au/Details/F2013C00801，last visit on 7 March，2018.

（二）烟草平装制度引发的争议

愈加严厉的控烟措施逐渐引起了烟草商的不安；[1]同时，诸多以烟草经济为国家财政来源的 WTO 成员方也对平装制度表达了不满[2]。为了避免澳大利亚的烟草平装制度被世界各国广泛推行，利益相关方迅速反应，试图通过法律手段制止澳大利亚强制推行烟草平装，也因此引发了一系列国内外案件，主要包括：菲利普·莫里斯亚洲（香港）公司依据双边投资条约对澳大利亚政府提起的国际仲裁案[3]，四大烟草公司对澳大利亚政府提起的违宪之诉[4]和乌克兰、多米尼加、洪都拉斯、古巴及印度尼西亚五国分别对澳大利亚政府提起的 WTO 争端解决案。[5]

2011 年 11 月 21 日，菲利普·莫里斯亚洲（香港）公司依据 1993 年《澳大利亚-香港投资促进和保护协定》向国际常设仲裁法院提出了仲裁申请。其主张澳大利亚《烟草平装法案》对烟草商在香烟烟盒及烟棒上使用商标的规定损害了自身在澳大利亚的投资利益；这一政策违反澳大利亚在双边投资协定、TRIPs 协议的 TBT 协议下的义务，构成了对知识产权的非法征

---

[1] 英美烟草、菲利普·莫里斯、日本烟草、帝国烟草等跨国烟草公司认为，烟草平装制度是对自身具有重要经济价值的资产的剥夺并担心该制度在国际上的逐步推广会在全球范围内损害其产品声誉和贸易利益。See British American Tobacco Limited and Ots v. Commonwealth of Australia, Case No. S389/2011, available at http://www.hcourt.gov.au/cases/case-s389/2011, last visit on 7 March, 2018.

[2] See Intellectual Property Council Talks Health, Tobacco Packaging and Enforcement, available at https://www.wto.org/english/news_e/news11_e/trip_24oct11_e.htm, last visit on 7 March 2018. 2011 年，WTO 与贸易有关的知识产权理事会就澳大利亚《烟草平装法案》召开会议。烟草制品国乌克兰、墨西哥、津巴布韦、多米尼加、古巴、洪都拉斯等对澳方法案的生效和实施表达了强烈反对，认为其会导致消费者无法获知商品来源，同时会导致烟草商品降价，反而促进烟草消费。

[3] See Philip Morris Asia Limited v. The Commonwealth of Australia, UNCITRAL, PCA Case No. 2012-12, available at https://www.italaw.com/cases/851, last visit on 7 March, 2018.

[4] See British American Tobacco Limited and Ots vs. Commomwealth of Australia, Case No. S389/2011.

[5] See Australia-Certain Measures Concerning Trademarks, and Other Plain Packaging Requirements Applicable to Tobacco Products and Packaging (DS434) and Australia-Certain Measures Concerning Trademarks, Geographical Indications and Other Plain Packaging Requirements Applicable to Tobacco Products and Packaging (DS435, DS441, DS458 and DS467), available at http://dfat.gov.au/international-relations/international-organisations/wto/wto-dispute-settlement/Pages/wto-disputes-tobacco-plain-packaging.aspx, last visit on 7 March, 2018.

收；要求澳大利亚政府停止实施该法案并进行损害赔偿。[1]

2011 年 12 月 1 日，英美烟草、日本烟草、帝国烟草和菲利普·莫里斯亚洲（香港）公司四大跨国烟草公司认为《烟草平装法案》使得公司经合法注册的商标不能使用在烟草产品上，基于商标权而获得的、受宪法保护的收益丧失；而这些收益被澳大利亚联邦政府通过《烟草平装法案》取得，且该取得没有正当基础，违反澳大利亚《宪法》第 51 节第 31 款，应属无效。

2012 年，乌克兰、洪都拉斯和多米尼加共和国均就澳大利亚《烟草平装法案》提请 WTO 争端解决；2013 年，古巴和印度尼西亚又分别就同一法案提请争端解决。以上五国认为澳大利亚无视 WTO 框架协定下的义务，其颁布、施行《烟草平装法案》的行为违反了 TRIPs 协议第 2.1、3.1、15.4、16.1、20、22.2(b)条及第 24.3 条之规定，以及 TBT 协议第 2.2 条之规定。[2]

概括而言，国际社会对澳大利亚《烟草平装法案》为代表的烟草平装措施的是否合法、有效之判断存在巨大分歧，态度截然相反。支持者认为，国家可根据本国情况来制定公共政策以实现特定合法目的，即在不违反国际法的前提下一国享有完全的立法自由；烟草平装措施是澳大利亚政府为减少公众对烟草制品的消费和使用而出台的、维护公共健康利益的法规，是澳大利亚政府承担社会责任和 FCTC 项下国际义务之要求。反对者则着眼自由贸易和商标权保护，主张烟草平装措施对商标的识别功能及相关权利的牺牲，构成了对国际贸易的不必要的限制，在国内法和国际法的双重层面上均侵害了烟草商的合法权益。[3] 两派意见之间的背后，是 WTO 框架协议设置的商标

---

〔1〕 See Notice of Cliam, Philip Morris Asia Limited v. The Commonwealth of Australia, UNCITRAL, PCA Case No. 2012 - 12, available at https://www.italaw.com/sites/default/files/case - documents/ita 0664.pdf, last visit on 7 March, 2018.

〔2〕 See Australia-Certain Measures Concerning Trademarks, and Other Plain Packaging Requirements Applicable to Tobacco Products and Packaging (DS434) and Australia-Certain Measures Concerning Trademarks, Geographical Indications and Other Plain Packaging Requirements Applicable to Tobacco Products and Packaging (DS435, DS441, DS458 and DS467), available at http://dfat.gov.au/international-relations/international-organisations/wto/wto-dispute-settlement/Pages/wto-disputes-tobacco-plain-packaging.aspx, last visit on 7 March, 2018.

〔3〕 See Intellectual Property Council Talks Health, Tobacco Packaging and Enforcement.

权及自由贸易的保护义务与平装措施之间的法律冲突，更是烟草贸易与公共健康之间的价值对撞。

二、烟草平装制度与TRIPs协议于商标权保护的冲突

澳大利亚烟草平装制度推行中受到的阻力涉及国际投资仲裁、国内诉讼和WTO争端等多种类型。这些短时期内集中爆发的多元争议类型充分证实了烟草利益获得方对阻止烟草平装制度的渴望和迫切，他们的核心质疑之一即烟草平装制度严重限制烟草商的商标权利，违反TRIPs协议中的与商标保护有关的内容。

在乌克兰等五国与澳大利亚之间的WTO争端中，以TRIPs协议条款为基础提出的异议主要涉及该协议第2.1、3.1、15.4、16.1、20、22.2(b)条及第24.3条之规定。[1] 其中第2.1条和第3.1条主要规定了缔约国不得对域外注册商标采取歧视性措施，第16.1、22.2(b)条和第24.3条主要涉及缔约国对商标权利人的专用权保护之规定，而第15.4条和第20条则主要针对缔约国对商标注册和使用的潜在妨害进行了限制。

因此，以乌克兰等五国对澳大利亚《烟草平装法案》提出的WTO争端解决案件为例，烟草平装制度涉及TRIPs协议的法律争议焦点主要有以下三点：一是澳大利亚《烟草平装法案》是否构成了对域外烟草制品商标的歧视；二是澳大利亚《烟草平装法案》是否违反了对商标权人专用权的保护；三是澳大利亚《烟草平装法案》是否对商标的注册和使用进行了不合理的妨害。下面，本文将分别讨论上述三大争议焦点及烟草平装制度在TRIPs协议下对商标权进行限制的合法性。

（一）烟草平装制度是否对域外注册的烟草商标构成歧视

根据TRIPs协议第2.1条和第3.1条，各缔约国应按照1967年《保护工业产权巴黎公约》（Paris Convention for the Protection of Industrial Property,

---

〔1〕 See Australia-Certain Measures Concerning Trademarks, and Other Plain Packaging Requirements Applicable to Tobacco Products and Packaging (DS434) and Australia-Certain Measures Concerning Trademarks, Geographical Indications and Other Plain Packaging Requirements Applicable to Tobacco Products and Packaging (DS435, DS441, DS458 and DS467).

以下简称《巴黎公约》)[1]的具体约定提供对商标权的最低保护，对外国商标提供国民待遇，并对域外注册的商标提供原样保护。[2] 需要注意的是，“澳大利亚给予国外注册商标的保护并非绝对以注册商标的全部方面为准，这就意味着澳方具有一定的取舍权利，只要其保护措施没有违反 TRIPs 协议中的国民待遇原则等。”[3]

澳大利亚的《烟草平装法案》对域外注册商标的烟草制品的态度是否符合 TRIPs 协议的要求？根据澳大利亚《烟草平装法案》第 8 条和第 9 条，无论域内外注册的烟草制品商标，凡在澳大利亚管辖范围内使用，均须遵守平装措施的规定。[4] 也即该法案对外国烟草制品和本土烟草制品在包装要求上一视同仁，并没有对域外注册商标的烟草制品构成歧视。

(二) 烟草平装制度对商标权人专用权的限制是否合法

TRIPs 协议第 16.1 条规定：“注册商标的所有权人享有专有权，以阻止所有第三方未经该所有权人同意在贸易过程中对与已注册商标的货物或服务的相同或类似货物或服务使用相同或类似标记，如此类使用会导致混淆的可

---

〔1〕 Paris Convention on the Protection of Industrial Propert, available at http://www.wipo.int/treaties/en/text.jsp? file_ id=288514, last visit on 7 March, 2018.

〔2〕 AGREEMENT ON TRADE-RELATED ASPECTS OF INTELLECTUAL PROPERTY RIGHTS, Article 2: Intellectual Property Conventions “1. In respect of Parts II, III and IV of this Agreement, Members shall comply with Articles 1 through 12, and Article 19, of the Paris Convention (1967).” Article 3: National Treatment “1. Each Member shall accord to the nationals of other Members treatment no less favourable than that it accords to its own nationals with regard to the protection of intellectual property, subject to the exceptions already provided in, respectively, the Paris Convention (1967), the Berne Convention (1971), the Rome Convention or the Treaty on Intellectual Property in Respect of Integrated Circuits. In respect of performers, producers of phonograms and broadcasting organizations, this obligation only applies in respect of the rights provided under this Agreement. Any Member availing itself of the possibilities provided in Article 6 of the Berne Convention (1971) or paragraph 1(b) of Article 16 of the Rome Convention shall make a notification as foreseen in those provisions to the Council for TRIPS.”

〔3〕 王鸿：“澳大利亚香烟白板包装法案引发的 WTO 贸易争端案件分析”，载《知识产权》2013 年第 10 期。

〔4〕 The Tobacco Plain Packaging Act 2011, 8 Act extends to external Territories, “This Act extends to all the external Terriories.” 9 Act binds the Crown, “(1) This Act binds the Crown in right of Commonwealth, of each of the States, of the Australian Capital Territory, of the Northern Territory and of Norfolk Island. (2) This Act does not make the Crown liabke to be: (a) prosecuted for an offence; or (b) subject to civil proceedingd for a civil penalty order; or (c) given an infringement notice.”

能性……在对相同或相似的商品或服务采用相同的符号标记时，就推定混淆的可能性已经存在。上述权利不得损害任何已经在先存在的权利，也不得影响缔约方在使用的基础上授予权利的可能性。"[1] 第22.2（b）条规定："关于地理标记，缔约方应该对利益方提供制止下述行为的法律手段：……（b）任何构成《巴黎公约》（1967）第10条之二意义下不公平竞争行为的使用。"[2] 第24.3条规定："在实施本届规定过程中，缔约方不得削弱紧邻本协议生效日之前已经存在于该缔约方的对地理标志的保护。"[3] 以上三条均为对商标专用权的保护，即排除他人未经许可的使用，并对地理标志进行特殊保护，以防止混淆。

基于以上条款，乌克兰等五国认为，澳大利亚的平装措施对烟草制品采取统一化包装，导致源自不同生产者和销售者的烟草制品却让消费者获得雷同的视觉效果，使得商标权人使用标记并阻止第三人使用相似标记的专有权利归于无效；同时也阻碍烟草商基于产品的质量、声誉而进行的市场竞争，尤其对于雪茄等烟草制品，严重减损地理标识的效益，助长不正当竞争。[4]

---

〔1〕 AGREEMENT ON TRADE-RELATED ASPECTS OF INTELLECTUAL PROPERTY RIGHTS, Article 16: Rights Conferred "1. The owner of a registered trademark shall have the exclusive right to prevent all third parties not having the owner's consent from using in the course of trade identical or similar signs for goods or services which are identical or similar to those in respect of which the trademark is registered where such use would result in a likelihood of confusion. In case of the use of an identical sign for identical goods or services, a likelihood of confusion shall be presumed. The rights described above shall not prejudice any existing prior rights, nor shall they affect the possibility of Members making rights available on the basis of use."

〔2〕 AGREEMENT ON TRADE-RELATED ASPECTS OF INTELLECTUAL PROPERTY RIGHTS, Article 22: Protection of Geographical Indications "2. In respect of geographical indications, Members shall provide the legal means for interested parties to prevent: ... (b) any use which constitutes an act of unfair competition within the meaning of Article 10bis of the Paris Convention (1967)."

〔3〕 AGREEMENT ON TRADE-RELATED ASPECTS OF INTELLECTUAL PROPERTY RIGHTS, Article 24: International Negotiations; Exceptions "3. In implementing this Section, a Member shall not diminish the protection of geographical indications that existed in that Member immediately prior to the date of entry into force of the WTO Agreement."

〔4〕 See Australia-Certain Measures Concerning Trademarks and Other Plain Packaging Requirements Applicable to Tobacco Products and Packaging. WT/DS434/1, IP/D/30, G/ TBT/D/39, G/ L/985 (13March, 2012), Request for consultation by Ukraine, available at https://docs.wto.org/dol2fe/Pages/FE_ Search/FE_ S_ S009-DP.aspx? language=E&CatalogueIdList=106913, 82920, 85204, 82931, 85205, 85203, 92422&CurrentCatalogueIdIndex=6&FullTextHash=&HasEnglishRecord=True&HasFrenchRecord=True&

就此，澳大利亚政府则认为，包括商标权在内的知识产权不是积极权利，而是消极权利，烟草平装措施主要是限制商标权人对其商标的使用，不影响商标所有权人在发现他人实施侵犯自身商标专有权的行为时采取对该权利的保护措施。[1]

笔者以为，TRIPs 协议与澳大利亚《烟草平装法案》在理论上并没有矛盾。TRIPs 协议第 16.1、22.2(b) 条和第 24.3 条的共同特点是以商标的“使用”为前提，并对不正当的“使用”进行限制以实现对商标专有权的保护；但需要强调的是，此三条款中，“使用”的主体并非商标权人本人，而是并未获得商标专有权利的第三人。而烟草平装制度对商标“使用”的限制针对的行为主体却是商标权利人本人，与未获得商标专有权利的第三人之“使用”无关。因此，TRIPs 协议对商标专有权的保护与烟草平装制度对商标使用之限制实际是针对不同主体而设置的不同规则，两者层面不同，没有交叉，因此在法律逻辑上也就不可能存在冲突。

但是在实践过程中，烟草平装制度的推行是否会在实际上给商标专有权的保护带来负面影响，从而损害商标权利人的利益尚需思考。笔者以为，这尚不能肯定。由于烟草平装制度下，所有进入市场流通环节的烟草制品的视觉差异化被严重限缩，商标“识别”商品来源的功效也大幅下降。这就导致：一方面非商标权人客观上确实更容易使用相同或近似商标与商标权人的产品进行混淆；而另一方面，商标权人基于商标的“识别”功能所可能享有的品牌效应利益等优势也被极大削弱，因此，对非商标权利人而言，为“搭便车”而进行的混淆使用所能够获得的利益基础也受到重创。对专有权保护的重要意义，即是因为商标的“识别”功能能够为商标权人创造区别于其他非商标权人的独有利益，如果不进行保护，这种独有利益就面临被其他非商

HasSpanishRecord = True, last visit on 7 March, 2018.

[1] See Australia-Certain Measures Concerning Trademarks, Geographical Indications and Other Plain Packaging Requirements Applicable to Tobacco Products and Packaging, Communication from the Panel, 3 Main Arguments of the Parties, (WT/DS476/19), 3. 1 Australia, available at https: //docs. wto. org/dol2fe/Pages/FE_ Search/FE_ S_ S006. aspx? Query = (%40Symbol%3d + wt%2fds467%2f *) &Language = ENGLISH&Context = Fomer ScriptedSearch&languageUIChanged = true, last visit on 7 March, 2018.

标权人“窃取”的风险。然而，在烟草平装制度下，这种独有利益似乎不再突出。那么客观上，烟草平装制度下，商标权人是否存在尚可被“窃取”的独有利益？非商标权人是否还会选择混淆使用以便窃取利益？这些问题与烟草平装制度是否会在实践中造成对商标权人专有权的损害直接相关，但却也需要较长时间的实践来判断和印证。

（三）烟草平装制度是否构成对商标注册、使用的非法妨害

1. 烟草平装措施是否阻碍商标注册

TRIPs 协议第 15.4 条规定：“商标所适用的货物或服务的性质在任何情况下不得形成对商标注册的障碍。”[1] 乌克兰等五国认为，商标的商业注册与商业使用是不可分割的整体过程，须使用行为之存在，注册才得以充分实现其现实意义，未经商业使用的、束之高阁的商标即使经过注册，其法律价值也趋近于无。[2] 笔者认为，这一主张无法成立。

首先，商标的“使用”和“注册”是两个彼此独立的概念。前者强调商标在商业活动中的频繁出现，后者则专指特定商标被登记在案。澳大利亚的《烟草平装法案》没有涉及任何与烟草商标“注册”有关的问题，仅仅对商标的使用进行了规定。其次，商标的“注册”存在独立价值。烟草商标一经注册，其权利人就即刻取得商标权及注册商标专有权，可依法阻止他人未经许可使用相应商标。这一权利的获得与澳大利亚是否实施《烟草平装法案》没有任何关联，即商标注册这一行为赋予商标权人的专有权在烟草平装措施的限制下仍然独立存在，不受烟草平装措施对商标使用限制的影响。最后，平装措施不会造成已注册商标被撤销的法律后果。不可否认的是，TRIPs 协议第 19.1 条将商标的“注册”和“使用”在实践中联系到了一起，其将商标的“使用”规定为注册商标赖以生存的必要条件，但需要注意的

---

[1] AGREEMENT ON TRADE-RELATED ASPECTS OF INTELLECTUAL PROPERTY RIGHTS, Article 15: Protectable Subject Matter “4. The nature of the goods or services to which a trademark is to be applied shall in no case form an obstacle to registration of the trademark.”

[2] See Australia-Certain Measures Concerning Trademarks and Other Plain Packaging Requirements Applicable to Tobacco Products and Packaging. WT/DS434/1, IP/D/30, G/ TBT/D/39, G/ L/985 (13 March, 2012), Request for consultation by Ukraine.

是，该条款同样指出，如果商标权人有正当理由（包括政府对商品和服务的其他要求）无法使用商标，可以免于商标因未使用而被撤销的风险。[1] 而平装措施显然属于澳大利亚政府针对烟草制品这一特殊商品提出的特别要求，即使商标权人因此而连续 3 年无法使用商标，也不会造成商标被撤销的法律后果。因此，乌克兰等五国的前述主张实际上是对注册商标的独立价值的刻意忽视，更是对商标的“使用”和“注册”的无理混淆。烟草平装措施与 TRIPs 第 15.4 条并不冲突。

2. 烟草平装措施是否构成对使用商标的无理妨碍

TRIPs 协议第 20 条规定：“在贸易过程中使用商标不得受到不合理的特殊要求的妨碍，例如……要求以特殊形式使用，或要求以损害将一企业的货物或服务区别于另一企业的货物或服务的能力的方式使用。”[2] 乌克兰等五国认为，烟草平装措施强制标准化包装的规定属于上述条款中的“特殊要求”，并使一烟草公司的产品难以区分于其他烟草公司产品，伤害不同烟草商标承载的商誉，构成“不合理特殊要求”的妨碍。[3]

分析 TRIPs 协议第 20 条的条文逻辑可知，“本条规范的是贸易过程中商标的使用行为而非注册行为：商标的商业使用可以受到‘特殊要求’的限制，但上述特殊要求不得给商标权利人带来不合理的妨碍。”[4] 由此可知，

---

〔1〕 Trade-Related Aspects of Intellectual Property Rights, Article 19. 1 “If use is required to maintain a registration, the registration may be cancelled only after an uninterrupted period of at least three years of non-use, unless valid reasons based on the existence of obstacles to such use are shown by the trademark owner. Circumstances arising independently of the will of the owner of the trademark which constitute an obstacle to the use of the trademark, such as import restrictions on or other government requirements for goods or services protected by the trademark, shall be recognized as valid reasons for non-use.”

〔2〕 AGREEMENT ON TRADE-RELATED ASPECTS OF INTELLECTUAL PROPERTY RIGHTS, Article 20: Other Requirements, “The use of a trademark in the course of trade shall not be unjustifiably encumbered by special requirements, such as... use in a special form or use in a manner detrimental to its capability to distinguish the goods or services of one undertaking from those of other undertakings.”

〔3〕 See Australia-Certain Measures Concerning Trademarks and Other Plain Packaging Requirements Applicable to Tobacco Products and Packaging. WT/DS431/1, IP/D/30, G/ TBT/D/39, G/ L985 (13 March, 2012), Request for consultation by Ukraine.

〔4〕 王鸿：“澳大利亚香烟白板包装法案引发的 WTO 贸易争端案件分析”，载《知识产权》2013 年第 10 期。

TRIPs 并不禁止一切妨碍商标使用的措施，其赋予各缔约方灵活履行协议义务的权利，允许各缔约方根据自己的实际情况，对商标的使用进行一定的，即“合理的”限制和干预。故此，考察烟草平装措施是否在应被禁止之列，关键在于评价其在 TRIPs 协议下是否具有相当的“合理性”。需要注意的是，TRIPs 协议第 20 条本身并没有对“合理”进行明确界定，因此，为解释烟草平装措施合理性判断，尚需 TRIPs 协议其他条款的辅助。

TRIPs 协议第 8.1 条“原则”规定：“成员可在其国内法律及条例的制定或修订中，采取必要措施以保护公众的健康与发展，维护在对于其社会经济和技术发展来说至关重要的领域中的公众利益，其条件是这些措施与本协议的规定相一致。”〔1〕也即，TRIPs 明文认可“保护公众的健康与发展”可以成为各国出台相关政策之依据的“合理”理由。由于 TRIPs 协议第 8 条本身即被命名为“原则”，从文意解释的角度，应当将其作为更加一般化的原则性规定来认定其条款效力。因此，第 20 条的适用应当受到第 8 条的约束。此外，2001 年《TRIPs 与公共健康多哈宣言》（Declaration on the TRIPS Agreement and Public Health，以下简称《多哈宣言》）也表明，TRIPs 协议不应作为对抗缔约方实施的维护公共健康措施的依据：“TRIPs 不应该妨碍各缔约方采取措施维护公共健康，以保护公共健康为由灵活适用 TRIPs 是应当被允许的。”〔2〕而澳大利亚的烟草平装立法恰是为保护公共健康而对 TRIPs 规定的权利义务在公约许可的范围内进行的灵活适用，故而笔者以为，平装措施对烟草商标使用的妨碍并非“不合理的特殊要求的妨碍”，不违反

〔1〕 AGREEMENT ON TRADE-RELATED ASPECTS OF INTELLECTUAL PROPERTY RIGHTS, Article 8: Principles “1. Members may, in formulating or amending their laws and regulations, adopt measures necessary to protect public health and nutrition, and to promote the public interest in sectors of vital importance to their socio-economic and technological development, provided that such measures are consistent with the provisions of this Agreement.”

〔2〕 Declaration on the TRIPS Agreement and Public Health (Doha Declaration). WT/MIN (01) /DEC/2. (November 2001), Clause 4 “We agree that the TRIPS Agreement does not and should not prevent members from taking measures to protect public health. Accordingly, while reiterating our commitment to the TRIPS Agreement, we affirm that the Agreement can and should be interpreted and implemented in a manner supportive of WTO members' right to protect public health and, in particular, to promote access to medicines for all.” https://www.wto.org/english/thewto_e/minist_e/min01_e/mindecl_trips_e.htm, last visit: 7 March, 2018.

TRIPs 协议第 20 条。

三、烟草平装制度与 TBT 协议关于贸易自由化的冲突

除却对烟草平装制度违反 TRIPs 协议的质疑，烟草平装制度的反对者们还基于保护自由贸易的立场向该制度进行了攻击，他们认为烟草平装制度是技术性法规，对国际贸易造成了不必要的限制，违反 TBT 协议下保护贸易自由之义务。

（一）TBT 协议对贸易自由化的保护

TBT 协议旨在“确保技术法规、标准和合格评定程序不具歧视性，不造成不必要的贸易障碍”。[1] TBT 协议的附件 1 对“技术法规”进行了明确定义，包括“政府规定强制执行的专门适用于产品、工艺或生产方法的专门术语、符号、包装、标志或标签要求”。[2] 烟草平装措施是澳大利亚政府对烟草包装和标志设立的强制执行统一包装性的法律规定，显然属于 TBT 协议规范的技术法规范畴。

为避免过于严苛的技术法规实质上会造成对商品自由贸易的负面影响，TBT 协议第 2.2 条特别规定，“技术法规对贸易的限制不得超过为实现合法目标所必需的限度，同时考虑合法目标未能实现可能造成的风险。”[3] 因此，讨论烟草平装制度是否违反 TBT 协议对贸易自由化的保护，应当同时考虑烟草平装制度措施的目标合法性、内容必要性和目标未实现的风险性。

---

〔1〕 See WORLD TRADE ORGANIZATION, “Technical Barriers to Trade, Trade Topics”, The Technical Barriers to Trade (TBT) Agreement aims to ensure that technical regulations, standards, and conformity assessment procedures are non-discriminatory and do not create unnecessary obstacles to trade, available at https: //www. wto. org/english/tratop_ e/tbt_ e/tbt_ e. htm.

〔2〕 AGREEMENT ON TECHNICAL BARRIERS TO TRADE, ANNEX 1: TERMS AND THEIR DEFINITIONS FOR THE PURPOSE OF THIS AGREEMENT, “1. Technical regulation, . . . including the applicable administrative provisions, with which compliance is mandatory. It may also include or deal exclusively with terminology, symbols, packaging, marking or labelling requirements as they apply to a product, process or production method. ”

〔3〕 AGREEMENT ON TECHNICAL BARRIERS TO TRADE, Article 2: Preparation, Adoption and Application of Technical Regulations by Central Government Bodies, “2. 2 . . . technical regulations shall not be more trade-restrictive than necessary to fulfil a legitimate objective, taking account of the risks non-fulfilment would create. ”

(二) 烟草平装制度对贸易自由化的限制之分析

1. 烟草平装措施是否具备合法的措施目标

TBT协议第2.2条明确了合法目标特别包括"国家安全要求;防止欺诈行为;保护人类健康或安全、保护动物或植物的生命或健康及保护环境"。[1]

根据澳大利亚政府在与乌克兰等五国的WTO争端中的答辩,烟草平装立法有三个主要目标:其一,抑制对非吸烟群体的烟草启蒙并减少已吸烟群体的烟草消费量;其二,通过烟草包装上的健康警示标志强化公众对吸烟危害的认知;其三,防止精致包装的烟草制品在宣传上对消费者形成健康误导或欺骗。也就是说,烟草平装措施的最终目的是通过降低烟草制品的视觉诱惑来抑制吸烟群体数量增长,避免烟草对公众造成健康损害。除此之外,如前文所述,平装措施并非仅适用于进口烟草产品,而是对国内烟草产品给予相同待遇。[2] 鉴于此,烟草平装制度出台的动机显然与限制国际贸易无关,确实是为保护澳大利亚的公共健康,措施目标正当、合法。

2. 烟草平装措施的具体要求是否具有实现目的之必要性

在明确了烟草平装措施在目标上具有合法性之后,争议焦点进一步集中于平装立法中对烟草包装措施的具体要求措施是否构成了不必要的贸易限制,即"必要性"审查。

WTO争端解决机构在墨西哥诉美国金枪鱼案[3]中出具的上诉机构报告中明确总结了TBT协议第2.2条适用时判断"必需的限度"应当考察的三大

---

[1] AGREEMENT ON TECHNICAL BARRIERS TO TRADE, Article 2: Preparation, Adoption and Application of Technical Regulations by Central Government Bodies, "2.2 ... Such legitimate objectives are, inter alia: national security requirements; the prevention of deceptive practices; protection of human health or safety, animal or plant life or health, or the environment."

[2] See Australia-Certain Measures Concerning Trademarks, Geographical Indications and Other Plain Packaging Requirements Applicable to Tobacco Products and Packaging, Communication from the Panel (WT/DS467/15), available at https://docs.wto.org/dol2fe/Pages/FE_Search/FE_S_S009-DP.aspx?language=E&CatalogueIdList=238915,233148,229735,132618,128149,127741,124587,124466,124313,123008&CurrentCatalogueIdIndex=4&FullTextHash=&HasEnglishRecord=True&HasFrenchRecord=True&HasSpanishRecord=True, last visited on 7 March, 2018.

[3] See United States-Measures Concerning the Importation, Marketing and Sale of Tuna and Tuna Products, available at https://www.wto.org/english/tratop_e/dispu_e/cases_e/ds381_e.htm, last visited on 7 March, 2018.

因素："①系争措施对实现合法目标的贡献程度；②系争措施的贸易限制性；③系争措施的风险性以及成员方实施该措施后不能实现措施目的所导致后果的严重性。"[1] 该报告中，上诉机构释明，判断贸易限制性时，"系争措施与可能存在的替代措施之间的比较也应当被考虑。"[2] 根据这一判例确立的规则，对澳大利亚烟草平装措施的"必要性审查"应当讨论是否存在对贸易限制更低的其他措施能够与比目前实施的烟草平装措施在控制烟草消费水平上有相同或更强的效果，形成对平装制度的合理替代。需要强调的是，乌克兰等五国作为相关案件的申请方，承担对澳大利亚确实违反 TBT 协议第 2.2 条的举证责任。也即，证明有合理替代措施且该替代措施现实可行的义务全部加诸乌克兰等五国，但是，在现行烟草平装制度之效果尚不完全清晰的情形下，这种举证对该五国而言无异于水中捞月。

3. 通过烟草平装措施实现公共健康保护的风险性

TBT 协议第 2.2 条还要求技术法规的实施国"考虑目标未能实现可能造成的风险"，并指出"在评估此类风险时，考虑的因素特别包括可获得的科学和技术信息、有关的加工技术或产品的预期最终用途"。[3] 该要求强调成员方为保护合法目标采取的措施应具有充分的科学依据，尽量保证措施在实现预期目标上的有效性，降低措施之实施效果偏离预定目标的风险性。

笔者认为，烟草平装是一项通过改变商品宣传促销效果影响公众消费行为，进而实现健康保护的公共政策。其目标的实现须经过纠正消费认知到改变消费习惯再到优化健康状况的三阶段传递，而每一阶段的表象化都须以相

---

[1] United States -Measures Concerning the Importation, Marketing and Sale of Tuna and Tuna Products, WT/DS381/AB/R, 16 May 2012 (12-2610), para. 322. https://docs.wto.org/dol2fe/Pages/FE_Search/FE_S_S006.aspx?Query=(%40Symbol%3d+wt%2fds381%2f*)&Language=ENGLISH&Context=FomerScriptedSearch&languageUIChanged=true, last visited on 7 March, 2018.

[2] United States -Measures Concerning the Importation, Marketing and Sale of Tuna and Tuna Products, WT/DS381/AB/R, 16 May 2012 (12-2610), para 322. https://docs.wto.org/dol2fe/Pages/FE_Search/FE_S_S006.aspx?Query=(%40Symbol%3d+wt%2fds381%2f*)&Language=ENGLISH&Context=FomerScriptedSearch&languageUIChanged=true, last visited: 7 March, 2018.

[3] AGREEMENT ON TECHNICAL BARRIERS TO TRADE, Article 2: Preparation, Adoption and Application of Technical Regulations by Central Government Bodies, "2.2 ... inter alia: available scientific and technical information, related processing technology or intended end-uses of products."

当长时间的实践为基础。现阶段，烟草平装措施尚且可评价为一个新生政策，其影响也处在初步阶段，故而几乎不可能存在明显的实践数据来支持其具有抑制烟草制品消费、实现公共健康保护的功能。但现阶段的实践数据匮乏并不意味着烟草平装立法具有目标实现不能的高风险。恰恰相反，在实践数据之外，澳大利亚政府在对乌克兰等五国的答辩中指出，烟草平装制度是由澳大利亚国民健康预防工作组（NPHT）提出的健康预防制度；并且，WHO发布的相关研究报告称，烟草平装措施能强化健康警示标志的效果，避免公众受到低危害包装信息的误导和诱惑，减弱烟草制品对烟民的吸引力。[1] 因此，在实践数据受客观条件限制极难获取的情况下，非实践数据的其他科学实验证据能够证明烟草平装立法在实现健康保护目标上具有较低风险，是行之有效的。

诚然，在烟草广告宣传被各国采取多种手段严格控制之后，烟草包装已经成为烟草商进行宣传促销的少数广告途径之一，此时推行烟草平装措施也几乎与全面限制、封杀烟草广告无异。但是，笔者认为，鉴于烟草平装立法在目标合法性、内容必要性和目标未实现的风险性上均能够满足TBT协议相关规定的要求，我们可以得出平装措施不违反TBT协议项下的义务，没有对贸易自由造成不必要限制的结论。

四、WTO协议与烟草平装制度在公共健康保护领域的价值冲突

（一）冲突的产生根源

澳大利亚《烟草平装法案》引发的一系列案件背后，本质上是保护私人知识产权与保护公共健康利益之间的价值对撞。

需要承认的是，知识产权具有鲜明的私权性质。但对通过法律对知识产权进行有固定时限的保护背后，是国家对知识产权所有人利益和社会公共利益的平衡：用对知识产权人对相关权利短时期的垄断，换取此后长期公开智

---

〔1〕 See Minutes of the Meeting of 15 - 16 June 2011 (G/TBT/M/54), World Trade Organization Committee on Technical Barriers to Trade, 2011, available at www. smoke-free. ca/trade-and-tobacco/wto-secretarist/TBT M 54. pdf, last visited on 7 March, 2018.

力劳动成果对知识的传播和促进效果。可以说，“知识产权从其诞生时起就带有沉重的维护公众利益的使命。”[1] 此外，虽然知识产权保护的对象是无形的财产权利，但是其所赖以存续的知识财产因其公共性的特征，使得知识产权不可避免地会与社会其他权益产生交集。当涉及人类生存与发展所必需的基本利益——公共健康——时，就会出现知识产权的私权价值与人类健康的公共价值之间的冲突。这种冲突是与生俱来的，并非后天形成。

（二）冲突的激化原因

在过去的几十年中，为追求经济利益最大化，以美国、欧盟为首的知识产权强国和地区主导制定和修改知识产权公约及区域贸易协定时，不断提高对知识产权保护的标准，刻意凸显知识产权的私权性质，导致知识产权内在的“私权-公益”天平向前者大幅倾斜。[2] 反映在烟草制造业，即是现行法律中对烟草商标权价值的重视，远高于对公共健康价值的重视。然而越来越多的研究实践表明，烟草对公共健康构成极大威胁，存在巨大伤害，代表公民利益的立法机关的价值观念开始由重视商标私权的保护向重视公共健康保护倾斜，澳大利亚《烟草平装法案》的实施使得烟草商的利益因公共利益而被牺牲，潜伏在理论中的矛盾在实践中被彻底激发。

除上述原因以外，通常情况下，被牺牲的利益往往会通过补偿和赔偿进行填平，但在这一次控烟运动中，利益牺牲的烟草商并没能从澳大利亚政府获得任何补偿，这进一步激化了商标权与公共健康之间的既有冲突。

五、WTO 协议下公共健康与商标权利、贸易自由平衡体系的构建

由澳大利亚烟草平装法律制度的建立引发的一系列国内、国际法律争端案件充分说明了，在当前世界，公共健康保护和国际知识产权规则、自由贸易规则在共同适用时，尚不能完全调和。在全球各国都日渐重视公共健康保护的国际大环境下，建立 WTO 协议下公共健康与商标权利、贸易自由的平

---

〔1〕 冯晓青：《知识产权法哲学》，中国人民公安大学出版社 2003 年版，第 67 页。

〔2〕 诸如美国-约旦自由贸易区协定（JFTA）、美国-新加坡自由贸易协定（SFTA）、美国-智利自由贸易协定（CFTA）中均有延长专利保护期限的规定。

衡体系，是解决国际贸易实践争议的必经之路。

（一）充分利用 FCTC 和 TRIPs 协议的灵活性

FCTC 第 11 条为各成员方推行烟草平装法律制度提供了正当的法律依据："每一成员国应当在公约对其生效后 3 年内，根据其国内法采取和实施有效措施以保证：（a）烟草制品包装和标签不得以任何虚假、误导、欺骗或可能对其特性、健康影响、危害或释放物产生错误印象的手段推销一种烟草制品，包括直接或间接产生某一烟草制品比其他烟草制品危害小的虚假印象的任何词语、描述、商标、图形或任何其他标志。其可包括'低焦油'、'淡味'、'超淡味'或'柔和'等词语；（b）在烟草制品的每盒和单位包装及这类制品的任何外部包装和标签上带有说明烟草使用有害后果的健康警语，并可包括其他适宜信息。这些警语和信息包括：（i）应经国家主管当局批准；（ii）应轮换使用；（iii）应是大而明确、醒目和清晰的；（iv）宜占据主要可见部分的50%或以上，但不应少于30%；（v）可采取或包括图片或象形图的形式。"[1]

也即，FCTC 的成员方推行烟草平装法律制度，是履行条约义务的正当、合法行为。烟草平装法律争议背后的法律逻辑，本质上是 FCTC 条约和 TRIPs 协议之间条约冲突的解决问题。

单就条约冲突本身而言，FCTC 第 2 条规定了该条约与其他国际条约和法律规则的关系："①为更好保护人类健康，应鼓励成员国采取超过本公约

[1] WHO Framework Convention on Tobacco Control, Article 11 Packaging and labelling of tobacco products: "1. Each Party shall, within a period of three years after entry into force of this Convention for that Party, adopt and implement, in accordance with its national law, effective measures to ensure that: (a) tobacco product packaging and labelling do not promote a tobacco product by any means that are false, misleading, deceptive or likely to create an erroneous impression about its characteristics, health effects, hazards or emissions, including any term, descriptor, trademark, figurative or any other sign that directly or indirectly creates the false impression that a particular tobacco product is less harmful than other tobacco products. These may include terms such as 'low tar', 'light', 'ultra-light', or 'mild'; and (b) each unit packet and package of tobacco products and any outside packaging and labelling of such products also carry health warnings describing the harmful effects of tobacco use, and may include other appropriate messages. These warnings and messages: (i) shall be approved by the competent national authority, (ii) shall be rotating, (iii) shall be large, clear, visible and legible, (iv) should be 50% or more of the principal display areas but shall be no less than 30% of the principal display areas, (v) may be in the form of or include pictures or pictograms."

和协定项下的措施，本公约和协定不应当阻止成员国根据规定和其他国际法以采取更为严格的要求。②本公约和协定项下的条款不应影响到成员国加入双边协定或多边协定，包括区域协定和次区域协定，在涉及与本公约和协定时，该项协定应与本公约和协定相符合。成员国应通过秘书处对该项协定与缔约国大会进行联系。"〔1〕但对该条款进行文意分析可知，其本身并没有就 FCTC 与 TRIPs 协议产生冲突时该如何解决给予明确指引，因此，在判断 FCTC 与 TRIPs 协议冲突时的优先地位时，应当遵循国际法确立起来的条约冲突规则，也就是《维也纳条约法公约》(Vienna Convention on the Law of Treaty, VCLT)。〔2〕

VCLT 第 30 条规定了就同一事项先后所订条约当事国之权利与义务："遇条约订明须不违反先订或后订条约或不得视为与先订或后订条约不合时，该先订或后订条约之规定应居优先；遇先订条约全体当事国亦为后订条约当事国但不依第 59 条终止或停止施行先订条约时，先订条约仅于其规定与后订条约规定相合之范围内适用之；遇后订条约之当事国不包括先订条约之全体当事国时：(甲) 在同为两条约之当事国间，适用第三项之同一规则；(乙) 在为两条约之当事国与仅为其中一条约之当事国间彼此之权利与义务依两国均为当事国之条约定之。"〔3〕鉴于 FCTC 和 TRIPs 协议均未作出不得

〔1〕 WHO Framework Convention on Tobacco Control, Article 2 Relationship between this Convention and other agreements and legal instruments: "1. In order to better protect human health, Parties are encouraged to implement measures beyond those required by this Convention and its protocols, and nothing in these instruments shall prevent a Party from imposing stricter requirements that are consistent with their provisions and are in accordance with international law. 2. The provisions of the Convention and its protocols shall in no way affect the right of Parties to enter into bilateral or multilateral agreements, including regional or subregional agreements, on issues relevant or additional to the Convention and its protocols, provided that such agreements are compatible with their obligations under the Convention and its protocols. The Parties concerned shall communicate such agreements to the Conference of the Parties through the Secretariat."

〔2〕 Vienna Convention on the Law of Treaties (1969), Done at Vienna on 23 May 1969, Entered into force on 27 January 1980, United Nations, Treaty Series, Vol. 1155, p. 331, available at http://legal. un. org/ilc/texts/instruments/english/conventions/1_ 1_ 1969. pdf, last visited on 7 March, 2018.

〔3〕 Vienna Convention on the Law of Treaties 1969, Article 30 Application of successive treaties relating to the same subject matter: "... When a treaty specifies that it is subject to, or that it is not to be considered as incompatible with, an earlier or later treaty, the provisions of that other treaty prevail. When all the parties to the earlier treaty are parties also to the later treaty but the earlier treaty is not terminated or suspended in

与彼此违背之规定，两者之间的冲突应当适用 VCLT 第 30 条第 2 款的规定，即“先订条约仅于其规定与后订条约规定相合之范围内适用之”。[1]这就意味着，根据条约冲突规则，在对商标权利的保护和限制上，制定在后的 FCTC 协议应当优先于制定在前的 TRIPs 协议得到适用，前者具有更高的法律效力。故而，对于同为 FCTC 和 TRIPs 协议成员方的各国家和地区而言，充分利用 FCTC 赋予的权利和设置的义务，制定符合实情的烟草平装制度不失为在 TRIPs 协议对烟草贸易的保护下，平衡公共健康保护的一种有效方式。

在利用 FCTC 之外，对 TRIPs 协议本身条文进行的分析可以知晓，如前文所述，TRIPs 协议第 8 条赋予了成员方较大的弹性权利，各成员方能够自主决定采取何种措施以保护公共健康并促进公共利益；《多哈宣言》也坚持了“TRIPs 协议不应该妨碍各缔约方采取措施维护公共健康”[2]这一原则。在面对烟草平装法律制度可能引发的与商标权有关的诉争案件时，平装政策的制定方应当充分意识到、积极援引并有效利用上述弹性条款，对其意涵和内容进行有利解读，为公共健康保护在 TRIPs 协议下挖掘出更广阔的政策空间，以扭转 WTO 框架协议整体上对知识产权的保护态度强硬而忽视公共健康保护的局面。

（二）控制双边或区域贸易、投资协定中的知识产权超级保护

TRIPs 协议作为知识产权法律领域的“宪法”虽然对社会公益进行了一定程度的考量，但是其实施的结果仍然表现为知识产权所有权人的私权利的

---

operation under article 59, the earlier treaty applies only to the extent that its provisions are compatible with those of the later treaty. When the parties to the later treaty do not include all the parties to the earlier one: (a) as between States Parties to both treaties the same rule applies as in paragraph 3; (b) as between a State party to both treaties and a State party to only one of the treaties, the treaty to which both States are parties governs their mutual rights and obligations..."

〔1〕 Vienna Convention on the Law of Treaties 1969, Article 30 Application of successive treaties relating to the same subject matter.

〔2〕 Declaration on the TRIPs Agreement and Public Health (Doha Declaration), WT/MIN (01) / DEC/2, November 2001, Clause 4.

过度保护。[1] 尽管如此，以美国为代表的知识产权优势国家为了充分发挥自己在知识产权领域的竞争优势，巩固依托知识产权的既有利益，借助双边和区域贸易协定，与东道国签订诸多超越 TRIPs 协议标准的知识产权条款。[2] 目前为止，这些条款大多针对专利权而设，在商标权领域还少有案例。[3] 但是这一现状足以表明，利用双边、区域贸易协定强化知识产权竞争力已经成为各知识产权发达国家的一致共识。对此，各东道国应当保持高度警惕，积极制定具有规制性和强制力的公共健康保护措施，避免公共健康安全受到知识产权超级保护的侵蚀。

具体而言，首先，应当重视维护公共健康在贸易、投资协定中的宗旨性地位。在贸易、投资协定的发展历史中，早期的各缔约方往往以经济发展为重心，“序言多以促进经济发展和繁荣为目标，较少关注人类基本价值。”[4] 然而，条约序言作为总领条约的关键内容，对明晰条约的制定宗旨和目的及指导条约的适用和解释都具有重要意义。鉴于此，在制定双边和区域贸易、投资协定的过程中，应当高度重视公共健康这一人类基本价值的实现，充分利用条约序言的地位和作用，将保护公共健康作为缔约者义务写入序言，为控制缔约方利用知识产权超级保护损害其他缔约方的公共健康提供明确的法律依据。

其次，应当减少双边、区域贸易、投资协定中维护公共健康条款的抽象化、概念化和模糊化用词，为判断公共健康保护政策是否违反协定提供行之有效的方式。为了尽可能扩大公共健康保护的政策空间，缔约国在将公共健康保护写入协定的时候，确有可能进行模糊化保护，使用诸如“必要”、“一致”、“最低”等规范性表达。但笔者认为，这些表述应当在经过一定时

---

〔1〕 参见朱工宇：“与公共健康有关的 TRIPS-plus 条款研究——兼论国际知识产权立法的双边趋势”，载《世界贸易组织动态与研究》2010 年第 2 期。

〔2〕 诸如美国-约旦自由贸易区协定（JFTA）、美国-新加坡自由贸易协定（SFTA）、美国-智利自由贸易协定（CFTA）中均有延长专利保护期限的规定。

〔3〕 参见朱工宇：“与公共健康有关的 TRIPS-plus 条款研究——兼论国际知识产权立法的双边趋势”，载《世界贸易组织动态与研究》2010 年第 2 期。

〔4〕 何艳：“投资协定视阈下知识产权与公共健康的冲突与协调——由两起‘菲利普·莫里斯案’引发的思考”，载《法商研究》2013 年第 6 期。

间的实践后，进行具象化凝练，可以通过补充性的法律文件来明确规范性表达的解释方法，以便各缔约方因公共健康与商标权、自由贸易权的冲突而产生争议时，有统一而确定的法律依据来解决争端。

最后，在对公共健康条款进行上述解释的过程中，也应当避免滥用公共健康规制权。公共健康措施应当以科学证据为依据，以优良的风险评估结果为基础，以相关国际组织（如 WHO）的基本要求、国际标准和权威建议为指导，避免成为阻碍自由贸易和知识产权保护的武器。

结　论

烟草平装制度的产生、发展和推行在全球范围内引发了一系列国际案件，涉及国内诉讼、国际投资仲裁和 WTO 国际贸易争端等多领域的争端解决，也推动了各界对公共健康保护与自由贸易、商标权利保护之冲突的进一步认知和广泛讨论。本文以乌克兰等五国与澳大利亚的 WTO 争端系列案件入手，通过对烟草平装制度的内容和 WTO 协议相关内容的分析，得出以下三点结论：

第一，烟草平装制度与 TRIPs 协议在商标权保护领域确有冲突。虽然烟草平装制度并不阻碍商标注册，也不歧视域外注册的商标所有权人，更不在法律逻辑上构成对商标权人专有权的非法限制，其对公共健康的保护程度在理论上应属对商标权人权利限制的合理范围，但是，这一制度是否会随着实践的深入而对商标权人造成超出合理范围的实际损害仍然值得深思，也需要实践来检验。

第二，烟草平装制度与 TBT 协议在贸易自由化领域不存在实质冲突。烟草平装制度具有目标合法性、内容必要性，并且根据现有的理论和实践能够证明其在实现公共健康保护之目的上具有低风险性，符合 TBT 协议项下的义务。

第三，公共健康保护的价值与商标权人的私权价值、自由贸易之价值的冲突是烟草平装制度与 WTO 协议之矛盾的核心。虽然，相关 WTO 争端案件尚未有确定的专家组结论，国际法判例能提供的、解决该矛盾的手段仍较模糊，但不可否认的是，在公共健康越来越受到各个国家和地区重视的情况下，充分利用国际公约和条约的弹性条款，扭转知识产权的绝对保护局面，建立 WTO 协议下公共健康与商标权利、贸易自由平衡体系是必然趋势。

我国作为 WTO 成员国和 WHO、FCTC 成员国，在履行控烟义务的同时也必然面临来自自由贸易保护者和商标权利保护者的挑战。鉴于此，我们更应时刻关注国际社会相关争议的解决进程，根据实际情况，在烟草平装制度的引入、建立和发展等抉择上努力作出精确、及时而恰当的选择。

参考文献

1. 万维："公共健康视域下商标使用限制措施的法律争议——以烟草平装措施为例"，载《时代法学》2016 年第 1 期。
2. 王鸿："TRIPs 协议第 20 条的适用要件——以澳大利亚烟草平装措施为例"，载《国际商务研究》2016 年第 1 期。
3. 孙益武："TRIPS 协定视角下澳大利亚烟草制品包装措施争端研究"，载《国际商务研究》2014 年第 2 期。
4. 王燕："WTO 体制下公共健康治理和商标保护冲突的评述——以澳大利亚烟草简易包装案为视角"，载《武大国际法评论》2012 年第 2 期。
5. 何鹏："论基于公共健康政策限制商标使用的法理基础——澳大利亚《烟草简易包装法案》诉讼案述评"，载《知识产权法研究》2013 年第 2 期。
6. 张乃根："论 TRIPS 协议框架下知识产权与人权的关系"，载《法学家》2004 年第 4 期。
7. 徐升权："烟草平装制度的商标法审视"，载《法学杂志》2014 年第 1 期。
8. Alberto Alemanno, Enrico Bonadio, "The Case of Plain Packaging of Cigarettes", *European Journal of Risk Regulation*, 2010.
9. Alberto Alemanno, Enrico Bonadio, "Do You Mind My Smoking? Plain Packaging of Cigarettes Under the TRIPS Agreement", *The John Marshall Review of Intellectual Property Law*, 2011.
10. Becky Freeman, Simon Chapman, Matthew Rimmer, "The Case for the Plain Packaging of Tobacco Products", *Addiction*, 2008.

从《独立保函司法解释》看中国国际商事惯例适用规则的发展[*]

刘　瑛[**]　孙　冰[***]

国际商事惯例因其自身的实用性和专业性，在国际商事领域有着极为广泛的应用。有些国际商事惯例更是因其普遍适用性被国际商会等组织汇集编纂为成文性文件，如贸易领域的《国际贸易术语解释通则》（INCOTERMS）、支付领域的《跟单信用证统一惯例》（UCP）和担保领域的《见索即付保函统一规则》（URDG）等。然而我国采用国际商事惯例的具体规定并不多。2005 年最高人民法院发布《关于审理信用证纠纷案件若干问题的规定》（以下简称《信用证司法解释》），填补了我国信用证领域国际商事惯例适用的法律空白。但是随着我国对外贸易、投资和金融交往规模的不断扩大，在司法实践中与其他国际商事惯例接轨也显得尤为需要。2016 年 11 月 22 日，最高人民法院发布《关于审理独立保函纠纷案件若干问题的规定》（以下简称《独立保函司法解释》），以解决我国独立保函纠纷在司法实践中无法可依、判断标准混乱的现状，其中对于国际商事惯例《见索即付保函统一规则》的借鉴采纳进一步完善了我国国际商事惯例的适用体系。

---

* 本文是国家社科基金项目“国际商法统一实体规则适用问题研究”（14BFX134）的阶段性研究成果。

** 武汉大学国际法研究所、法学院教授，博士生导师。

*** 武汉大学国际法研究所、法学院博士研究生。

一、国际商事惯例在我国的适用概论

（一）国际商事惯例在我国适用的法律依据

我国并未对国际商事惯例作特别的法律规定，鉴于国际商事惯例属于国际惯例范畴，故本文将从我国对国际惯例适用的一般规定来研究分析商事惯例的适用依据。

我国采纳国际惯例的法律规定较少。最高人民法院《关于适用〈涉外民事关系法律适用法〉若干问题的解释（一）》第5条是关于国际惯例适用的总体性规定，该条在惯例适用上构建了以《中华人民共和国民法通则》（以下简称《通则》）第142条第3款为主导，以《票据法》《海商法》以及《民用航空法》等民事特别法相配套的法律体系。

《通则》第142条第3款规定，中华人民共和国法律和中华人民共和国缔结或者参加的国际条约没有规定的可以适用国际惯例。这是我国适用国际惯例的一般法律依据，奠定了国际惯例在我国适用的基调。涉及海商、票据和民用航空等法律争议的则依据《海商法》《票据法》《民用航空法》的特别规定，但这些配套规定均与《通则》第142条第3款规定相类似。该法律适用体系明确了国际惯例在法院主动适用时的补缺作用。

除允许法院主动适用以外，法律也承认民商事领域意思自治这一公认原则。我国《涉外民事关系法律适用法》（以下简称《适用法》）第3条允许当事人依照法律规定明示选择涉外民事关系适用的法律，《通则》第145条和《合同法》第126条也有类似规定。另外还有一些最高人民法院的司法解释以及会议纪要[1]也都认可当事人约定适用相关国际惯例的效力，由此可见涉外合同的当事人可以在法律允许的范围内自主、明示选择合同适用法，但问题在于，这里的法律是否包括国际惯例。无论是我国的立法、立法解释还是司法解释，都未对前述规则中的法律的含义作出界定，导致当事人是否可以意思自治选择国际惯例作为准据法一度成为理论上和实践中的争议问

---

〔1〕 例如，《信用证司法解释》《最高人民法院全国沿海地区涉外、涉港澳经济审判工作座谈会纪要》。

题。不过目前我国学术界普遍认为国际惯例可以在当事人选择的情况下成为准据法,[1]笔者通过查阅大量司法案例也总结出法院认可当事人选择国际惯例作为纠纷适用的准据法，故笔者认为这里的法律应作广义解释，应包括国际商事惯例。

然而，不论是法院主动裁量适用还是当事人约定适用，均要受到《通则》第150条公共利益和《适用法》第4条我国法律强制性规定的限制。

(二) 国际商事惯例在我国适用的司法实践

司法是法律运行过程中的关键环节之一，法院在运用相关法律规定解决纠纷中所秉持的观点和态度能够反映现行司法界对待某一特定问题的普遍态度和处理倾向。

笔者在检索大量案例后总结出国际惯例的司法适用呈现如下特点：

第一，法院适用国际惯例的方式有法院主动裁量适用和认可当事人约定适用两种途径，法律依据基本与前文法律规定相吻合。在主动适用上，《信用证司法解释》出台之前，法院一般以《通则》和特别法规定为依据，不论法院是否清晰明了地列明以《通则》及特别法为依据。例如，在一个涉外信用证纠纷[2]中，原被告开立了信用证，但是信用证中并未注明适用UCP。法庭在法律适用部分就根据《通则》第142条第3款的规定直接适用了《跟单信用证统一惯例500号》(UCP500)。而在另一起海上运输保险合同纠纷案件[3]中，法院在判决书中直接根据案件的性质适用了《1990年国际贸易术语解释通则》，并未直接援引《通则》或《海商法》的惯例适用规定，但该案事实上符合这些法律所规定的中国法律和国际条约对特定术语项下相关责任分担问题没有规定的适用前提。在《信用证司法解释》实施后，由于信用证纠纷所涉国际商事惯例的适用有了明确的司法解释指引，UCP及信用证

---

[1] 参见韩德培主编：《国际私法》，高等教育出版社2014年版，第108~109页。

[2] 山西省晋阳碳素股份有限公司诉中国工商银行太原市府西街分理处、被告泰国盘古银行香港分行信用证项下货款拒付纠纷案，山西省太原市中级人民法院民事判决书(2001)并知初字第7号。

[3] 南京物资实业集团总公司诉天安保险股份有限公司南京分公司海上运输货物保险合同纠纷案，武汉海事法院民事判决书(2000)武海法商字第91号。

相关惯例在我国主动适用的依据发生了改变，由原来的《通则》及特别法规定变成《信用证司法解释》。

第二，不论是法院主动裁量适用还是尊重当事人约定，法院都会对其进行公共利益和我国强行法的合规审查。但从法院判决书来看，虽然我国法律规定了社会公共利益和强制性规定两种限制，可实践中法院基本都是以强制性规定为审查标准。笔者认为，这种现象出现的原因可能是：一是社会公共利益较难界定；二是社会公共利益层次较高，一般商事惯例难以违反，故其成为实质限制的可能性较小。同时，法院主动适用不同于当事人之间约定，除了上述两个考量因素之外，还要考虑所适用惯例的通行性和认可度，特别是当事人所属国家和地区的认可度。在前文提到的涉外信用证纠纷[1]中，法院在主动适用 UCP 时还考虑并认可了拟适用 UCP 的普遍接受性和认可度，并通过大陆、香港同为国际商会成员这一事实推出 UCP 已经为当事人所属的大陆、香港所认可接受。基于民商事领域的自由性和自治性特点，未得到国际社会特别是当事人所处国家和地区接受的惯例有可能超出当事人的认知范围，不宜用来调整当事人的有关交易行为，如果法院擅自主动适用这些惯例，则有违意思自治原则，既没有说服力也不能公正合理地解决纠纷。

第三，虽然有主动适用和约定适用两种方式，但是实践中法院主动适用的概率远低于当事人约定得以适用的概率，笔者检索的案例中法院主动适用的不到 1/10。造成这种现象的原因有三：首先，法院对于当事人的约定适用普遍持支持态度。在笔者检索的 60 个当事人约定适用不同国际商事惯例的案件中，法院经审查合法都直接适用了当事人选择的惯例，这些惯例涉及信用证、托收、国际贸易、保函等各个领域。其次，当事人约定适用之意识很强，尤其是在出台了专门司法解释的信用证领域。在笔者检索的 66 个适用惯例的案例中，当事人为避免后续纠纷法律适用的分歧和不便，有 53 个事先约定了适用的商事惯例，有 7 个庭审中达成适用合意，可以看出商事主体

---

〔1〕 山西省晋阳碳素股份有限公司诉中国工商银行太原市府西街分理处、被告泰国盘古银行香港分行信用证项下货款拒付纠纷案，山西省太原市中级人民法院民事判决书（2001）并知初字第 7 号。

高度的自治意识，而其中约定适用的案件有一半以上是信用证案件。最后，约定适用在时间和方式上更为简便灵活，[1]并且无需考虑国际条约和国内法无规定的前提，当事人选择和法院适用的可能性更高。

综上可见，我国对国际惯例适用的法律规定总体上较为分散，对于惯例适用较多的特定领域详细具体的规定也不多，在《关于审理独立保函纠纷案件若干问题的规定》（以下简称《独立保函司法解释》）发布之前仅有《信用证司法解释》，在司法实践中以约定适用为主，国际惯例的适用也面临较多的限制和考量因素。

二、《独立保函司法解释》与国际商事惯例适用

2016年11月22日，最高人民法院发布了《独立保函司法解释》。《独立保函司法解释》界定了独立保函的性质，统一了国内外独立保函的法律效力，明确了独立保函审单标准，严格了独立保函止付程序等一系列现存疑难问题，具有重大的实务价值。同时它也是继《信用证司法解释》之后出台的包含国际惯例适用的第二个专门性司法解释，其规定不完全同于后者，在某些方面体现了我国对惯例适用的新态度。

（一）《独立保函司法解释》及其对国际商事惯例适用的规定

继《信用证司法解释》之后，《独立保函司法解释》将又一个国际商事惯例URDG引入到司法解释中，使得我国国际商事惯例在保函领域的适用有了新标准和新依据。

URDG是国际商会于1992年4月出版发行的国际商会458号出版物，2010年进行了修订（URDG758）。此前国际商会曾于1978年制定《合约保函统一规则》（UCCG）来规范独立保函在实践中的适用，但由于其没能平衡各方利益，未被国际社会广泛接受，国际商会因此推出URDG458。[2] URDG458自发布以来应用广泛，已经成为规制独立保函的国际通行做法，

---

[1] 当事人的约定适用时间既可以在纠纷发生前也可以在发生后（一审辩论终结前），方式可以是书面或口头。

[2] 参见李燕：“《见索即付保函统一规则》和《国际备用信用证惯例》之比较”，载《西南政法大学学报》2003年第3期。

是国际商会继 UCP 之后又一个成功的国际商事惯例编纂。[1] 在我国司法实践中，也有法院将 URDG 作为国际惯例看待的实例，法院有时在法律适用部分指出 URDG 是国际惯例，[2] 最高院也曾在判决的法律适用部分认定了 URDG 作为国际惯例的性质。[3]

《独立保函司法解释》在适用 URDG 上也有具体的规定，主要体现在第 5、7 条和第 22 条。

《独立保函司法解释》第 5 条规定："独立保函载明适用《见索即付保函统一规则》等独立保函交易示范规则，或开立人和受益人在一审法庭辩论终结前一致援引的，人民法院应当认定交易示范规则的内容构成独立保函条款的组成部分。不具有前款情形，当事人主张独立保函适用相关交易示范规则的，人民法院不予支持。"上述规定可以看出，司法解释承认 URDG 通过当事人选择而获得的法律效力。但是这种约定有严格的形式要求和时间要求，即要在保函中载明或者在一审辩论终结前援引，除这两种情形外当事人适用 URDG 的主张就得不到法院支持，这两种约定形式与前文阐述的中国惯例适用的意思自治法律规定和实践做法相符。另一方面，该规定看似对应了上文的约定适用，但该规定与《适用法》和《信用证司法解释》等相关规定有所区别，《独立保函司法解释》只是将其作为保函条款的组成部分，而不是准据法。《独立保函司法解释》第 22 条则规定在不存在第 5 条规定的约定适用情形时，对开立人和受益人之间因涉外独立保函而产生的纠纷、涉外独立保函欺诈纠纷应适用的法律，同时规定对于保函止付保全程序适用我国法律。这一条明确规定了在当事人无合意时独立保函纠纷的对应准据法，它没有跟随《信用证司法解释》在当事人无合意时就适用 UCP 的做法，排除了对 URDG 的当然适用。

---

〔1〕 参见陈立虎："独立担保国际惯例的新规则：URDG758"，载《法治研究》2014 年第 1 期。

〔2〕 安徽省外经建设（集团）有限公司等诉 Inmobiliaria Palacio Oriental S. A. 欺诈纠纷案，安徽省合肥市中级人民法院民事判决书（2012）合民四初字第 00005 号。

〔3〕 意大利商业银行与江苏溧阳莎菲特非织造布有限公司等购销合同纠纷案，中华人民共和国最高人民法院民事判决书（1998）经终字第 289 号。

《独立保函司法解释》第 7 条是对于参照适用的规定，该条强调了法院首先要尊重当事人约定，要依据独立保函载明的标准进行审单，保函未作规定的可以参照适用相关国际惯例。根据肖永平教授的观点，参照适用是不管适用什么样的准据法，都应考虑相关的国际商事惯例。[1] 因此《独立保函司法解释》第 7 条也是适用的一种方式，但又与严格意义上作为准据法适用是不同的。

总的来说，《独立保函司法解释》对于惯例的适用倾向于当事人意思自治的选择，而没有支持法院的当然适用，但是鉴于 URDG 等国际惯例在独立保函领域的通行性使得这一规则不可能被忽视，《独立保函司法解释》又规定法院可以参照 URDG 来处理审单标准上的争议。除此之外，对于惯例的适用地位来说，法院可将当事人约定适用的惯例视为保函的组成部分，而不是将其作为准据法。

（二）《独立保函司法解释》对 URDG 适用的影响

1.《独立保函司法解释》之前 URDG 的适用概况

《独立保函司法解释》实施之前，根据第一部分的分析可知，我国法院主动适用保函国际商事惯例的依据主要是《通则》及特别法规定，约定适用则是依据我国法律对于当事人意思自治原则的确认。结合在北大法宝检索到的 40 个案例，笔者发现我国目前的司法实践对于 URDG 的适用与前文总结的惯例整体适用情况大致相似，即支持当事人的约定适用是主流，主动适用的实践很少。在笔者检索的 40 个案例中，仅有 2 个案例是法院主动适用，有的案件更是明确指出要使用 URDG 必须要有当事人的明确选择。[2]

尽管有支持约定适用和法院主动适用的司法实践，但是不同案件中对多项问题均有不同的处理标准。司法实践中不仅对 URDG 是否只能经当事人选择适用方有约束力没有统一认识，对经当事人选择的 URDG 是作为保函条款还是准据法的认定也不统一。有的法院判决根据当事人约定将 URDG 作为准

---

〔1〕 参见肖永平："论国际商事惯例在我国的适用"，载《河南省政法管理干部学院学报》2003 年第 1 期。

〔2〕 例如，招商银行股份有限公司成都科华路支行与成都华川进出口集团有限公司、华川格鲁吉亚有限公司保函纠纷案，中国进出口银行诉深圳市曙光信息技术有限公司等其他担保合同案等。

据法之一，[1]有的则指出涉案保函明确约定适用URDG758，可以认定该交易示范规则构成涉案反担保函条款的组成部分。[2] 由此可以看出实践中对于当事人约定适用的URDG的法律地位认定不一。

除此之外，判断所涉保函是否为独立保函是约定适用与主动适用URDG的共同前提，但是由于我国法律并无专门规定，实践中法院多依据保函的内容来具体分析所涉保函是否为独立保函，也有些案件中以当事人约定适用URDG为判断标准。例如最高人民法院曾在一个裁定中，根据当事人之间约定适用的URDG来判断保函的性质，[3]但是这种实践并不多。由于没有法律明确规定，不同案件处理依据不同，出现了很多的分歧和争议。即使判断为独立保函案件后，由于独立保函领域的立法空白，法律与国际惯例的选择和适用问题成为实践中的又一个难题。没有独立保函法律适用具体规定，实践中又未形成确定的适用标准，加上法院更为熟悉国内法从而更倾向于适用国内法，都使得URDG在我国的适用模糊多变。有的法院甚至出现过在当事人无约定时就不主动适用惯例而是类比国内法的做法，如类比《信用证司法解释》来处理独立保函纠纷。[4]

2. 《独立保函司法解释》对URDG适用的作用

结合《独立保函司法解释》的规定和上文实践中存在的问题，笔者认为《独立保函司法解释》的实施对URDG适用将会产生如下积极影响：

（1）认可依据URDG认定保函性质。《独立保函司法解释》第3条指出，如果保函载明适用URDG等独立保函示范交易规则的，除保函未载明据以付款的单据和最高金额之外，法院应当支持当事人认定为独立保函的主张。由于我国《担保法》和其他法律文件并未对独立保函性质作出相应规定，法院多依据保函内容来认定保函性质，将保函载明适用URDG作为判断

---

〔1〕 安徽省合肥市中级人民法院民事判决书（2012）合民四初字第00005号。

〔2〕 中国银行股份有限公司河南省分行与UBAF（HONGKONG）LTD保证合同纠纷管辖权异议上诉案，中华人民共和国最高人民法院民事裁定书（2014）民四终字第26号。

〔3〕 乌兹特拉斯加斯股份有限公司与上海贝尔股份有限公司独立保函的纠纷管辖权异议申请案，最高人民法院裁定书（2014）民申字第64号。

〔4〕 参见李真：“见索即付保函案件司法审判疑难问题研究”，载《法律适用》2015年第9期。

标准的实践虽然有但很少。《独立保函司法解释》明确将保函载明适用URDG作为判断独立保函性质的标准之一，是对URDG在保函性质认定上的作用的肯定，也表明了我国对URDG的认可。

（2）明确URDG以保函条款组成部分的方式的适用。司法实践中有的将URDG作为准据法，有的将URDG作为保函条款组成部分，虽然两者最终适用结果并没有很大的差别，法院依然是遵循URDG的规则来调整当事人之间的权利义务关系，但是这两者又是有区别的：一方面，将URDG作为保函条款的组成部分，可以适用URDG的整个规则；若将URDG作为准据法，则可能只能适用其实体规则部分。另一方面，URDG若作为合同内容并入保函条款，它于法律上只能被视为当事人之间的协议，从而不能与法院地法、准据法，甚至有密切联系的第三国的强制法相冲突；而如果作为准据法，它便取得了切实的法律地位，只受法院地国强制性规则的限制，其他强制性规则通常可以不予考虑。同时，当URDG作为合同内容并入保函条款时，若合同条款本身不足以清晰合理地处理双方当事人的权利义务关系，法庭就要援用其他准据法；若URDG作为合同准据法，法庭就会假定URDG是一个自足的、封闭的法律体系，需要尽其所能地对URDG作出法律解释来裁判案件。[1]因此，两者各有利弊，不能简单地说将URDG作为准据法或合同条款何者为优。《独立保函司法解释》明确将其作为保函条款适用，解决了实践中对URDG地位认定的分歧。

（3）界定了独立保函领域惯例的适用条件和范围。在《独立保函司法解释》出台之前，对独立保函领域商事惯例的适用，除了《通则》的笼统性规定和对当事人约定的肯定以外，法律并无其他专门法律规定，而基于备用信用证和独立保函在作用上的相通之处，实践中法院有时会类比适用《信用证司法解释》来处理独立保函纠纷。但是备用信用证和独立保函毕竟有区别，这种类比适用既没有法律依据也不能很好地应对纷繁复杂的独立保函纠纷。《独立保函司法解释》是独立保函领域首个规定惯例适用的专门性文件，

---

〔1〕 参见吴德昌：《〈国际商事合同通则〉法律功能研究》，法律出版社2011年版，第95~96页。

它明确了当事人约定适用的条件、效力和范围，统一了独立保函领域法律和惯例的适用标准，对独立保函实务中的一系列问题的法律适用和惯例选择都是一个很好的指引。

此外，《独立保函司法解释》还有利于URDG在审单标准上的参照适用。《独立保函司法解释》第7条规定当事人无约定标准可以参照URDG等来确定审单标准，虽不是必须，但也为将URDG引入审单过程提供了可能。鉴于URDG已经是目前国际上独立保函领域极具权威和广泛适用的实务操作标准，独立保函审单标准的认定很大程度上离不开URDG的辅助，这对于URDG在我国的适用也是一种法律推动。

（三）《独立保函司法解释》与《信用证司法解释》惯例适用规则比较

《独立保函司法解释》与《信用证司法解释》都明确规定了各自领域国际惯例的适用，但是两者对于惯例适用的规定却不尽相同，对比分析二者方能更好地评价《独立保函司法解释》惯例适用规则的优势和不足。两者有相似之处，都是其领域内首个规定惯例适用的司法解释，都支持当事人对国际惯例的选择适用，都明确了国际惯例在相关业务操作及纠纷解决中的作用和地位。但二者在适用国际商事惯例的规则上也存在明显差异。

从主动适用来看，《独立保函司法解释》排除了法院的当然适用，而《信用证司法解释》则支持在当事人无约定时法院对UCP的当然适用。从表面上看，《信用证司法解释》对于国际商事惯例的接受程度高于《独立保函司法解释》，但笔者并不认为《独立保函司法解释》的规定是一种退步。国际商事惯例作为一种任意性规则，本身并不具备法律效力。惯例得以产生、发展和为人们所遵守的基础是当事人意思自治原则，其适用主要是经有关当事人双方协议选择。一般地，只有当事人选择的国际商事惯例才对当事人有拘束力，当然这也不能排除未经约定得到适用的可能。[1] 有的学者甚至认为商事惯例由于其规则的任意性，法院必须要尊重当事人明示或者默示的选

〔1〕 肖永平："论国际商事惯例在我国的适用"，载《河南省政法管理干部学院学报》2003年第1期。

择，如果当事人没有援引的意思，法院不得将惯例引入合同。[1]《信用证司法解释》将惯例的适用提至国际法和国内法之前的做法，虽保证了惯例的适用，却也容易引发相关问题，如规则之间的冲突最终应当如何选择、效力位阶问题如何处理等等。[2] 故笔者认为，从尊重意思自治和惯例自身的效力位阶来说，不应当将惯例适用置于国际条约和国内法之前，但是《独立保函司法解释》的做法还可以更进一步，即在第 22 条之后加上如果相关国内法没有规定的，法院可以适用通行商事惯例。

就约定适用而言，《独立保函司法解释》只接受保函载明适用和达成合意适用两种情形，其他适用方式则不予支持，对比《信用证司法解释》并未将约定载体限于信用证而是简单规定为“约定适用”，因此《独立保函司法解释》规定较为严格。而即便是载明适用 URDG 和达成合意适用 URDG，URDG 等相关惯例也是作为保函的条款而不是像《信用证司法解释》一般作为准据法来适用。上文分析了惯例作为准据法和保函条款的利弊，虽各有优劣，但笔者还是更加倾向于将其作为准据法来适用，这样商事惯例有更强的法律地位和法律效力，更利于其适用，也免于在保函有关问题上再另行确定准据法的不确定性。

总的来说，《独立保函司法解释》的出台为保函纠纷提供了正式的司法解释指引，从此适用保函惯例将有特别规定可依，实践中存在的一系列争议和分歧也因此有了统一标准，而且在某些方面代表了我国国际惯例适用的新标准和新发展。例如，笔者认为在当事人没有约定适用的情况下赋予法院主动适用的义务并不妥当，《独立保函司法解释》更尊重当事人的意思自治，更符合国际商法的现有基本原则和发展趋势，但也存在上文提到的诸如未留下主动适用裁量空间以及对约定适用的形式要求过于严格等问题。笔者建议允许法院根据情况建议并经当事人同意后适用 URDG 或者依据《通则》第 142 条第 3 款在国际条约和国内法没有规定的情况下适用 URDG。另一方面，《独立保函司法解释》支持约定适用，但只是支持保函约定和一审辩论前合

---

[1] 李真：“见索即付保函案件司法审判疑难问题研究”，载《法律适用》2015 年第 9 期。

[2] 参见宋阳：“论国际商事惯例的性质及司法适用”，载《法学杂志》2015 年第 9 期。

意适用，这与实践中的绝大部分的约定形式相吻合，但是笔者也在检索的40个案例中发现，有个别案例是在基础合同而不是保函中约定适用URDG，[1]也即此前实践中还是存在保函之外约定适用URDG的可能，而《独立保函司法解释》却并不包含这种形式的约定，这或许不足以满足实践需求，反观《信用证司法解释》也未将当事人约定适用惯例的载体限于信用证。此外，将约定适用的保函惯例作为保函条款，也会产生需要另行确定保函准据法和保函惯例规则效力受到更大限制的不良后果。另一方面，《独立保函司法解释》在审单标准上参照适用国际惯例的规定虽有利于扩大惯例适用的范畴，但是却只是存在于审单标准这一个方面。由于在独立保函领域，我国尚未加入联合国的《独立保函和备用信用证公约》，也没有专门的国内法律规定，国内银行业也未就独立保函制定统一的技术规则，从这些实际情况出发，《独立保函司法解释》应当更加重视对相关国际商事惯例的适用以更好地解决实践中的纠纷。当然《独立保函司法解释》刚刚推出，短期内修改似乎不现实。但是笔者认为，未来其他商事领域的司法解释在处理商事惯例的适用上，可以兼采两个司法解释之长，更趋完备。也即应当认可当事人的约定适用，同时放宽约定适用的形式要求，对于主动适用来说，虽不能像《信用证司法解释》一般将国际惯例置于国际条约和国内法之前适用，但是可以给予法院裁量适用的空间以弥补法律适用的空白。

三、国际商事惯例适用规则的法律完善

结合上文对法律规定和实践的分析可以看出，我国对于国际商事惯例的主动适用主要集中于《通则》和特别法，而2017年3月15日通过的《民法总则》中并无与《通则》对应的涉外民事法律关系章，也没有提及条约和惯例的适用。由于我国《适用法》中并无对国际惯例法院主动适用的规定，尽管目前《民法总则》与《通则》并行有效，在《民法总则》没有国际条

---

[1] 笔者发现有个别案例中当事人是在基础合同而不是保函中约定适用URDG，也即实践中存在保函之外约定的可能，参见中国民生银行股份有限公司广州分行与广州亚铜金属有限公司、中国金属再生资源（控股）有限公司、环保钢铁有限公司、中环钢铁（澳门离岸商业服务）有限公司追偿权纠纷案，（2013）穗中法民四初字第42号。

约和惯例适用之规则的情况下，对惯例的适用，依然可以依循《通则》第142条第3款，但一旦未来《民法总则》取代《通则》，就会导致惯例主动适用规则的缺失。而对于约定适用，虽然如前文所述学界和实践均支持当事人选择适用国际惯例作为准据法，但是我国的法律对此并无直接、明确的规定，还是容易造成争议和分歧。在特别领域的司法解释中，目前只有两个涉及惯例的适用，但是诚如前文所分析的，其中所涉及的适用都有或多或少的缺陷。故笔者认为要改善我国的惯例适用，必然要从法律规定出发，进而引导法律实践。

首先，由于《适用法》并未规定国际惯例的适用问题，从一般法规定来说，笔者认为未来的《民法典》还是应该纳入对国际条约和国际惯例的适用规则。作为民法的一般法，在我国深度参与国际商事活动并已经开始在国际法律发展中发挥重大作用的背景下，秉承开放态度，未来《民法典》的相应篇章中应该明确允许法院主动适用国际惯例和根据当事人约定适用国际惯例。

其次，完善《适用法》及其相关司法解释。《适用法》是专门解决涉外民事法律关系适用的规定，而目前《适用法》的规定并不完备，尤其是主动适用规则。因《民法总则》最终并没有纳入国际条约和国际惯例的适用规则，《适用法》作为专门的民事涉外关系法律适用法律，就必须补上由此产生的法院主动适用无法可依的缺漏。从具体规定来说，对于当事人未约定且我国国内法及我国参与缔结的国际条约未有规定时，法院可以适用国际惯例。考虑到修改《适用法》的难度较大，可以先采用由最高人民法院通过《适用法》司法解释的形式来确立国际惯例的一般适用规则，特别是法院的主动适用方式，从而弥补法院主动适用国际惯例的规则缺漏。而作为对法院系统审判工作承担指导职能的最高人民法院，通过司法解释解决法院的法律适用之法律依据问题是十分恰当的。

最后，对于特定的商事领域，尤其是国内法没有专门规定的领域，可以出台相关的司法解释来对不同的国际商事惯例作出具体的适用规定。结合上文对两个司法解释的分析结论，具体规定上应当要充分尊重当事人的约定，并且支持法院对商事惯例的补缺适用。

以上方式从法律效果来看是有优先顺序的，但从实施难度和周期来说却可能是倒序，因此需要立法机关和最高院综合考虑相关因素。由于其自身的特征和性质，国际商事惯例的效力不应超过国际条约和国内法，因此在当事人未明确选择时，国际惯例只能置于国际条约和国家法之后适用。如果要改变惯例的地位和适用顺序，可以将国际商事惯例纳入我国国内法体系，使其从不具备强制力的商事惯例变成国家制定法，如西班牙和伊拉克已将 INCOTERMS 引入其国内法。〔1〕对于一些国际通行的商事惯例而言，要避免其效力位阶低下的弊端，将其纳入国家制定法不失为推动其更好适用的有效途径。

〔1〕肖永平："论国际商事惯例在我国的适用"，载《河南省政法管理干部学院学报》2003 年第 1 期。

海峡两岸服务贸易协定若干问题探讨

宋锡祥[*]　刘　军[**]　戴　莎[***]

2016年6月29日《海峡两岸经济合作框架协议》（ECFA）正式签署已满6年。6年来，两岸经贸联系与合作获得快速发展。但由于受到多种因素的干扰和影响，如世界总体包括中国大陆经济增长趋缓、新兴经济体冲击海峡两岸经贸合作、岛内分裂势力对《海峡两岸服务贸易协议》(以下简称《服贸协议》）生效审查的阻挠、ECFA本身设计的局限等，在现阶段全面落实和推进ECFA面临着巨大的阻力。ECFA包括两大部分，分别是“早期收获计划”和“后续协商”。“早期收获计划”是推动ECFA“后续协商”的先行优惠贸易安排，能够更加有效地实现两岸贸易自由化、便利化，这一计划在中国和东盟自贸区框架下的先行试点中取得了较好结果。因此，这一优惠安排在ECFA中也被设计出来，在“后续协商”开启之前，为两岸货物贸易和服务贸易的实施优先提供一系列降税优惠计划，旨在推动海峡两岸积极开展各种经贸合作，创造更好的投资环境以及加强双方人员之间的互信互利。

《服贸协议》作为ECFA后续协商的一部分，极大地降低了两岸服务业的准入门槛，更多的是体现便利和优惠。与ECFA相比，《服贸协议》在文本中就两岸服务贸易的具体细节给予明确的承诺。除此之外，考虑到服务贸

* 法学博士，上海对外经贸大学法学院教授。

** 上海对外经贸大学法学院2015级国际法专业硕士研究生。

*** 上海对外经贸大学法学院2015级国际法专业硕士研究生。

易领域本身所涉范围极广，服务贸易实行完全自由化不可能一蹴而就。基于此，《服贸协议》以第16条的约定为以后磋商留下余地。实际上，《服贸协议》将给两岸服务业带来更广阔的发展与合作空间，极大提升两岸服务业的国际竞争力。一百多个服务行业的市场将在《服贸协议》生效后得以开放，大陆拥有广阔的市场而台湾地区在服务贸易管理水平上更加先进，双方优势互补，有助于共同提升国际竞争力，实现互利双赢。

随着国际经济全球化和一体化的发展和深入，产业结构不断调整和完善，企业和个人对服务需求愈加专业化和精细化，服务业在国民经济中的比重不断提升，服务贸易在全球贸易总量中的份额持续增加，其重要性日益凸显。两岸正是在此大背景下签订了《服贸协议》，从而顺应了国际贸易的发展趋势。

一、海峡两岸签订《服贸协议》的背景透视

虽然海峡两岸都属于 WTO 成员，但经贸往来仍有诸多限制，尤其是台湾方面尚未对陆资、陆企赴台直接投资和贸易往来大幅度松绑。区域经济整合是全球发展的趋势，要避免台湾在区域经济整合中被“边缘化”，在重要市场失去竞争力，其势必要与主要贸易伙伴——祖国大陆签订自贸协定，帮助台湾地区与其他国家商洽和签订双边自贸协定，从而推动两岸经贸关系正常化，促进台湾经济逐步迈入“自由化”、“法制化”和“国际化”的轨道，以融入全球经贸规则体系。ECFA 作为框架性协议，主要包括投资贸易、服务贸易、货物贸易以及争端解决机制四大部分。而《服务协议》作为 ECFA 后续协商重要阶段性成果之一，在很大程度上可以促进两岸经济快速发展。

（一）区域和双边自贸协定催生《服贸协议》的出台

经济全球化和区域经济一体化是当今世界不可阻挡的潮流，尤其在亚太地区体现得更为突出，东盟自贸区已实现了东盟共同体的目标，《区域全面经济合作伙伴协定》（RCEP）正在形成之中，《跨太平洋伙伴关系协定》（TPP）于 2016 年 2 月 4 日正式签署，中国-东盟自由贸易区的升级版在紧锣密鼓地进行，以及《中韩自贸协定》于 2015 年 12 月 20 日生效。这显示出在当今世界，自贸协定日益增多的趋势没有改变，无论是区域贸易协定，

还是双边自贸协定均层出不穷，方兴未艾。

2013年3月27日，台湾当局正式公布岛内建立自由经济示范区规划方案。其修正案在台湾地区“行政院”下设的“经济建设委员会”第3337次会议中得到通过，新型经济特区的设立，主要希望通过在特区内率先采取更加自由开放的经济政策，为建立“自由贸易岛”，争取对外签署更多的自贸协定（FTA）和加入由美国主导的TPP和以东盟为核心的RCEP创造条件，从而开创台湾地区的经济发展的新局面。[1] 迄今为止，台湾地区并没有被TPP和RCEP所接纳，种种迹象表明，台湾地区在东亚经济圈中越来越被边缘化。在全球范围内，经济一体化对世界各国或地区都具有强大的经济诱惑力。许多国家或者地区，往往依靠自己的地缘优势，把签订自贸协定（FTA）并逐步建立高标准的自贸区网络体系作为本国和本地区的发展战略，从而获取更多的政治和经济利益。由于FTA的实质是“对内自由，对外保护”，[2] 迄今为止，台湾地区与别国签订的双边FTA屈指可数，难以融入东南亚区域经济的整合浪潮，相反，却扮演了一个“圈外人”的角色。台湾地区若不想被边缘化，就必须持更加开放的姿态。与大陆加强经贸合作，对于台湾地区融入中国-东盟自贸区等区域经济是颇有裨益的。目前，大陆是台湾地区最大的出口市场和最主要的海外投资地。随着“一带一路”（即丝绸之路经济带和海上丝绸之路）等“走出去”战略的逐步实施，大陆势必会和更多国家和地区签订自贸协定，而台湾与大陆开展经贸合作，可将台湾制造的中间产品通过大陆的合成行销亚洲或进入国际市场，以减少关税或贸易壁垒。在区域经济发展进程中，台湾地区希望成为TPP和RCEP的成员。无论是加入TPP还是RCEP，台湾地区都必须加大开放岛内市场的力度，放宽法律上的限制，逐步与TPP和RCEP规则靠拢或与之接轨。台湾地区宁愿加入开放程度更高、规模更大的TPP和RECP，皆因“太阳花学运”而使两岸服务贸易协议处于被搁置的状态，无法进入台湾地区“立法院”审议程序，生效遥遥无期，这绝非一种经济理性。

---

〔1〕 宋锡祥：“两岸自贸区法律制度比较与借鉴”，载《海峡法学》2015年第4期。

〔2〕 蒋瑛、叶欢：“ECFA对台产业结构升级的影响”，载《现代台湾研究》2010年第4期。

实际上，若先行实施《服贸协议》，其对台湾地区的有利因素更多，对岛内相关产业造成的负面影响也较小，从而为台湾地区未来加入区域经济合作协定提供了一个难得的适应期和培育期，台湾地区大可借此加快经济转型升级，争取提高核心竞争力去参与亚太区域经济合作进程。

台湾地区经济最大的威胁莫过于中国和韩国所签订的FTA。2015年6月1日，中国与韩国双边自贸协定正式签署，韩国国会于同年11月30日表决通过了该协定，该协定于12月20日正式生效。[1]《中韩自贸协定》是我国迄今为止对外签署的覆盖议题范围最广、涉及国别贸易额最大的自贸协定。同时本协定涵盖货物贸易、服务贸易、投资和规则共17个领域，包含了电子商务、政府竞争、政府采购、环境等“21世纪经贸议题”。[2] 更是首次设立金融服务和电信两个单独环节，并且两国都开创性地将地方经济合作之相关内容纳入其中。《中韩自贸协定》生效后，势必有助于推动中韩两国经贸关系迈上新台阶，促进中韩经济和产业链全面和深度融合，从而加快推进亚太区域经济一体化进程。祖国大陆和韩国签订的FTA，将对台湾地区90%以上出口大陆的纺织品造成巨大冲击，极大影响台湾劳工的生计。[3]《中韩自贸协定》会对台湾地区相关产业造成“一系列”负面效应。因为无论是产业结构还是出口地，台韩产业高度重叠。台湾地区和韩国对于大陆、欧盟、美、日、东盟国家的货物出口，分别占其总贸易出口的85%和73%。台韩主要出口产品也高度重叠，属于同质化竞争。其中，机械（含电子产品）、光学、纺织、石化、钢铁等产品出口在台湾地区占其总出口的67%，在韩国占53%。目前台湾地区出口大陆的货物，还有2700多项仍需缴纳关税，每年约490亿美元，影响不容小觑。根据台湾工研院产经研究中心（IEK）的估算，《中韩自贸协定》生效后，未来3~5年，有可能导致台湾地区制造业

---

〔1〕 佚名：“中韩、中澳自贸协定将于12月20日同时生效”，载http://fta.mofcom.gov.cn/article/zhengwugk/201512/29754_1.html，最后访问日期：2018年3月3日。

〔2〕 宋锡祥、沈依云：“中韩双边自贸协定的特色及其对两国经贸投资的影响”，载倪受彬、冯军主编：《国际贸易法论丛》（第6卷），中国政法大学出版社2015年版。

〔3〕 孙绍闻、李旭丰：“韩国抢食台湾‘蛋糕’——一场牵动岛内劳工生计的‘经济战争’已经打响”，载《海峡科技与产业》2014年第11期。

产值极大衰退，衰退幅度介于1.59%~3.85%，衰退金额至少2600亿元新台币。[1] 台湾地区相关产业的产值不仅会衰退，出口金额更是立即被韩国所取代。台湾地区主要产业也将因《中韩自贸协定》生效而受到冲击，依次为石化业、面板业和偏光板产业。首当其冲的是石化业，《中韩自贸协定》生效后，台湾在大陆东北市场的份额势必会拱手相让，被韩国所取代。韩国产品在中国大陆市场份额会逐年增加，其对台湾地区石化业会造成巨大的冲击与挑战。台湾地区石化产品外销比例达到70%，其中90%销往大陆，关税从6.5%~10%不等。《中韩自贸协定》生效后，韩国石化产品输往大陆零关税，无形之中台湾销往大陆的成本增加了6.5%~10%。[2] 这些产品的竞争力下降，有被挤出大陆市场的风险，其结果必然是岛内失业率大幅度提高。台湾地区与韩国同质化竞争的液晶面板业，也面临重新洗牌。目前大陆自台湾地区进口的第三大产品是液晶面板，占大陆自台湾地区进口总额约9%。随着《中韩自贸协定》的逐步实施，两国之间各自逐年降低关税，为了节约成本，大陆企业由原来向台湾地区采购转而向韩国采购。据估计，仅2016年台湾地区面板出口受阻，损失就高达15亿美元。《中韩自贸协定》的生效也会波及台湾地区相关业者，机床制造商也深受其害。韩国陆续与印度、欧盟、美国签订的FTA均已生效，使韩国厂商在国际市场上处于有利地位，在机床的销售业绩方面，2013年在美国市场上韩国的机床销售量就首次超过台湾地区，同年被超越的还有德国及印度市场。《中韩自贸协定》生效后，韩国销往大陆少缴的关税额度，就意味着台湾地区销往大陆的同类产品的竞争力势必会下降，从而导致其市场占有率降低。更有甚者，未来两三年不仅影响台湾地区厂商的对外出口，更对台湾地区厂商的投资布局、亚太供应链的重组等产生一连串的负面效应。目前，台湾地区机床外销的最大市场是大陆，其最主要的竞争对手是韩国，《中韩自贸协定》生效后，将使韩国销往大陆的机床产品逐步降低关税门槛或未来若干年享受零关税待遇，台湾地区进入大

---

〔1〕 佚名："台工研院：中韩FTA冲击台湾制造业　可达6500亿"，载http://taiwan.huanqiu.com/article/2014-07/5091964.html，最后访问日期：2018年3月3日。

〔2〕 邱莉燕："签完中韩自贸协议后我们该如何对待台湾?"，载http://bbs.tianya.cn/post-333-576590-1.shtml，最后访问日期：2016年9月1日。

陆的类似产品仍需缴纳平均为8.87%的关税，因货物出口受阻，这在一定程度上影响了台湾地区对外服务贸易的增长。

（二）海峡两岸服务贸易的发展具有一定的互补性

ECFA的签署和实施使海峡两岸服务贸易得到重要的合作发展机遇。相互合作和交流正在紧密进行，尤其是在金融、旅游等领域有着深度互信合作，两岸服务贸易长足发展并初见成效。

服务业在两岸合作中发展迅猛，大有超过货物贸易的势头。仅2011年大陆服务贸易总额就同比增长了9.2%，基本与货物贸易同步增长，当中从台湾地区服务进口增长16.3%，远远把同期从台湾地区货物进口增长7.9%的幅度〔1〕抛在身后。相比之下大陆服务业增长速度快、水平低，总体不如台湾地区服务业。两岸服务贸易总额正不断增加，但台湾处于顺差大陆往往逆差，其差额会随着贸易额增大而不断扩大；大陆市场资源广阔，服务贸易市场占有率也远高于台湾。据最新统计，2016年前三个季度，我国服务业占GDP比重达52.8%，而服务业在发达国家占GDP的比重能达到80%左右。〔2〕总体来看，两岸服务贸易领域发展空间还很大，其各自所占有的GDP份额均不高，市场占有率也比较低；劳动和资源密集型的旅游和运输贸易是两岸服务贸易的主要特点。从当前的两岸服务贸易发展现状来看，双方能够互相取长补短。

具体来说，台湾岛内经济面临结构性忧患，亟须一个庞大经济市场来协助台湾带动产业发展，而两岸服务贸易互补需求更为迫切，所能带来的效应更为突出。中小企业是台湾产业的中流砥柱，由于长期不够重视基础研究，便采取更便携式的缴纳专业使用费来换取跟进式发展，从而选择依靠与某跨国企业合作，根本不能实现质的飞跃和突进式发展。在专利技术保护更加严密的现实面前，旷日持久的专利诉讼往往让台湾地区企业得不偿失，比如芯片业的威盛、通信业的宏达等。自21世纪开始，机电设备在台湾地区出口

〔1〕袁红林、蒋含明："海峡两岸服务贸易协议的签订及对两岸经贸的影响分析"，载《国际贸易》2014年第9期。

〔2〕宋锡祥、翟雨佳："TISA对我国服务贸易及相关规则的影响与应对法律措施"，载倪受彬、殷敏主编：《国际贸易法论丛》（第7卷），中国政法大学出版社2017年版，第129页。

中的比重进一步加大。趋势表明出口越发地向中间产品集中，但内外多种因素的制约导致向产品上下游转移的规划进展非常缓慢，产业间更新交替停滞不前。如此一来，激烈的竞争导致台湾地区在世界产业链中的地位发生动摇。当下，台湾地区产业结构多元化不足、失业率居高不下、民众的收入参差不齐，贫富差距更趋悬殊。近年来岛内遭遇因工业安全、环保、土地征用等抗争和政策的困境，实际就反映出经济弱势群体或受到工业安全及污染危害群体的一种改革诉求。优化产业结构已迫在眉睫，台湾当局需要协助产业与企业，使其具备走出台湾地区的商业模式和竞争能力。

有学者提出大陆市场是一个“竞争者云集的特许市场”。[1] 台湾企业与台商在地理上比较具有“接近市场”的优势。整体上看，大陆幅员广阔、人口众多、劳动力低廉，以及“价格”的比较优势可长期存在。尤其是激励消费、扩大内需已成为大陆经济转型的发展战略，内需市场将保持常态稳定的增长，有可能成为世界最大消费市场。例如，2015 年大陆 GDP 增长率 6.9%，内需消费增长则高达 10.7%，2016 年 GDP 增长率 6.7%，内需增长高达 10.4%，2017 年 GDP 增长率 6.9%，内需增长高达 10.2%。[2] 由此可见，大陆的内需市场在以后 GDP 中的比重将日益凸显。大陆内需市场最大发展潜力主要在于农村城市化、品牌化与升级化，这三大趋势将带动消费习惯改变与需求扩张，近年来各地基础建设增强、交通航运发达，服务业的发展空间广阔，这对于台湾企业是一个改善产业结构、带动产业发展的绝佳机遇，尤其是服务贸易的合作需求更加突出，台湾能够从中取得明显的收益。

两岸服务业发展优缺点各具，互补效应极佳。在服务贸易方面，运输服务、旅游、零售、金融、保险、专有权利特许费和使用费等方面是台湾地区优势产业，而大陆则在计算机、信息服务和建筑服务等方面比较有竞争力。另外，服务业的经营管理水平、理念、技术应用和人力资源支撑等方面，台湾地区都发展得比大陆更为成熟并自成体系，而大陆服务消费市场的比重也

---

〔1〕“日本经济再生的大市场与众多竞争者中的一员”，载《朝日新闻》2010 年 9 月 5 日。

〔2〕中华人民共和国国家统计局：《全国年度统计公报》，载 http://www.stats.gov.cn/tjsj/tjgb/ndtjgb/，最后访问日期：2018 年 3 月 3 日。

不断增长。倘若两岸服务贸易紧密联系与合作，台湾地区可以通过服务贸易带动产业结构调整实现经济质的发展，大陆可引进更高标准的服务管理水平实现服务贸易持续稳定发展，实现互利共赢。

二、两岸《服贸协议》主要特点评析

秉承多年大陆对台的友好政策，《服贸协议》也体现着“开放不对称”和“同等优先”对台让利让惠的特点。大陆方面在该协议附件一《服务贸易具体承诺表》中承诺，给予台湾地区企业与居民的待遇远远高于中国加入世贸议定书《服务贸易具体承诺表》中对于其他世贸组织成员方的待遇，也优于2015年版《外商投资产业指导目录》规定的外资待遇。归结起来，呈现出如下特点：

（一）电信服务的开放领域幅度大，比台湾当局所承诺的开放范围更广

呼叫中心、离岸呼叫中心、因特网接入服务三项业务，是《服贸协议》在大陆加入世贸组织议定书基础上，在电信服务领域对台所特别开放的。此外，合资企业也是可以由台湾服务提供者在大陆设立，提供呼叫中心业务、因特网接入服务业务，在地域上没有任何限制，在控股上台资股权不能超过50%。就市场准入，大陆对台湾开放的领域明显比台湾开放的领域要多。审计、会计和簿记服务、呼叫中心、建筑设计、因特网接入等许多大陆承诺开放领域，台湾当局均未作出相应的回应。[1]

（二）在开放有关服务种类的同时，允许台资持股比例高于世贸议定书

就软件实施服务领域，根据大陆加入世贸议定书的规定，外资进入大陆市场的唯一形式仅限于合资企业；而台湾服务提供者则可以根据《服贸协议》的规定，在设立合资企业的同时还可以设立独资企业，提供软件实施服务。[2] 同样的规定仍然适用于环境服务领域，即外资企业只能以合资企业的形式进入大陆市场从而提供环境服务，而台湾服务提供者可以设立合作、

〔1〕 参见《海峡两岸服务贸易协议附件1-A-2 中国大陆市场开放承诺表》2 通讯服务-C 电信服务。

〔2〕 参见《海峡两岸服务贸易协议附件1-A-1 中国大陆市场开放承诺表》1 商业服务-B 软件实施服务。

合资或者独资企业，提供环境服务。[1] 根据大陆加入世贸议定书的规定，在中外合资设立的公司中，外资证券公司的持股比例是不能超过1/3的。而根据《服贸协议》，对于符合设立外资参股证券公司条件的台资金融机构，可在符合大陆有关规定的基础上，在深圳市、上海市、福建省各设立1家两岸合资的全牌照证券公司，其中对于大陆股东也不再限制于证券公司，而且台资合并持股比例可高达51%。

（三）台资企业资质认定标准有所降低

台湾服务提供者在工程服务、集中工程服务、建筑设立服务领域可使用其在台湾和大陆的共同业绩作为依据，从而开展设立建设工程设计企业，但在业绩规模标准上，在台湾完成的业绩应当符合大陆的标准。

（四）为台湾地区专业人士和居民自由流动并在大陆从业提供便利

台湾地区服务提供者在大陆设立建设工程设计企业可享受多种便利。台湾注册工程师、注册建筑师不仅可为其受用，同时也可作为本企业申请建设工程设计资质的主要专业技术人员。在资质审查方面也降低标准，只考核其学历、在台湾的注册资格、从事工程设计实践年限、工程设计业绩及信誉，不考核其专业技术职称条件。对于要进入大陆提供临时性服务且其在外期间报酬由雇主支付的台湾自然人，若其是为了履行在大陆无商业存在的台资企业从大陆处获得的服务合同，这类提供合同服务的自然人只要提供相关学历和技术资格，便可在大陆停留期间每次申请不超过两年多次有效的往来大陆签证，特别情况下还可申请延期。与入世贸议定书相比，外国企业的外国雇员入境期限仅为90天，明显可以看出大陆对台湾来的专业人士等放宽了逗留时间的限制，而且还可以多次往返，整体上简化了签注程序。

（五）进一步开放摄影服务业，让台湾地区中小企业和个体户在大陆有更大的发展空间

摄影业是台湾优势产业，但在大陆《外商投资产业指导目录》中属于限制外资行业。基于对台让利让惠的宗旨，台湾服务提供者根据《服贸协议》

---

〔1〕 参见《海峡两岸服务贸易协议附件1-A-6中国大陆市场开放承诺表》6环境服务-F其他环境保护服务。

可通过在大陆设立合作、合资或者独资企业的形式提供摄影服务，使得台湾的摄影业在大陆可以发展得更为壮大。不言而喻，《服贸协议》势必会为台湾中小摄影机构与独立开业的摄影师提供大展身手的机遇，使其获得更大发展空间。

总之，单从内容上看，两岸开放空间是完全不对等的。在大陆已开放的通讯业上，台湾对大陆还是设置了许多障碍；从具体限制条件来看，如大陆和台合资企业中，台资要处于绝对控股地位，在大陆人员来台上也有诸多限制。

三、《服贸协议》与 CEPA、《中韩自贸协定》之比较

经济全球化是世界经济发展的基本趋势，区域经济一体化则是必然趋势，并在全球化进程中不断升级转型。为谋求风险、机会成本最小化和利益最大化，地理位置上相近的国家或地区形成了一体化程度较高的区域经济合作组织或国家集团，此外跨区域自由贸易协定也蓬勃发展。世界已形成了以欧盟、北美自由贸易区等超大区域集团为中心的多极格局，伴随着 NAFTA 的“南进”、EU“东扩”及亚太经合组织制度化，世界经济组织呈三足鼎立之势。继 2008 年金融危机爆发后全球经济进入下行通道，各国经济普遍开始衰退，从长周期来看，全球经济特别是主要发达经济体进入了“长期停滞”期。[1] 自 2012 年起中国经济进入新常态。[2] 此外人民币被纳入 IMF 特别提款权篮，[3] 加速了人民币国际化进程。与中国签订自贸协定，共谋经济发展已成为大部分国家、地区首选。同时中国政府也致力于加快自贸园区建设，并着手签订一系列自贸协定，促进经济多元发展，推动与各国、地区进一步合作。

---

〔1〕 李扬、张晓晶：“‘新常态’：经济发展的逻辑与前景”，载《经济研究》2015 年第 5 期。

〔2〕 国家数据网，http://data.stats.gov.cn/ks.htm? cn=C01&zb=A0501，最后访问日期：2016 年 2 月 5 日。

〔3〕 佚名：“中国人民银行欢迎国际货币基金组织执董会关于将人民币纳入特别提款权货币篮子的决定”，载 http://www.pbc.gov.cn/goutongjiaoliu/113456/113469/2983964/index.html，最后访问日期：2018 年 3 月 1 日。

在ECFA框架下签署的《海峡两岸投资保护和促进协议》（以下简称《投保协议》）于2013年2月1日付诸实施，随后两岸启动《服贸协议》磋商，并于同年6月21日签订《服贸协议》，循序渐进地推动两岸在各领域建立相应的合作机制，让两岸公司、企业和民众获益。但由于政治因素，《服贸协议》迟迟无法在台湾地区“立法院”进行审议，时至今日仍被长期搁置。

内地于2003年分别与港澳签署CEPA，这是中央政府给港澳的一个“大礼”，此后几乎每年都会出台一个补充协议，迄今为止已签订并生效的协议多达12个，构成内地与港澳完整的全方位开放格局。这势必有利于港澳与内地的经济融合，同时促进港澳的繁荣与稳定。为推动内地与港澳基本实现服务贸易自由化，逐步减少或取消实质上所有歧视性措施，继《广东协议》后，内地与港澳分别签署了《CEPA服务贸易协议》。〔1〕《CEPA服务贸易协议》是在WTO规则下，内地与港澳相互开放服务贸易市场，有利于内地规制和引导服务贸易的健康发展，借鉴港澳在服务贸易领域的有益成果，为内地进一步开放扩大服务贸易的规模和范围打下坚实的基础，尽早适应服务业开放，加速整合服务市场资源、提高服务行业的核心竞争力，促进相关产业的升级转型，以便有足够的竞争力在更大范围内参与国际分工。〔2〕

《中韩自贸协定》于2015年12月20日正式生效，是中国第三个与亚洲国家签订的双边自贸协定，也是首次与东亚国家签订的协定。在协定签署后将针对服务贸易进行更为深入的谈判，侧重于负面清单模式和准入前国民待遇等方面。它标志着中国在贸易领域，尤其在第三产业上的开放程度有了实质性的提升。这将有助于固化和稳定双方战略关系的经济基础，促进两国经贸关系良性互动。〔3〕

---

〔1〕 中华人民共和国人民政府网，http://www.gov.cn/gongbao/content/2016/content_5048125.htm，最后访问日期：2018年3月3日。

〔2〕 参见澳门经济学会：《澳门与区域经济协作发展研究》，澳门经济学会出版社2012年版，第1~62页。

〔3〕 宋锡祥、沈依云：“中韩双边自贸协定的特色及其对两国经贸投资的影响”，载倪受彬、冯军主编：《国际贸易法论丛》（第6卷），中国政法大学出版社2015年版，第70页。

综上，三者都具有战略性意义，不仅是中国大陆受益，也体现了以中国大陆为中心稳定可持续的经济增长而带动周边地区、国家经济复苏，让其搭上中国大陆经济快速发展的“列车”，有助于加快建立东亚共同经济体。但因其功能和地位不同而存在差异，主要体现在：

（一）各自出台的背景不同

《服贸协议》、CEPA、《中韩自贸协定》是在经济全球化与区域贸易自由化背景下的明智之举。前两者都是在台湾、港澳面对经济危机和自身经济优势地位减弱的情况下，由大陆牵头签订的区域性自贸协定，旨在促进台、港澳地区尽快脱离金融危机带来的衰退，加速区域经济融合，形成以“两岸四地”为格局的大中华经济圈。虽然二者出台背景从客观性、时间上来看非常相似，但就其紧迫性而言，台湾地区对《服贸协议》的需求更迫切。[1]《中韩自贸协定》是通过签订自贸协定建立一个更优惠的相对统一的市场，通过降低关税、实行国民待遇等各种政策措施优化市场资源配置，消除贸易壁垒，实现中韩经济的深度融合，形成一个以国与国为中心的经济圈。相对于近年EU、NAFTA、东盟等区域性一体化组织的形成和完善，反观中日韩三国自贸协定由于各种因素尤其政治原因而遥遥无期，亦是促使本协定签订的重要助力，这不仅促进了中韩经贸合作，更促进了亚太地区经济一体化，加速助推中日韩三国自贸协定的签订。

（二）三者性质和主体不同

首先，《服贸协议》、CEPA、《中韩自贸协定》都是平等互惠下求同存异的成果，都涵盖了WTO服贸总协定的基本要素。前两者均是大陆向台湾与港澳地区进行了政策上的相当一部分的倾斜，大陆更多是扮演给予的角色。《服贸协议》是建立在“台湾获大利，大陆获小利”[2]的基础上的协议；CEPA项下的《服贸协议》是一个不折不扣的“单方倾斜优惠协议”，从性质上来说是中央政府与港澳签订的具有国内法性质的区际职务协助协

〔1〕 盛垒、尤安山：“CEPA与ECFA的比较研究”，载《世界经济研究》2011年第10期。

〔2〕 周忠菲：“试析ECFA的特征及其后续发展”，载《产经评论》2011年第2期。

定。[1]《服贸协议》比CEPA更接近一般自贸协定体例和制度格局，内容更厚实全面，具有完整性和科学性。《中韩自贸协定》是建立在市场机制下旨在逐渐消除两国之间的服务贸易壁垒的平等互利的协定，使两国企业、公司和投资者在这个大市场中能获得更多服贸市场准入机会和更广阔市场空间。

其次，三者主体也不同。《服贸协议》是由海基会和海协会在WTO框架下签署的经济合作协议，并非通常意义上的区域贸易协定。CEPA是不同行政区划之间签署的协议，受WTO规则制约，是主权国家内部不同经济区域之间深化合作的制度性安排，是中国经济一体化的产物。《中韩自贸协定》是中韩为顺应区域经济一体化实现经济发展目的而签署，凭借协定分享一体化进程带来的好处，充分利用各自比较优势实现利益最大化。

（三）调整范围和内容不尽相同

首先，《服贸协议》奠定了协议的基本原则，并明确双方权利义务、合作发展方向等内容。《服贸协议》是大陆在WTO承诺基础上的进一步对台开放。协议以正面清单方式降低市场准入标准。具体来说，大陆对台一次性作出标准高于WTO的80项开放承诺，涉及商业、专业服务与公共服务类等诸多行业。[2] 另一方面出于扶植台湾企业的目的，允许台湾银行业在大陆包括农村设立网点，给台湾企业在大陆发展提供了贷款便利。[3] 总体而言，大陆对台湾不论在开放范围还是领域都远高于台湾对大陆的开放程度。[4] 台湾无疑是获利更多的一方。

其次，CEPA的签署及补充协议，加快了服贸开放力度，旨在实现服贸自由化、国际化和规范化，促进贸易投资便利化，特别是金融、电信服务应遵循的原则及适用范围的扩大。随着CEPA服贸协议生效，服务贸易势必会

---

〔1〕宋锡祥："CEPA实施的成效与现存主要法律问题"，载《"一国两制"研究》2015年第4期。

〔2〕袁红林、蒋含明："海峡两岸服务贸易协议的签订及对两岸经贸的影响分析"，载《国际贸易》2014年第9期。

〔3〕佚名："关于反两岸服贸协定运动的几点思考"，载http://wenku.baidu.com/view/5022d1900c22590102029d73.html?from=search，最后访问日期：2018年3月3日。

〔4〕张冠华："大陆专家、学者谈'台湾反服贸运动'的看法"，载中国评论网，最后访问日期：2016年2月7日。

向纵深发展，从某些地区基本实现向完全实现服务贸易自由化的目标和方向转变。目前在CEPA框架下已全面或局部开放服务部门高达153个，半数以上实现国民待遇。CEPA是正面清单与负面清单相结合，且正面清单逐渐递增、负面清单逐渐递减。所不同的是对澳的开放程度稍小于对港，主要在于澳门服务业不够发达。CEPA还设置了更优惠待遇优先适用的条款，即港澳均有权自动适用内地对外签署的自贸协定中优于CEPA的条款。同时建立健全与负面清单模式相适应的配套管理制度，港澳服务提供者在清单范围内需要办理的所涉及的公司组织登记等程序性事项均由审批制改为备案制（除依《公司法》应适用审批制外），覆盖投资、股权等方面。[1] 它具备内容质量高、覆盖范围广、实施效率高的特质，对促进内地积极参与全球和区域服务贸易竞争，实现“走出去”战略，具有重要的现实意义。

最后，《中韩自贸协定》以谋求双方共赢为目标，结合双方比较优势，合理配置市场资源，主动寻求更多突破。特别是关于“减让过渡期”条款，通过相对缓和的方式尽量削弱给本国市场、产业带来的冲击和负面影响。双方都尽最大诚意在各自关注点上达成一致，诸如韩国注重的旅游、环境等产业，中国关注的建筑、物流、医疗服务等行业。此外在全面推进深化改革趋势下，中国承诺在协定生效两年内以负面清单模式与韩就服务贸易进行谈判。例如，双方均放开了在对方境内大部分法律服务行业的限制。韩国在劳务咨询服务或法律案件方面向中国开放，此外双方一定程度上开放了环境、证券、快递、医疗整形服务等产业，利用中韩各自比较优势实现两国资源的最佳配置，实现产业不断升级和经济结构调整。

综上，《服贸协议》与CEPA中服务贸易内容开放程度远高于《中韩自贸协定》，CEPA后续协议的不断扩充，决定了其在服务贸易内容方面的开放程度和优惠力度是最高的。《中韩自贸协定》是我国开放程度最高、涵盖范围最广的双边自贸协定，但针对一些敏感领域如汽车及配件等尚未达成合意。其也设置了不同过渡期和开放时间表，通过渐进式开放抑制负面效应，

---

〔1〕 佚名：“《内地与香港CEPA服务贸易协议》在香港签署”，载 http://fta.mofcom.gov.cn/article/zhengwugk/201511/29556_1.html，最后访问日期：2018年3月30日。

在开放时间表上，前两者都属于一经生效即按照约定全面放开的一步到位协议，不存在过渡期。然而随着《中韩自贸协定》的不断发展和完善，中国承诺《中韩自贸协定》生效后两年开始以负面清单模式开展服务贸易谈判，这意味着其发展仍需双方持续推进，服务贸易领域开放程度也会越来越高。

（四）争端解决机制的依据和种类不同

在经济贸易中，争端解决机制是贯穿争端解决过程各环节、争端解决机构需要遵守的实体、程序的一整套法律制度，是必不可少的。它有利于贯彻执行区域贸易协定中约定的协议内容，规范缔约方在区域贸易协定中的权利与义务，确保贸易体制的正常运行。由于三者性质、主体和内容等不同，其在争端解决方面也略有差异。

首先，《服贸协议》适用于ECFA相关争端解决机制，《投保协议》新增了投资争端协处、投资咨询机制等更加多元化的解决方式。之所以未就争端解决作明文规定，一方面在ECFA框架下，《服贸协议》可参照适用《投保协议》中就双方协议解释、实施和适用的争端解决方式。《投保协议》针对不同主体设置了3种可适用对象，细分为5种纠纷解决途径，对于投资者与政府纠纷通过行政、司法、协商、协处、调解等渠道；而投资者之间纠纷主要有一般性协商、调解、仲裁、司法诉讼、协处等途径。另一方面，两岸原计划后续签订《两岸争端解决机制协议》，因《服贸协议》被搁置而停止。

截至2016年4月，《投保协议》生效后，大陆与台湾相互转递案件中通过协处机制解决了159件案件，101件在双方协调下顺利结案，结案率达63.52%，其中90%涉及台中小企业。实践证明这种处理机制是高效迅捷的。[1]

其次，CEPA争端解决机制主要是设立以解决纠纷为目的的联合指导委员会，它属于缺乏强制执行力的“软法”解决机制，亦未明确规定具体程序、依据及裁决效力。从某种程度上说“软法化”导致CEPA缺乏强制执行手段作保障，势必会影响CEPA的执行。

---

〔1〕 佚名:“2016年两岸投资争端协处机制第一次会议在台北召开”，载 http://www.gwytb.gov.cn/local/201604/t20160422_ 11441109.htm，最后访问日期：2016年5月5日。

最后，中韩建立了较成熟的“似软非软”的争端解决机制，采取“斡旋、调停、调解、磋商和设立专家组”方式。专家组是最终手段，只能在磋商无效时设立，其所做报告具最终性，对双方都具法律约束力；此外“既往不咎”也是其救济手段之一。始终强调重点在维护中韩经贸合作关系，对违反《中韩自贸协定》的情形主要采取非惩罚性救济手段，通过磋商合意对违约内容进行补救，并把补偿、中止减让或其他义务作为临时性救济手段，以补充非惩罚性救济手段。[1]

可见，CEPA采取组建联合指导委员会的协商式解决更具公信力，“软法”机制更易被双方接受，不足在于解决方式、种类过于单一，一旦一方通过该方式不能解决，因缺少替代方案而使纠纷久拖不决，与国际通行的多元化做法不相吻合，可借鉴《投保协议》中争端解决机制的合理成分，予以科学移植。虽然大陆和台湾同属一国，但尚未实现和平统一，在《服贸协议》有关争端解决机制缺位的情况下参照适用《投保协议》的有关规定不失为一种有效解决手段。《中韩自贸协定》从制度层面已考虑得相当全面，借鉴了WTO争端解决机制相关模式并作进一步发展，具有更佳的效率和作用。前两者可参照借鉴《中韩自贸协定》争端解决机制，为我所用。

（五）实施和履行的情况存在差异

《服贸协议》虽已签署，但仍处于未生效的法律状态。截至2014年6月底，ECFA下服务贸易实施成果如下表1所示。

表1　ECFA下服务贸易实施成果

项目 地区	非金融机构	金融机构	会计事务所	文化影视
大陆统计 （台企业受惠）	248家（投资金额10.6亿美元）	45家	11家台会计事务所获1年“临时执行审计业务许可证”	引进18部台影片

〔1〕宋锡祥、沈依云：“中韩双边自贸协定的特色及其对两国经贸投资的影响”，载倪受彬、冯军主编：《国际贸易法论丛》（第6卷），中国政法大学出版社2015年版，第17页。

续表

项目 地区	非金融机构	金融机构	会计事务所	文化影视
台湾统计 (大陆企业受惠)	121家(投、增资金额1.7亿美元)	3家	—	引进40部大陆影片

注:根据《两岸经合会第六次例会:ECFA早收成效继续显现》(佚名:"两岸经合会第六次例会:ECFA早收成效继续显现",载 http://www.huaxia.com/tslj/lasq/2014/08/4016574.html,最后访问日期:2016年5月7日)数据整理而成。

CEPA从2003年签订至今,历时15年之久,在服务贸易领域取得了令人瞩目的成绩。据商务部台港澳司的内地与港澳CEPA数据表,截至2015年6月底,在服务贸易领域,内地与香港工贸署签发香港服务提供者证明书2911份。运输服务及物流服务签发证明书1358份,占核发总数的46.7%。澳门经济局签发了490份证明书,主要涉及货代、物流、运输、仓储、会议及展览等领域。[1] 2016年6月1日正式实施的《CEPA服务贸易协议》,与《广东协议》相比较(表2),表明CEPA服贸条款加速了港澳地区与大陆服务贸易的深度融合,确定了香港澳门的区域性商贸服务中心地位和促进大陆地区服务业的转型,港澳与大陆携手并进,共同应对全球经济的挑战。

中韩作为亚洲两大经济主体,《中韩自贸协定》更是深化了两国在经济领域的合作,双方致力于消除贸易壁垒,并借此提振中韩经济。《中韩自贸协定》旨在20年内实现覆盖中韩贸易课税税目的91%以上、进口额85%以上的产品零关税。据初步估计,5年内将带动我国0.4%~0.6%经济增长,韩国经济增幅则可能超过1.25%。据韩贸易协会数据,2015年上半年度在华进口市场中韩国占据10.7%,对我国出口总值虽减少,但所占份额呈上升趋势。主要出口产业为半导体、消费品方面,存储芯片等产品在我国进口市场占50%以上份额,为缓解韩对外出口减少起到了积极作用,对进一步开拓中

[1] 《2015年6月内地与港澳CEPA数据》,载 http://tga.mofcom.gov.cn/article/sjzl/cepa/201508/20150801092158.shtml,最后访问日期:2016年5月7日。

国市场有重大意义。[1] 至于实施情况到底如何，仍需一个长期过程来检验。

表 2　港澳 CEPA、《广东协议》

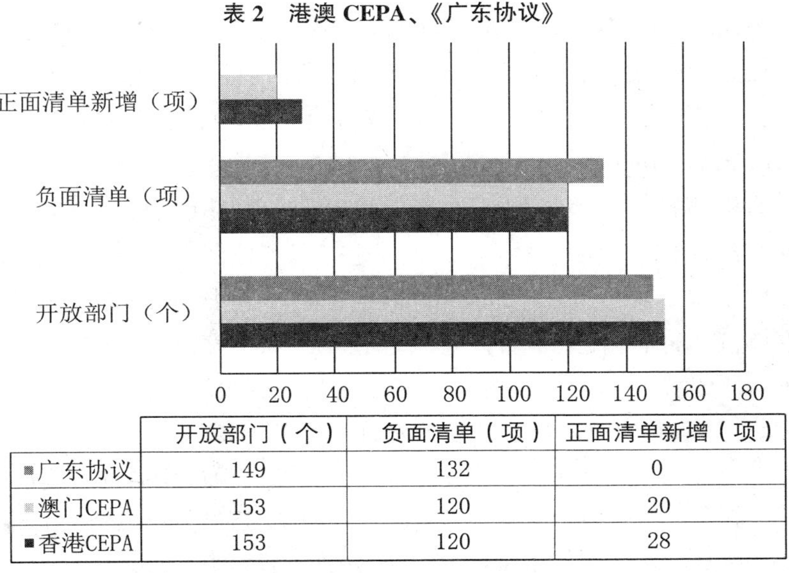

	开放部门（个）	负面清单（项）	正面清单新增（项）
广东协议	149	132	0
澳门CEPA	153	120	20
香港CEPA	153	120	28

注：根据《CEPA 服务贸易协议》、《广东协议》数据整理而成。

四、两岸《服贸协议》对两岸经贸发展的作用

《服贸协议》是在 ECFA 框架下以双赢互利为目标的新型协商模式协议，具备开放范围广、程度高、地方特色鲜明、可持续发展等显著特点，是推进两岸自由贸易发展、共同提升两岸服务业国际竞争力的重要协议。《服贸协议》在岛内（尤其中小业者）遭到了一些反对，认为岛内诸如中草药零售批发、出版等行业因缺乏进军大陆市场能力而一旦开放过多市场势必将降低自身产品竞争力或遭受冲击，进而影响相关产业就业。实际上反对声主要来自台湾本地市场的低成本、低投入中小生产商，一旦《服贸协议》付诸实施，将挤压其生存空间。然而国际贸易本就附带着对本地区工商业的冲击和

---

〔1〕 佚名："韩国在华进口市场份额首破 10%"，载 http://fta.mofcom.gov.cn/article/chinakorea/koreanews/201509/28659_1.html，最后访问日期：2018 年 3 月 3 日。

一定负面影响，台湾当局可采取趋利避害等举措积极引导这股力量，通过立法在一定程度上保存经营良好的中小工商业者。

台湾地区在历经50年经济长盛期后，发展轨迹为高速－中高速－低速，并向后工业化社会发展。成为“新工业化地区”后，为保持经济中高速可持续增长，开始注重产业优化升级，大力发展第三产业，壮大服务经济。台湾属典型海岛型经济体系，经济的荣枯主要在于对外贸易的盛衰。[1] 因台湾经济结构相对单一、市场有限，主要依赖出口拉动经济发展。一旦出口受阻势必影响台湾地区经济增长、就业和民生。台湾地区出口对象也较为狭窄，主要集中于美、日、大陆。现台湾地区贸易中心由美欧逐步转移至亚太，“大陆效应”日渐取代“美日效应”，两岸贸易对台湾地区经济影响包括但不限于对外贸易。[2] 目前大陆服务贸易正处初级阶段，台湾则已进入相对成熟阶段。《服贸协议》有利于台湾对大陆服务贸易输出，对台湾服务提供者的进入大有裨益。例如，在建设工程方面，在内地设立的台湾建设工程设计企业可聘用台湾注册工程师、建筑师，在申请设计资质的资质审查时主要技术人员只需考核学历、实践年限、在台湾注册资格、设计业绩及信誉。持有台湾身份证明文件的主要技术人员，不受每年居住时限6个月限制。[3] 这些举措都将极大提高台湾就业率、维护社会安全运行和健康发展。

大陆服务市场比台湾更大，消费能力及水平也在不断提升，但本身发展程度低，缺乏竞争力，能出口的服务业极其有限；台湾成熟的服务业则处于发展瓶颈期。《服贸协议》意味着大陆服务市场对台开放，一方面台湾饱和的服务业可以被大陆吸收，另一方面在大陆可获更多可利用资源，作为融入亚太经济的跳板。目前大陆对外直接投资处世界前列，台湾服务市场开放将促进大陆更多资金流向台湾，进而带动整个台湾的经济发展。

---

〔1〕 李非、胡少东：“台湾经济发展规律探析——以经济增长、产业结构演变及对外贸易为视角”，载《厦门大学学报（哲学社会科学版）》2009年第4期。

〔2〕 李非：“当前海峡两岸贸易形势分析”，载《厦门大学学报（哲学社会科学版）》2007年第1期。

〔3〕 宋锡祥、沈依云：“中韩双边自贸协定的特色及其对两国经贸投资的影响”，载倪受彬、冯军主编：《国际贸易法论丛》（第6卷），中国政法大学出版社2015年版，第17页。

对大陆而言，服务贸易既是经济发展的短板，也是未来服务业快速提升的动力源泉，经济结构调整很大程度上决定经济发展趋势。促进经济由第二产业带动向三大产业协调发展转变，提高第三产业在GDP中的比重，是我国经济发展模式转变的重中之重。截至2016年6月底，上半年度第三产业增加值为184 290亿元，同比增长7.5%，占GDP比重增至54.1%，比去年同期提升了1.8%。[1] 服务业正处在高速发展且需要引导监管的阶段，台湾服务业进入将极大弥补不足。《服贸协议》中台湾承诺开放生产者服务、消费者/生活型服务、流通服务、社会服务四个方面，通过加速两岸服务产业者之间的流动，实现资源共享和服务贸易自由化。其从制度层面构建两岸服务贸易发展的体系，促使双方在货物贸易基础上向服务贸易领域纵深化推进，利用市场规律实现两岸服务资源最佳配置。

在《中韩自贸协定》生效、内地与港澳CEPA服务贸易协议实施的背景下，加之人民币入篮，两岸应刻不容缓地促使《服贸协议》生效。据2012年台公布的GDP统计报表，服务业占比72%，[2] 毫不夸张地说，服务业支撑着台湾经济发展，《服贸协议》则是台湾服务业进入内地市场的法律保障。

台湾与大陆的发展道路仍是迂回曲折的，台新晋领导人蔡英文所实施的政策均与和平发展方针相悖，称其从未承认"九二共识"，并推行所谓的"两国论"理念，使两岸政治经济关系再度紧张起来。[3] 《服贸协议》尚未被提上台"立法院"议事议程。我们期待台湾地区领导人、政府官员、专家学者能从台湾人民根本利益出发、从实际情况出发，与大陆一道尽早推动《服贸协议》实施，开创两岸合作共赢新格局。构建两岸自贸区法律制度体系，是建立两岸经贸基本规则的重要工具，更是推动两岸经济深度融合和发展的应有之义。

---

〔1〕 冯其予："我国服务业产业结构进一步优化　主力军作用日益凸显"，载http://finance.china.com.cn/roll/20160801/3838095.shtml，最后访问日期：2016年10月3日。

〔2〕 佚名："关于反两岸服贸协定运动的几点思考"，载http://wenku.baidu.com/view/5022d1900c22590102029d73.html? from=search，最后访问日期：2016年7月19日。

〔3〕 佚名："国台办回应'赴台游中断'：两岸交流未实施配额"，载http://wenku.baidu.com/view/796ade2ada38376baf1faef5.html? from=search，最后访问日期：2016年7月19日。

三、与贸易有关的法律问题

公共利益在国际投资法领域国民待遇原则中的适用路径选择

何志鹏[*]　白晓航[**]

相较于国际投资法中的最惠国待遇原则，国民待遇原则在实践中的进程稍显缓慢，而且现有实践往往局限于国民待遇的适用对象、适用阶段、采取的清单管理模式等问题上。国民待遇原则自确立以来，一直都是双边投资协定的核心及标准保留条款，因其原则上要求东道国在制定和适用法律时，不负面区分外国和本国投资及投资者，从而保证外国资本与本国资本享有公平的竞争环境。但又由于这一原则关乎东道国的根本利益，几乎所有近来的投资协定都会允许东道国以正面或负面清单的管理模式提出保留，同时允许规定适用例外。公共利益则是被仲裁实践确认的、可在一定情形下不适用国民待遇的抗辩中的重要一项。然而，条约和仲裁实践中关于公共利益的适用路径存在着分歧，基于公共利益而减损国民待遇的逻辑基础到底根植于哪里也并不明晰，到底应该选择怎样的路径来适用公共利益值得我们深入探讨，而这也无疑对我国投资协定中国民待遇原则的条款设计和文本表述具有一定参考价值。

一、公共利益在实践中的适用路径分歧

要想探寻国民待遇原则中公共利益的适用路径，必须从国际投资法的实

* 吉林大学法学院教授，博士生导师。

** 吉林大学法学院 2015 级国际法专业硕士研究生。

践入手。国际投资法领域并不存在统一的法律制度，而是同国际法领域的其他学科一样，其法律渊源呈碎片化特征。与《国际法院规约》第38条相对应，国际投资法的法律渊源不仅包括双多边、区域的国际协定，也包括被国家实践所确认的国际习惯法、国际机构的裁判实践以及各国的国内投资法律制度及相关政策等。此处主要从国际投资条约和国际投资仲裁两个维度考察公共利益的适用路径，探寻在条约实践中和仲裁实践中存在的路径分歧。

（一）条约实践中的路径归纳

因世界范围内现存的投资协定甚多，因此仅选取具有代表性的各多边、区域、双边投资协定加以考察。

TRIMs协议作为世界贸易组织框架之下具有投资因素的重要贸易协定，在国际投资领域具有深刻影响。TRIMs协议第2条中的国民待遇的适用范围只限于与贸易相关的投资措施，而且GATT1994项下的所有例外规定均适用于TRIMs协议。也就是说，不仅存在一般例外和安全例外，发展中国家成员也可以暂时背离国民待遇原则。GATT1994在第3条第4款具体规定了国民待遇原则，但在第20条规定了一般例外，给予缔约国采用或实施包括“为维护公共道德所必需的措施”，“为保障人民、动植物的生命或健康所必需的措施”以及“与国内限制生产与消费的措施相配合，为有效保护可能用竭的天然资源的有关措施”等在内的措施的权利。可见，TRIMs协议将公共利益纳入例外规定范畴，暗含的逻辑是基于此种事由而采取的措施已实质违背了国民待遇原则，但又由于存在一定理由而使得此种措施不可罚。

《北美自由贸易协定》第1102条第1~3款规定了国民待遇在投资安排、投资处置方面的适用。第1108条第7款规定了国民待遇的适用例外：政府采购以及缔约一方或国有企业提供的补贴或补助，包括政府扶助贷款、担保和保险；欧洲《能源宪章条约》第10条关于促进、保护投资及其待遇第2款规定中明确了国民待遇原则，在同条第9款第（a）项中规定缔约方可以在签署或表示同意之时对第2款提出例外；《东盟投资区框架协议》旨在通过促进东盟国家之间的投资法规自由化合作来促进区域投资，在第7条中鼓励东盟成员国之间相互给予彼此投资及投资者国民待遇，但是并没有细化规定国民待遇原则的例外。因此，在部门或区域投资协定当中关于公共利益在国民待遇原则中的适用路径也并不明晰，大部分协定并没有规定国民待遇的例外，或没有将公共利益纳入国民待遇的例外条款。

与此同时，双边投资协定也是国际投资法的重要渊源。世界范围内现存有效的双边投资协定数量多达 2322 部,〔1〕但是各国投资条约中的基本条款都会遵循相应 BIT 范本中的内容框架和表述方式。根据联合国贸易和发展会议的官方网站，世界范围内现存可查的 BIT 范本一共 71 个，英文版本可查的有 58 个，其中现行有效的有 46 个。〔2〕 通过对这 46 个 BIT 范本进行数据统计，有 10 个范本规定了一般例外条款，涵盖了“公共秩序”、“动植物安全”、“公众健康”、“道德” 等公共利益内容;〔3〕有 8 个范本明确了 “根本安全利益” 可以作为一般例外（与前 10 个范本部分重合),〔4〕其中塞尔维亚、美国、澳大利亚范本则仅将根本安全利益列为例外。然而值得注意的是，这些例外都是投资协定的例外，适用于包括国民待遇条款在内的协定的所有条款。其余的 33 个范本并没有细化规定国民待遇的适用例外。值得注意的是，巴西 2015 年范本在国民待遇条款中明确规定 “类似情形” 应当考虑投资所处的整体情形，其中包括合法的公共利益目标,〔5〕 南非发展共同体 2012 年范本在国民待遇所存在的 “非歧视” 一条中也规定：“类似情形”

〔1〕 UNCTAD: Bilateral Investment Treaties, available at http://investmentpolicyhub.unctad.org/IIA, last visited on July 8, 2016.

〔2〕 UNCTAD: Bilateral Investment Treaties, available at http://investmentpolicyhub.unctad.org/IIA/AdvancedSearchIRIResults, last visited on July 8, 2016.

〔3〕 这些范本是：阿塞拜疆范本（2016）、加纳范本（2008）、英国范本（2008）、加拿大范本（2004）、荷兰范本（2004）、芬兰范本（2001）、南非范本（1998）、关于投资的国际协定（1998）、牙买加范本、哥伦比亚范本（2008）。

〔4〕 这些范本是：阿塞拜疆范本（2016）、塞尔维亚范本（2014）、美国范本（2012）、加纳范本（2008）、英国范本（2008）、澳大利亚范本（2008）、加拿大范本（2004）、芬兰范本（2001）。

〔5〕 Brazil Model BIT (2015) Article 5 (3): For greater certainty, whether treatment is accorded in ‘like circumstances’ depends on the totality of the circumstances, including whether the relevant treatment distinguishes between investors or investments on the basis of legitimate public interest objectives, available at http://investmentpolicyhub.unctad.org/Download/TreatyFile/4786, last visited on July 20, 2016.

需要具体案件具体分析，考量措施目的、所在部门等因素。[1] 这两个新近BIT范本中并没有规定协定的一般例外，但是在国民待遇条款中对“类似情形”的解释方法作出了一定的说明，而这些说明均指向了公共利益的政策考量。

因此，世界范围内的BIT范本关于国民待遇条款中公共利益的定位也不尽相同：有的范本将公共利益列入投资条约的一般例外条款，从而使得公共利益成为国民待遇原则的适用例外；有的范本仅将根本安全利益纳入投资条约的例外，即只有基于根本安全利益考量的措施才能排除国民待遇的适用；还有很大一部分范本根本没有规定一般例外条款，或者在一般例外条款中并没有提及公共利益考量，但这其中有一部分范本在国民待遇条款当中对“类似情形”这一国民待遇的适用前提作了说明，明确公共利益的政策目标应当纳入“类似情形”的考量范围。

综上，无论是多边、区域、部门投资协定或是双边投资协定范本，对于国民待遇中的公共利益都不存在统一的适用路径，可以大体将这些路径分为两种：将公共利益列入投资协定的适用例外，从而使公共利益也被视为国民待遇的排除适用条款，或者虽无公共利益例外的规定，但是将公共利益的政策目标纳入“类似情形”的考量范畴。

（二）仲裁实践中的路径归纳

关于怎样定位国际投资法领域国民待遇原则中的公共利益的问题，不同投资协定存在不同的表述，而不同投资仲裁机构之间也存在着不尽相同的理解。

与《北美自由贸易协定》一脉相承，该协定之下的仲裁庭在绝大多数裁

[1] SADC Model BIT (2013) Article 4(2): For greater certainty, references to “like circumstances” in paragraph 4.1 requires an overall examination on a case-by-case basis of all the circumstances of an Investment including, inter alia: (a) its effects on third persons and the local community; (b) its effects on the local, regional or national environment, including the cumulative effects of all investments within a jurisdiction on the environment; (c) the sector the Investor is in; (d) the aim of the measure concerned; (e) the regulatory process generally applied in relation to the measure concerned; and (f) other factors directly relating to the Investment or Investor in relation to the measure concerned, available at http://investmentpolicyhub.unctad.org/Download/TreatyFile/2875, last visited on July 20, 2016.

决中并没有将公共利益纳入“例外规定”，而且在部分案件中明确了考量国民待遇原则的适用情形，即“类似情形”之时就应当将投资所处的整体环境纳入考量范围。仲裁庭认为，公共利益这一正当理由已经将本国投资和外国投资置于不同情形之中，因此基于此实施的差别待遇并不违反国民待遇原则，也无需适用国民待遇原则的例外。[1] 比较典型的如 First Partial Award of S. D. Myers Inc. v. Canada 一案，该案仲裁庭认为，《北美自由贸易协定》第 11 节的法律文本要求仲裁庭在分析国民待遇是否适用时考虑整个协定的框架。该仲裁庭指出，在判断“类似情形”时，应考虑到政府法规虽然规定不同待遇但旨在保护公共利益而具有正当性的情形。[2] 在裁决中，仲裁庭认为 NAFAT 所有成员国均为 OECD 的成员，并参考了 1976 年的《国际投资和跨国公司宣言》，认为政府的公共利益政策目的应当在确定内外资及其投资者是否符合类似情形时予以一定程度的考量。也正是基于此种考虑，在该案中允许政府利用补贴作为政策的推进手段。[3] 再如，在 Award of Pope & Talbot Inc v. Canada, NAFTA 一案中，仲裁庭在裁决中也明确指出，部门之间存在竞争关系并不是决定“类似情形”存在的唯一条件，如果东道国的差别待遇与合理的公共政策有密切关联，那么这样的措施并不能违反 NAFTA 第 1102 条中的国民待遇原则。[4] 而 NAFTA 之下仲裁庭在多数案件中都持此种观点。

然而，即便同为《北美自由贸易协定》下的仲裁庭的裁决，一些极少数案件的裁决中也并不存在关于公共利益与“类似情形”关系的明确表述，尽管并不否认出于合理原因的差别待遇的正当性。例如，在 Award of GAMI v. Mexico 案中，仲裁庭作出了如下判断：“基于政府政策，旨在保护公共利益的措施并不能够全然适用于外国投资者。”[5] 仲裁庭认为提高当地某重要

---

〔1〕 Final Award of GAMI v. Mexico, NAFTA, para. 250.

〔2〕 First Partial Award of S. D. Myers Inc. v. Canada, NAFTA, Nov. 13 2000, para. 250; See R. Dolzer, “Generalklauseln in Investitionsschutzvertragen”, in *Negotiating for Peace*, 1st ed., Liber Amicorum Tono Eitel, 2003, pp. 291, 296-305.

〔3〕 Award of SD Myers v. Canada, NAFTA, para. 248.

〔4〕 Award of Pope &Talbot Inc. v. Canada, NAFTA, para. 78.

〔5〕 Award of Pope &Talbot Inc. v. Canada, NAFTA, para. 115.

工业（案例中为制糖业）的偿付能力是一项合法的政策性目标，相关措施的制定和实施并非针对外国投资者。

此外，并非所有仲裁庭都在裁决中明确公共利益因素应包含在“类似情形”范围内。ICSID 仲裁庭曾在诸多案件当中将公共利益视为国民待遇条款的例外规定，在 Azurix Corp. v. Argentine Republic〔1〕、Compania Del Desarrollo de Santa Elena S. A. v. Republic of Costa Rica〔2〕案件，以及涉及其他众多公共利益，如环境保护利益、社会福利等内容的案件中均指出基于可归类于公共利益的原因作出的差别待遇可能是合法的。

因此，关于公共利益的适用路径，不仅不同仲裁庭之间可能存在不同理解，同一仲裁庭在不同时期的不同案件中都可能存在不同表述。即便仲裁庭对于公共利益的考量并不同，但是同条约实践一样，存在两类适用路径，而两种路径的分歧也在于是将公共利益脱胎于国民待遇条款本身，作为“类似情形”考量范围，还是脱离于国民利益条款直接作为投资待遇例外规定中的具体内容而排除国民待遇条款的适用。

二、路径差异的成因和后果

如前所述，综观国际投资条约实践和投资仲裁实践，无论是条约实践还是仲裁实践，对公共利益作为正当理由在国民待遇原则中的适用都存在着不同路径：将公共利益纳入“例外规定”范畴，或是将公共利益视为“类似情形”的涵盖范围。在这两种路径差异表现的背后存在着怎样的成因，路径选择的分歧又是否会导致适用结果的差异，笔者将进一步比照分析。

（一）路径差异的成因

国民待遇原则在本质上属于“相对性”权利，东道国给予外国投资者及其投资的权利内容、范围和程度都取决于东道国在“类似情形”下给予其本

〔1〕 Azurix Corp. v. Argentine Republic, ICSID, No. ARB/03/30.

〔2〕 Compania Del Desarrollo de Santa Elena S. A. v. Republic of Costa Rica, ICSID, No. ARB/96/1.

国投资者及其投资的权利内容、范围和程度。[1] 投资所享有的待遇是否有差别、外国投资者及其投资是否相较于本国投资者及其投资处于不利地位这一事实较为直观，容易判断。然而关于"类似情形"，在投资协定条文中并不存在统一的判断标准。部分投资协定将投资行为予以分解，仲裁实践中也形成了判定"类似情形"的主要参考因素。根据国际投资协议和国际投资争端解决的仲裁实践，"类似情形"的理解应该建立在"广义"的基础之上，正如同 OECD 早年间曾指出："类似情形"需要在善意的基础上，结合尽可能多的相关因素进行解释。关于具体标准，OECD 继续解释："在诸多因素中，'国内外企业是否属于同一行业'是最重要的因素。"其次，投资行为所处的具体层面，如"管理"、"维护"、"收益"等等也应当予以考量。最后，东道国出台相关管理政策、措施的目的，包括对国民安全、经济稳定、人权维护、环境保护、公共道德等因素的权衡也不容忽视。然而上述步骤只是判断国民待遇原则能否适用过程中的主要考量因素，而非为国际社会一致认可的判断标准。

"类似情形"的判定在国际投资协定中的规定空白，以及争端解决机构在仲裁实践中的广泛自由裁量空间使得公共利益是否可以作为区分内外投资者及其投资所处的不同情形的因素、公共利益需要满足的具体条件等问题并没有统一答案。但是与其说"类似情形"缺乏统一而明确的判断标准，不如说这一概念表述本身以及这一相对性的投资待遇原则本质上决定了不可能存在一个绝对标准，而需要代入到具体案件当中有针对性地进行个案分析。正如同一些投资仲裁庭在诸多案件中所确认的那样，根据国民待遇的目的去决定适当的比较对象，这通常与投资仲裁的具体案情联系紧密并高度依赖条约文本的上下文语境，[2] 需要评估全部的事实情况[3]并考虑所有相关

---

〔1〕 Rudolf Dolzer and Christoph Schreuer, *Principles of International Investment Law*, 2nd ed., Oxford University Press, 2012, p. 179; See Andrew Newcombe and Lluis Paradell, *Law and Practice of Investment Treaties: Standards of Treatment*, Kluwer Law International, 2009, p. 160.

〔2〕 Award of Pope & Talbot Inc. v. Canada, NAFTA, para. 83.

〔3〕 Award of United Parcel Service of America Inc. v. Canada, NAFTA, para. 86.

情形。[1]

然而，即便内外国投资者及其投资处于可比较的“类似情形”，且外国投资者及其投资所享有的待遇明显低于本国投资者及其投资的待遇，仍需考虑例外条款能否适用。如果投资条约存在例外条款，那么在满足条款规定的例外情形时可以排除国民待遇条款的适用。也就是说，“类似情形”、东道国给予内外投资者及其投资差别待遇、待遇的差异性是否合理合法，这三个国民待遇的适用条件中，第一个和第三个本质上相互关联。

路径差异的原因在于两种路径的逻辑基础大相径庭：前者认为此类基于公共利益考量而将本国和外国投资者及其投资差别对待的措施究其本质而言，已然构成实质上的差别待遇，因此构成对国民待遇原则的违反，只是公共利益作为例外规定才排除了该条的适用，将公共利益后置；后者认为一国如若是为了保护正当公共利益的目的而采取保护本国投资的行为，那么此时本国和外国投资者及其投资本就不属于可以适用国民待遇原则的“类似情形”，不可以相比较，因此本质上并不构成对国民待遇的违反，将公共利益前置。将公共利益纳入例外规定的做法使得出于公共政策目标而实施的差别待遇在国民待遇适用的第三阶段，即在排除适用条款阶段予以否定，采取了外化的方式。此时国民待遇原则与投资协定中的其他条款一样，因为公共利益这一例外情形的存在而暂时“冻结”。[2] 这一做法否认公共政策目的作为“类似情形”的考量因素，认为“类似情形”应采取较为限缩的解释方式，范畴限定于投资所处经济部门、行业、层面等客观因素；而将公共利益纳入“类似情形”考量范围的做法在判定“类似情形”这一国民待遇的适用前提阶段就将此类基于公共利益而给予的差别待遇予以排除，通过“类似情形”将公共利益在国民待遇条款中内化。该路径判定公共政策目的是“类似情形”的考量因素，基于“国民待遇条款旨在为外资及外国投资者创造一个公平的、非歧视的竞争环境，而非提供一种特殊优待”这一根基，认为非歧视的、合理的、有限度的公共政策目标是合理的，因此基于此目标而实施的措

---

〔1〕 Award of United Parcel Service of America Inc. v. Canada, NAFTA, para. 79.

〔2〕 陈卫东：《WTO 例外条款解读》，对外经济贸易大学出版社 2002 年版，第 3 页。

施并没有造成不公平竞争。

而且，两种分歧路径的出现并非偶然，它与国际投资法本身的粗糙也不无关联。相较于国际贸易法，国际投资法立法上起步较晚、制定上较为粗枝大叶，很多条款设计和条文表述是在实践中得到一步步完善的。而国民待遇原则作为投资待遇中极其重要的一条，虽然它的原则内涵得到世界范围内各国的广泛承认，但是在具体操作时的问题却差异广泛。观察早期的投资条约不难发现，公共利益经历了从缺失，到被放置于例外规定中，再到具体细化到国民待遇条款本身的历程。也正是由于实践中遇到了东道国出于公共利益考量的措施被否认的情形，各新近投资协定才不断重视公共利益，并最终探寻出将公共利益内化于国民待遇条款本身的路径。

如前所述，"类似情形"本身以及国民待遇的相对性决定了公共利益没有一个绝对标准，而且关于公共利益在国际投资领域国民待遇原则中的适用路径问题，国家间并没有达成共识，也几乎不可能达成共识；而不同仲裁庭的仲裁实践也更是难以统一。路径差异的成因在根本上是由于国家所处的资本输出国或资本输入国地位不同。一国若作为资本输出国更大程度上会倾向于弱化甚至于忽视公共利益，意在营造更加充分的自由竞争环境，使得本国资本在更大限度和范围上向他国输出，以获得经济利益的最大化；反之，一国若作为资本输入国则会更加倾向于考量公共利益，保证外国资本在流入本国进行投资之时本国的公共利益不受不合理侵害，以保障本国的根本利益。但也不能一概而论，在历史上就曾经有很多的发展中国家为了吸引更多的外资而不惜以放弃本国公共利益为代价，即便是作为资本输入国也弱化了公共利益考量。但是我们大体上可以得出结论，即适用路径的不同源自于各国不同的经济地位和经济发展阶段，而各国难达共识也是因为各国的经济需求存在差异，难能统一。

（二）路径差异的后果

尽管两种路径的逻辑基础存在本质区别，一种需要借助于投资条约的排除适用条款，而另一种则诉诸国民待遇条款本身的内涵范畴，但是无论哪种都对公共利益予以高度重视，强调东道国有权基于主权国家的经济主权而维护本国的国家和国民利益，再一次确认了国民待遇原则的有限性特征。在将公共利益列入例外规定的路径之下，政府所给予的投资待遇原则上应当适用国民待遇原则，只是因为存在例外规定才排除了违法性；而将公共利益纳入"类似情形"考量的做法承认在正当、合理的公共利益存在的情形下，政府所给予的投资待遇并不满足国民待遇的适用前提，根本上不可以适用国民待遇原则。那么这两种不同的适用路径到底在适用后果上存在不同吗？换言之，即便路径不同，这种差异真的值得我们去关注吗？

很多人认为，单从结果上考量，这两种适用路径都允许基于合理公共政策目标而将内外投资者或其投资区别对待，因而二者似乎并不存在很大差别。但是近来的许多案例无一不表明若在国民待遇条款中没有细化公共利益属于"类似情形"，那么东道国出于公共利益政策目标的管理措施很可能面临着被认定为不符合投资协定中国民待遇条款的风险，这无疑不仅会对东道国的国际声誉造成不良影响，更会一定程度上损害东道国的经济利益。不得不提的便是20世纪末21世纪初发生在阿根廷的经济危机和社会危机，这次危机使阿根廷政府在国际投资实践中面临前所未有的挑战。为了应对经济危机，阿根廷政府采取了一系列宏观调控措施以扶持本国经济产业，这一措施却遭到了各投资国的反对，阿根廷政府以根本安全例外条款进行抗辩，但是结果并不如意：尽管有少数案件支持了阿根廷，如LG&E案，但其余多数案件如CMS案、Enron案、Sempra案仲裁庭都否认了阿根廷政府的抗辩。笔者认为，阿根廷的此次国际投资仲裁危机远非公共利益条款缺失这样简单。回溯条约实践，虽然不可否认阿根廷政府对外签署的投资条约都坚持自由主义，强调投资者的利益保护，但是绝非没有公共利益的存在空间。然而，在大多数仲裁庭的裁决中，以根本利益条款为支撑的公共利益依旧没有得到正当性，阿根廷为此付出了惨痛代价。公共利益条款已经引起了学者的关注。公共利益不仅有被明确表述的必要，而且就国民待遇条款而言，如果能在条款本身的"类似情形"项下加入公共利益考量，不仅会进一步明确东道国的公共政策目标，而且也能减少不必要的纠纷，将公共利益内化于投资待遇条款本身。不难设想，已经将公共利益列入"类似情形"考量的投资条约则会为东道国提供最强有力的利益屏障，仲裁庭在处理此类类似案件时必然会将东道国差别待遇背后的政策目标纳入考量范畴。因此，两种路径在某些仲裁庭的裁决中可能会导致不同结果，换言之，即便两种路径都可以适用公共利益考量，但是将公共利益内化的做法显然更有利于公共利益考量的实现。

此外，上述两种路径的结果差异还可能存在于补偿或赔偿相关范畴。以例外规定面貌呈现的公共利益可能会面临一定的经济补偿，但这也取决于投资条约中所规定的具体情形。如美国2004年的BIT范本第6条规定缔约一国为了实现本国的公共目的而对另一国投资者进行"征收"或者"国有化"，那么需要给予另一国投资者"充分、及时、有效"的补偿；而第18条规定缔约一国为保护本国"根本安全"而采取的必要措施则无需对投资者遭受损失承担责任。因此，将公共利益内化处理或外化处理即便在是否正当的问题上具有同一性，也有可能在是否给予一定补偿的后续问题上引发差异。

三、国民待遇条款中将公共利益与例外规定区分的必要性

（一）从内容范畴出发的考量

所谓公共利益，是指在一定社会条件下或特定范围内，特定的社会群体存在和发展所必需的、该社会群体中不确定的个人都可以享有的社会价值。在世界贸易组织各项协定的语境下，公共利益范围广泛，涉及公共健康、公共安全、人类生命、动植物健康、社会环境、知识产权、残障人士、国际和平与安全等诸多因素。公共利益与国家利益息息相关，而国家利益是主权国家所有对内统治和对外交往行为的根本出发点，也是主权国家对外投资或吸引外资的最终追求。尽管如此，在过去几十年间，部分发展中国家为了吸引外资曾不惜牺牲公共利益，为换取更多的外国投资常常放弃对于公共利益条款的规定，其短期经济利益可能得到了满足，但是国家的长远发展却得不到保障。联合国贸易与发展会议曾不止一次对近十年来缔结的各类投资协定进行条文分析，深入探究投资规则的发展动向并指出："有关直接投资是否可能发生负面作用的争论正在进行之中，在此种背景下，愈来愈多的国家在其缔结的BIT中强调，实行既定的投资保护不能以牺牲东道国其他合法的公共利益关切作为代价。"[1] 近年来实践中，公共利益为越来越多的国际条约所

---

〔1〕 UNCTAD, "World Investment Report 2016-Investor Nationality: Policy Challenges", pp. 6-11, available at http://unctad.org/en/PublicationChapters/wir2016ch4_en.pdf, last visited on Aug. 14, 2016.

确认，如《北美自由贸易协定》第2102条，GATT第20、21条，GATS第24条，《能源宪章》第24条，《国家责任条款草案》第25条等。〔1〕

国际条约中的例外条款是指在特定情形下将条约缔约国某一或某些特定的违反条约义务的行为视为合法，通过排除行为的违法性而免除该缔约国原本应承担的条约义务的条款，又可以称为“逃避条款”。一般来说，投资者与东道国建立商业关系后国民待遇条款即可适用（即准入后的国民待遇）。但部分投资条约，特别是美国及加拿大之间缔结的条约，还赋予投资者基于国民待遇标准的国内市场准入权（即进入前国民待遇）。〔2〕然而即便是准入前的国民待遇也并不等同于绝对的国民待遇，所谓全面的国民待遇也不意味着将外资与内资置于全然相同的地位。“实践中的国民待遇也往往受到一定程度的限制，因为没有哪个国家愿意承担完全的国民待遇义务。”〔3〕这是由于国民待遇条款作为投资待遇核心条款，与国家主权密切相关，而且关乎国家的经济发展和政治安全。因此，“不同程度地减损国民待遇的适用已经被普遍接受。”〔4〕而这种减损中很重要一部分便是通过例外条款来实现的。

从内容范畴上考量，公共利益作为正当事由本质上是应当区分于例外规定而存在的，即便二者在内容上也存在着部分重合现象。公共利益是以东道国根本利益为出发点进行的考量，而例外规定实际上并不限于此。

（二）从理论逻辑出发的考量

在国际投资法领域的国民待遇原则范畴中，公共利益这一“正当事由”不同于其他“例外规定”，如果与刑法中的相关概念类比，前者更倾向于刑法中“正当防卫、紧急避险”等违法阻却事由，因为存在正当理由而使得此

---

〔1〕 OECD, International Investment Perspectives 2007: Freedom of Investment in a Changing World-Essential Security Interests under International Law, pp. 93-134, available at http://www.oecd-ilibrary.org/finance-and-investment/international-investment-perspectives-2007/essential-security-interests-under-international-investment-law_iip-2007-6-en, last visited on Aug. 10, 2016.

〔2〕 Award of Bayindir v. Pakistan, NAFTA, para. 388.

〔3〕 李庆灵：“刍议IIA中的外资国民待遇义务承担方式之选择”，载《国际经贸探索》2013年第3期。

〔4〕 Rudolf Dolzer and Christoph Schreuer, *Principles of International Investment Law*, 2nd ed., Oxford University Press, 2012, p. 114.

类行为并没有实质侵害某种法益，本质上并不违反法律，也并不可罚，不应产生相应的刑事责任。同样，公共利益考量是基于对东道国实质利益的维护而采取的管制措施，尽管可能在表面上区分了内外投资者及其投资，东道国的行为在实质上并没有违反国民待遇原则；而后者则类似于刑法中的刑罚免除事由，属于本质上应当处罚的行为，但由于某种例外情形的出现而并不施加刑罚。政府采购等“例外规定”也一样，本质上属于侵犯了外国投资者及投资应享有的与本国投资者及其投资应当享有的保护和同等地位，只是因为存在一定的排除适用条款而使得此类实质上违法的行为并不可罚。

因此，“正当事由”与“例外规定”相互联系，二者在适用后果上可能殊途同归，但它们又各不相同。“正当事由”强调措施背后的正当性，并不存在违法现象；“例外规定”主要是因违法性被排除而不当罚的行为。

不得不承认，在有些情形下，公共利益从属于排除违法性的因素，可以规定在例外规定中。例如在贸易法领域中，公共利益在TRIMs协议中被视为一般例外；又例如征收条款，原则上东道国不得对外国投资者的投资进行直接或间接征收，但是可能会出于某些公共利益考量，如环境保护、国民经济稳定等缘由，在满足征收条件的前提下对外国投资进行征收。此时公共利益便作为征收条款的例外规定而存在。然而在有些情形下，公共利益应当区别于例外规定的范畴。正如国际投资协定中的国民待遇原则条款本身只是为具体的外国投资及投资者的待遇提供了框架性依据，国民待遇的相对性属性决定了其在具体实践中需要一定的比照依据以及比较平台。这一比照依据便是“类似情形的本国投资者及其投资”，而这一比较平台便是“类似情形”。在世界贸易组织法体系中，国民待遇原则的比照依据是“类似产品”，相较于更为复杂的“类似情形”，前者的概念更加固化、客观，后者的范畴更加广泛。因而才会产生国际投资法领域与国际贸易法领域的差异：贸易法领域国民待遇原则中的公共利益应当列入例外规定，而投资法领域国民待遇原则中的公共利益考量则无需也不应诉诸投资协定的例外规定。因此在投资法的国民待遇原则中，公共利益可以涵盖在“类似情形”中，应当区别于例外规定。

公共利益到底能否独立于例外规定内化于本初的实质性条款之中取决于

实质性条款本身的适用标准。在国民待遇这种本质上属于一种相对性待遇的条款之中，条款本身的适用前提便是内外资具有可比性，而这种可比性使得公共利益这种政策性目标在条款适用时就应当加以考量，而非留给例外规定加以排除。

四、将公共利益纳入国民待遇中类似情形考量路径的正当性

正因为国民待遇涉及政治和经济上的许多敏感性问题，所有国家都对国民待遇原则设定了适用条件和范围。而“无论是采取正面清单模式，还是采取负面清单或混合清单模式，都是对国内产业的特殊性质和比较优势的理解和评估”〔1〕，代表了一国对于外资的开放态度，也代表了一国在投资自由化与对本国产业的保护和扶持之间达成的妥协和平衡。同样，即便是在正面清单承诺开放或负面清单进行排除的、可以适用国民待遇的投资措施范围之内，一般也允许在一定情形下对此原则加以减损，这是因为有一些因素如公共道德、公共健康、严重经济困难可能会关乎整个国家及国民的根本利益，在此种情形下要求主权国家恪守国民待遇原则，任由外资对一国及国民的根本利益造成危害的做法不仅不合理，而且并不实际。而这一点也在很多条约当中得到了确认。《经合组织国际投资和跨国公司宣言》第2条第1款规定成员国应当按照维持公共秩序的需要，保护各国的安全利益，允许在国家目标不违背国民待遇的情况下作出区别对待，从而在国家政策中对“同一部门”作出不同的界定。〔2〕《多哈部长会议宣言》在有关国际投资的议题上也强调东道国为公共利益的管制权力。〔3〕毕竟国家利益是一国所有对外交往、对内统治政策的根本出发点。

“类似情形”概念是适用国民待遇原则的基本前提，在个案中体现为可

〔1〕 盛斌、纪然：“国际投资协议中国民待遇原则与清单管理模式的比较研究及对中国的启示”，载《国际商务研究》2015年第1期。

〔2〕 OECE, Declaration and Decisions on International Investment and Multinational Enterprises, available at http://www.oecd.org/daf/inv/investment-policy/oecddeclarationoninternationalinvestmentandmultinationalenterprises.htm, last visited on Aug. 28, 2016.

〔3〕 曾华群：“多边投资协定谈判前瞻”，载《国际经济法学刊》2010年第3期。

以归入该概念具体内涵的范围。即便并非所有的国民待遇条款中都会明确国内投资和国外投资存在可比情形是适用国民待遇原则的前提，但是“国民待遇和最惠国待遇都是相对性的术语，本身就暗含了在‘相当情形’下来判断某项措施是否构成对外国投资者及其投资歧视的意味”〔1〕。而且这种比照的对象并非贸易法领域中那些可以被产品目录分门别类地细致规定的“产品”，而是个案中投资行为所处的各种影响投资待遇的相关因素总和的“情形”。根据国际投资协议和投资争端解决实践，“类似情形”的解读应该建立在“广义解释”基础上，而且“类似情形”应借助部分投资协定的做法，将“情形”细化为投资行为的各个环节和层面。例如，经济合作与发展组织早在1985年就指出，东道国法律、政策背后的目的也是其具体化过程中需要参考的要素。〔2〕此外，东道国可以出于安全、环境和人权等考虑，赋予国内特定行业特定企业某种特殊待遇。东道国在签订投资协议时规定国民待遇原则的目的仅仅是提供一种不歧视外国投资者的投资环境，而并没有强调赋予外国投资者某种特权。上述“类似情形”的内涵范畴已经实现了从客观的投资所在部门、行业到包括背后的政策性目标在内的投资所处整体环境的扩张，而这种扩张已然成为一种趋势。〔3〕

因此，允许在一定情形下减损国民待遇原则是国民待遇原则存在的重要要件，是国民待遇原则得以发展的必然选择，否则国民待遇原则在国际投资法中寸步难行。也正是因为投资领域国民待遇中相比照对象的特殊性，使得在贸易法领域中将公共利益列入例外规定的做法行不通了，即便投资协定的

---

〔1〕 OECD, The Multilateral Agreement on Investment: Commentary to the Consolidated Text, adopted April 1998, p. 22, available at http://www1.oecd.org/daf/mai/pdf/ng/ng988r1e.pdf, last visited on Aug 30, 2016; OECD, MAI, available at http://www1.oecd.org/daf/mai/pdf/ng/ng987r1e.pdf, last visited on Aug. 30, 2016.

〔2〕 OECD, The Multilateral Agreement on Investment: Commentary to the Consolidated Text, adopted April 1998, p. 22, available at http://www1.oecd.org/daf/mai/pdf/ng/ng988r1e.pdf, last visited on Aug 30, 2016; OECD, MAI, available at http://www1.oecd.org/daf/mai/pdf/ng/ng987r1e.pdf, last visited on Aug. 30, 2016.

〔3〕 See Nicholas F. Diebold, "Non-Discrimination and the Pillars of International Economic Law—Comparative Analysis and Building Coherency", *Society of International Economic Law*, Working Paper No. 2010/4, 30 June 2010.

其他条款依旧需要涵盖公共利益这一内容的例外条款作为排除适用条款，但是在国民待遇条款中公共利益的适用路径绝非如此，或者说在投资法的国民待遇领域例外规定只是公共利益存在的第二道屏障，而第一道最主要的屏障应诉诸国民待遇条款本身的“类似情形”。

当然不得不提的是，国民待遇条款内容的逐渐细化并非偶然，也是此条款随着实践不断完善的必经历程。如前所述，笔者就联合国贸发会官网上披露的各国投资协定范本进行了梳理，结果显示晚近的BIT范本不仅显示出将公共利益内化于国民待遇条款本身的趋势，而且这种趋势也愈来愈明显。实践是推动立法前进的重要力量，也正是因为早期较为粗糙的做法并不能规避特殊情形下的风险，使得东道国的公共利益考量面临着被判定为违反国民待遇的可能，因此在世界范围内各国主动细化“类似情形”范畴的大趋势下，顺应这一潮流，明确公共利益与“类似情形”的关系，有利于防范未来可能会面临的风险，更有利于东道国利益的维护。

五、结论

综观世界范围内的投资协定文本以及投资争端解决机构的仲裁案件裁决，公共利益考量无疑已经被国际社会所普遍承认和接受。但是公共利益在国际投资领域国民待遇原则中的适用路径却不尽相同：部分投资协定并未在国民待遇条款中规定公共利益，而是直接适用协定中包含公共利益考量的一般例外，部分仲裁案件中也将公共利益视为例外规定而排除了国民待遇的适用；另一部分投资协定将公共利益解释为判定投资所处“类似情形”的考量因素，大量仲裁案件也认同将“类似情形”作出广义解释的做法。这两种路径的逻辑基础大相径庭。在国际投资法的国民待遇中将公共利益与例外规定相区分不仅很有必要，而且将公共利益纳入“类似情形”的涵盖范畴也很正当。因此，在投资协定的国民待遇条款中细化“类似情形”的涵盖范畴，采用概括加列举的方式将公共利益涵盖在内的适用路径更为合理。

虽然我国缔结的BIT适用国民待遇条款的历史不长，但是近年来签订的投资协定全部涵盖了这一原则，并且在条款设计上有明显使用“类似情形”的趋势，符合世界潮流。然而，在商务部和联合国贸发会议披露的近百部中国双边投资条约中，公共利益条款再度缺位，更不用说在国民待遇条款中规定公共利益。[1] 阿根廷在21世纪初为了应对经济危机而采取的一系列改革措施引发了39起涉及公共利益的仲裁纠纷案件，这一事件为公共利益条款又一次敲响了警钟。[2] 即便是投资协定存在着公共利益例外规定，仲裁庭的仲裁结果都可能对东道国的公共利益作出挑战，更何况缺乏公共利益条款的投资条约。[3] 在投资协定中明确公共利益条款迫在眉睫。因此，在我国的投资协定条款设计中应加入公共利益条款，并且应在国民待遇条款中对"类似情形"包含公共利益考量的意图加以明确。当然，本文主要探讨的是公共利益在国际投资法领域国民待遇原则中的适用路径哪一种更为合理，公共利益条款的必要性、公共利益的具体内容范围、公共利益的必要限度要求等余论则需进一步探讨。

---

〔1〕 参见联合国贸易和发展会议官方网站统计，http://investmentpolicyhub.unctad.org/IIA/CountryBits/42#iiaInnerMenu, last visited on Dec. 1, 2016.

〔2〕 陈安主编：《国际投资法的新发展与中国双边投资条约的新实践》，复旦大学出版社2007年版，第315~337页。

〔3〕 Nathalie Bernasconi-Osterwalder and Lise Johnson, International Investment Law and Sustainable Development, Key Cases from 2000-2010 (2010), available at http://www.jjsd.org/pdf/2011/int_investment_law_and_sd_key_cases_2010.pdf, last visited on Dec. 9, 2016.

全球可再生能源政策与国际贸易法

——贸易争端的解决与应对策略*

李　威**

为抢占低碳经济发展的制高点，并履行减排温室气体的国际义务和承诺，世界各主要经济体都通过一系列国内扶持政策和激励措施来优先考虑可再生能源产业的发展，我国也不例外。然而，可再生能源开发利用的成本较高，包括风能和太阳能发电技术在内的大部分可再生能源技术都需要采用各种形式的政府财政支持才能实施和运行。在以 WTO 为核心的国际贸易法的框架下，任何形式的直接政府财政支持必然构成禁止性补贴并可能与国际贸易规则相冲突，但是否因为有冲突就会实际阻碍各国对可再生能源进行补贴呢？事实并非如此。基于争端解决机制的程序要求，各国并未受制于此而放缓以国内措施促进本国可再生能源产业发展的步伐。需要研究的是基于相关案例发展，预判可能的贸易冲突及其影响，并为我国提出战略方向和应对策略。

理论上看，一国国内可再生能源产业和贸易措施的扶持与 WTO 的基本原则和规则之间存在着直接的矛盾，这种矛盾也间接影响着一个国家向低碳经济转型的能力。一国政府要为可再生能源产业的发展颁布一系列支持政策和措施，就必须推动国内经济结构调整和国内技术进步，这两类决策方向都

---

* 本文是国家自然科学基金委员会管理科学部 2017 年第 3 期应急管理项目“美国退出《巴黎气候变化协定》对全球气候治理的影响及我国的应对策略”（71741009）的阶段性成果。

** 法学博士，教授，河南工程学院人文社科学院院长、能源资源环境法律与政策研究中心主任；华东政法大学金砖国家法律研究院及外国法查明中心兼职研究员。

可能直接干预国际贸易流动，并可能导致与 WTO 多项协定的直接冲突。中美欧日加之间连续多年的关于太阳能电池板的贸易争端最具代表性。耶鲁大学环境法律与政策教授丹尼尔·埃斯蒂指出：在环境限容背景下，全球范围内解决环境问题必须考虑各国发展需求下的竞争动力问题。[1] 因此，可再生能源贸易争端不仅仅要在 WTO 争端解决机制框架下寻求解决，更需要研究现行贸易规则与环境规则之间的协调并处理好国际关系。[2] 各国可再生能源的法律和政策的制定和实施通过贸易流动势必会产生贸易争端，同时，不同国家建立可再生能源技术产业的政策实施也会不断重塑全球可再生能源的产业部署和新贸易形态的增加。[3] 这些现象都可以归结为气候变化框架下国际贸易法面临的创新问题。需要研究一国国内政策与国际贸易之间冲突的表现，进而在气候国际法的框架下超越 WTO 规则本身去考虑国际贸易法的新问题。随着可再生能源市场产业竞争的加剧，WTO 的争端解决机制和国内贸易救济措施的使用可能会增加，包括我国在内的各国政府也都尝试充分利用 WTO/DSB 的既有解决机制。

一、全球集体行动之外的单边可再生能源产业措施

正如 197 个签署《巴黎气候变化协定》的国家一致认同的一样，从化石燃料转向太阳能和风能等可再生能源，是社会经济和环境协调发展的关键。连续出版 10 年的联合国环境规划署《年度全球可再生能源投资趋势报告》（Global Trends in Renewable Energy Investment 2017）显示可再生能源的投资不仅能减排温室气体更能创造新的工作和商业机会。[4] 虽然近年来全球投资总额略有起伏，2013 年突破 2400 亿美元以来，2015 年达到 2860 亿美元，2016 年全球可再生能源投资达到 2461 亿美元，表面上看比 2015 年减少了

---

〔1〕 Esty D. C.，"Greening the GATT, Trade, Environment, and the Future"，Peterson Institute, 1994. Esty D. C.，"The World Trade Organization's Legitimacy Crisis"，*World Trade Review*, 2002, 1 (1): 7-22.

〔2〕 O'Neill K.，*The Environment and International Relations*, Cambridge University Press, 2016.

〔3〕 例如碳贸易机制下对碳排放交易单位的法律概念的界定产生了新的贸易对象。参见李威："碳贸易机制与 WTO 规则的议题交叉与体系协调"，载《北方法学》2012 年第 4 期。

〔4〕 "Global Trends in Renewable Energy Investment 2017"，UNEP Website, available at http://fs-unep-centre.org/publications/global-trends-renewable-energy-investment-2017.

23%，原因不是投资意愿的降低而是清洁技术成本的下降。例如，太阳能光伏和风力发电的每兆瓦平均美元成本支出下降了10%以上。[1] 从总量上看，全球可再生能源投资仍保持了总量的巨大增长。在全球集体应对气候变化的多边行动框架之外，可再生能源已经被许多国家确定为促进全球经济发展的战略性产业。随着《巴黎协定》自主贡献机制的落实和发展，此类单边行动将越来越频繁已经是不争的事实。

（一）因果联系：多边减排与单边政策的关系

从环境经济学的角度来看，由于全球减排集体行动框架下降低温室气体排放的社会效益尚未在成本结构中得到普遍反映，因此在国内大范围支持和确立可再生能源技术的应用通常不会立即在经济上获利。[2] 因为新技术的开发成本巨大，改造和推广成本高昂，一国需要通过政策工具在初期扶持可再生能源产业的初创，最直接的方式就是调整相对价格，鼓励通过补贴采用替代能源技术或其他形式的公共财政支持。[3]

可再生能源产业在得到财政支持的同时，会协助国家履行全球减排的承诺，同时创造就业机会和长期经济竞争力。因此，各国正在越来越多地采取保护主义政策来鼓励国内可再生能源产业的发展壮大，同时加大对外国相关技术和产品进入国内市场的关税和非关税壁垒。当前，并不是所有国家都有能力成为具有相同绿色技术的竞争性出口国，但如果产业政策能够帮助创造有竞争力的国内制造商，则会产生直接的国内经济效益。这就是国内补贴的直接原因。然而，WTO作为全球多边贸易纪律，其基本原则与国家可再生能源政策直接冲突。例如"最惠国待遇原则"禁止对具体贸易伙伴的歧视，"国民待遇原则"则要求进口和本地生产的商品一旦进入市场就应该平等对待。在规则层面，除了《补贴和反补贴措施协定》（SCM协议）之外，还有

---

〔1〕"Global Trends in Renewable Energy Investment 2016", UNEP Website, available at http://fs-unep-centre. org/publications/global-trends-renewable-energy-investment-2016.

〔2〕Chao H., Peck S., "Greenhouse Gas Abatement: How Much and Who Pays?", *Resource and Energy Economics*, 2000, 22 (1): 1-20.

〔3〕Alic J. A., Mowery D. C., Rubin E. S., "US Technology and Innovation Policies: Lessons for Climate Change", *A Climate Policy Framework: Balancing Policy and Politics, Report of an ASPEN Institute Climate Change Policy Dialogue*, 2003.

其他世贸组织规则与可再生能源的产业政策支持有关。例如，《政府采购协议》(GPA)、《与贸易有关的投资措施协议》(TRIMs)、《与贸易相关知识产权协议》(TRIPs) 等。另外，支持可再生能源产业措施的环境理由可能不足以引用贸易规则的例外。例如，如果要援引 GATT 1994 第 20 条的例外规则，需要证明使用某些补贴或财政支持的新能源产业政策和措施，并与人类及动植物生命和健康有直接或间接的必要联系，或者这些措施是为了取代化石能源和防止气候变化，从而保护可用竭的自然资源的必要性措施。[1] 此外，上述措施多有违反 SCM 协议的内容，因此在援引 GATT 1994 第 20 条例外的辩护并未得到 WTO 上诉机构的认可。[2]

(二) 实质目标：低碳经济发展促动下的大国政策转型

可再生能源的发展是各国缓解气候变化战略的关键优先事项，更是大国在低碳经济发展促动下经济发展模式转型的实质性目标。尽管政府正在越来越多地利用清洁能源技术发展的支持政策作为减缓工作的一部分，但也有意无意地构成贸易壁垒，从而对社会和经济发展产生不利影响。

在全球低碳转型的大背景下，各主要国家普遍采用各种政策手段促进本国可再生能源产业的发展（参见表 1）。例如，德国建立了以固定电价（上网电价）政策为核心的政策体系，且电价补贴额度较高，对过去几年德国光伏发电和风力发电等产业的快速发展发挥了显著作用。德国还设计了随发展规模灵活变化的固定电价浮动机制，逐步降低对光伏发电等已经快速发展的可再生能源行业补贴幅度，在市场竞争能力逐渐形成后降低财政开支。[3] 丹麦政府通过《丹麦能源协议 2012～2020》(Danish Energy Agreement for 2012～2020) 等一系列可再生能源政策和措施确立了可再生能源补贴和税收优惠两个类型扶持政策。可再生能源补贴政策以直接投资补贴和基于固定电价政策

---

〔1〕 Howse Robert, "The Appellate Body Rulings in the Shrimp/Turtle Case: A New Legal Baseline for the Trade and Environment Debate", *Columbia Journal of Environmental Law*, 2002 (27): 491-516.

〔2〕 Definitive Anti-Dumping and Countervailing Duties on Certain Products from China, WT/DS379/R. Measures Related to the Exportation of Various Raw Materials, WT/DS394/R.

〔3〕 Jeffrey Ball, "Germany's High-Priced Energy Revolution", available at http://fortune.com/2017/03/14/germany-renewable-clean-energy-solar/.

的电价补贴形式实施，而税收优惠集中在可再生能源热电联产（特别是生物质能热电联产）、电动汽车和生物质燃料领域。[1] 加拿大魁北克省以“当地成分要求”的政策措施鼓励当地风力发电行业的发展。[2] 西班牙的几个自治区政府也一直实施在当地组装和制造风电涡轮机和零部件的政策。[3] 巴西的 PROINFA 计划旨在通过向巴西的风电技术提供项目贷款来实现风电技术的60%的本地成分要求。[4] 印度国家太阳能光伏计划还要求强制使用国产太阳能光伏技术，并实施30%的本地成分要求的政策。[5]

我国同样鼓励可再生能源的产业发展，并把研发支持、技术认证和质量控制计划与各种财税支持或其他税收优惠政策相结合。通过科技发展计划和五年发展规划，系统性地支持可再生能源产业成为战略性国家重点发展方向。中国的能源政策在世界上举足轻重，因为中国是世界上最大的能源消费国，占全球能源消费总量的1/5。到2030年，预计中国的能源消费量将在目前的水平上再提高40%，中国能源利用方式的选择将对世界遏制气候变化的能力产生不可忽视的影响。IRENA（The International Renewable Energy Agency）利用中国可再生能源中心（CNREC）的各项预测计算出，按照常规发展速度，现代可再生能源（不包括生物质能的传统用途）在中国的能源结构中的比重将从目前的约7%提高到2030年的16%。按照 Remap 2030 年路线图，在合理政策的扶持下，利用已有的技术，这一比重将会达到26%。这将使中国成为世界上最大的可再生能源利用国，占全球可再生能源使用量的20%。水电、风电、太阳能光伏发电、太阳能热利用和现代生物质能将成为中国最

---

〔1〕“Danish Energy Agreement for 2012 - 2020”, available at http://www.ens.dk/sites/ens.dk/files/dokumenter/publikationer/downloads/accelerating_ green_ energy_ towards_ 2020.pdf.

〔2〕李威：“日本诉加拿大可再生能源产业措施案预判”，载《世界贸易组织动态与研究》2013年第5期。

〔3〕De Miguel Ichaso, Alberto, Energía Hidroélectrica de Navarra, S. A.（EHN），“Wind Power Development in Spain, the Model of Navarra”, *Dewi. Magazin*, 2000（8）：49-54.

〔4〕IRENA, 30 Years of Policies for Wind Energy: Lessons from Brazil, 2013.

〔5〕Ministry of New & Renewable Energy of India, Jawaharlal Nehru National Solar Mission, Phase Ⅱ-Policy Document, 2010.

主要的可再生能源。[1]

中国《可再生能源法》自2006年正式生效以来，政府相关部门颁布了一系列有关可再生能源的经济激励政策。中国可再生能源补贴机制已经基本形成，补贴政策已成为中国可再生能源产业发展最重要的推动力。目前，发电是可再生能源最主要的利用形式，因此固定电价政策是可再生能源产品补贴的代表，国内外经验表明固定电价对近年来全球各类可再生能源发电技术规模化发展起到关键促进作用。投资补贴可以针对性地对可再生能源产业发展所必需的关键技术和薄弱环节进行重点支持，但并不能有效地激励企业在生产过程中自主降低成本，因此，针对成熟的技术和进入商业化竞争的市场，应慎重应用投资补贴，从直接投资补贴向基于市场激励的产品补贴方向的过渡应该是可再生能源补贴政策体系不断完善的趋势。所得税和增值税减免等税收优惠政策相当程度地减轻了可再生能源发电项目的经营成本，改善了项目的经济性。公益事业投资是解决贫困地区能源服务问题的重要手段，主要做法是由政府财政资金的持续投入，解决无电地区人口用电。在我国现行可再生能源补贴政策框架下，以风力发电、太阳能发电、生物质能发电固定电价为主线，以设备、金太阳工程、非粮能源作物补贴等投资补贴形式在产业发展之初给予支持，财税优惠辅助企业经营，以及以农村公用事业财政补贴的补贴政策体系已经基本形成。[2]

（三）形式和内容：各国可再生能源政策的表现

在维护自由贸易的以WTO为核心的国际贸易法的视角下，国内可再生能源产业的扶持措施难免会被认为是贸易保护主义的产业政策和某些政府补贴，对国际贸易法的原则规则构成最直接的冲突。世界各国普遍采取的支持可再生能源产业发展的最常见的政策包括以补贴电价或财政资金补贴的形式表现出来的直接补贴，包含本地成分要求的间接补贴等。被各国频繁使用的本地成分要求（Local Content Requirements，LCR）旨在鼓励使用本国的可再

---

〔1〕“可再生能源法2030路线图——中国的发展前景”，载国际可再生能源署网，https://www.irena.org/remap/IRENA_ REmap_ 2030_ China_ Summary_ CH_ 2014.pdf.

〔2〕国家发改委能源研究所可再生能源发展中心编：《新形势下可再生能源补贴政策研究-能源基金会中国可持续能源项目研究报告》，2012年。

生能源技术的产品和服务。鼓励国内制造和技术转让的政策可能会对国际贸易法产生特别的影响。[1]

表1　采取可再生能源产业扶持措施的国家[2]

扶持政策	有关国家
以固定电价回购政策 FiT（Feed－in－tariff）为代表的产品补贴	中国、英国、意大利、日本、澳大利亚、法国、德国、加拿大、奥地利、丹麦、芬兰、荷兰、葡萄牙、爱尔兰、希腊、匈牙利、以色列、卢森堡、印度、印度尼西亚、马来西亚、克罗地亚、塞浦路斯、捷克共和国、爱沙尼亚、马耳他、斯洛伐克、斯洛文尼亚、阿尔及利亚、阿根廷、波黑、保加利亚、多米尼加共和国、厄瓜多尔、伊朗、约旦、哈萨克斯坦、拉脱维亚、立陶宛、马其顿、毛里求斯、黑山、巴拿马、秘鲁、塞尔维亚、泰国、土耳其、乌拉圭、亚美尼亚、加纳、洪都拉斯、莱索托、摩尔多瓦、蒙古、尼加拉瓜、巴基斯坦、巴勒斯坦、菲律宾、塞内加尔、斯里兰卡、叙利亚、乌克兰、肯尼亚、卢旺达、塔吉克斯坦
直接财政资助	英国、美国、中国、法国、德国、日本、澳大利亚、奥地利、加拿大、意大利、丹麦、芬兰、瑞典、荷兰、挪威、瑞士、印度、印度尼西亚、波兰、葡萄牙、西班牙、阿根廷、克罗地亚、塞浦路斯、捷克共和国、希腊、匈牙利、卢森堡、马耳他、阿曼、斯洛伐克、斯洛文尼亚、波黑、博茨瓦纳、保加利亚、智利、多米尼加共和国、俄罗斯、土耳其、乌拉圭、埃及、加纳、莱索托、尼日利亚、斯里兰卡、越南、孟加拉国、吉尔吉斯斯坦、尼泊尔、坦桑尼亚、乌干达、赞比亚
本地成分要求	美国、中国、巴西、印度、加拿大、西班牙、意大利、法国、乌克兰、克罗地亚、南非、阿根廷、马来西亚
本地制造业的财政或税收优惠	美国、英国、巴西
关税优惠	中国、巴西、俄罗斯、白俄罗斯、哈萨克斯坦、委内瑞拉
出口信贷优惠	丹麦、美国、OECD 成员

〔1〕 ICTSD International Centre for Trade and Sustainable Development, *Feed-in Tariffs for Renewable Energy and WTO Subsidy Rules: An Initial Legal Review*, 2011.

〔2〕 Joanna I. Lewis, R. H. Wiser, "Fostering a Renewable Energy Technology Industry: An International Comparison of Wind Industry Policy Support Mechanisms", *Energy Policy*, 35 (3): 1844－1857. REN21 Secretariat, Renewables Global Status Report. 2013.

续表

扶持政策	有关国家
以研发支持为代表的投资补贴	中国、美国、丹麦、德国

二、可再生能源产业政策与贸易的相互影响

从气候变化全球治理的角度来看，上述可再生能源的扶持政策都可以称为“绿色气候补贴”。依据《联合国气候变化框架公约》规则体系和《巴黎协定》的自主贡献承诺，各主要温室气体排放国政府都会为了落实义务或者承诺而采取一系列针对减缓气候变化的补贴政策。同时，这些政策必须借助贸易才能在全球化的背景下实施。然而，气候与贸易专题自主的制度规则冲突为这一本该相互促进的政策带来了巨大的影响。

（一）扭曲、侵害与合理适用：可再生能源政策与贸易的关系

这些政策实施前可以促使各国首先减少化石燃料电力生产部门的现有补贴。例如，经合组织国家取消煤炭生产补贴以及消除发展中国家煤炭市场的扭曲，可将全球温室气体排放量减少8%。[1] 各国政府可以选择提供补贴和其他扶持措施来减少排放并推进开发和采用新的“气候友好型货物和服务”或“清洁能源技术”。可再生能源支持政策大体可以分为两类：一是需求拉动型政策工具，如碳排放交易机制、可再生能源投资组合标准和上网电价；二是技术推动型政策工具，其包括研发、投资和特殊融资激励。[2] 需求拉动型政策工具可以促进可再生能源的电力生产，而技术推动型政策工具则旨在支持相应技术的（如光伏电池板、风力涡轮机）的推广应用。

贸易则是上述两类政策工具的关键联系要素。一般来说，拉动型政策工具通过扶持可再生能源电力生产必然扭曲国际贸易，而推动型政策工具虽然不会危害自由贸易体系但对直接减缓温室气体排放效率不高。因此，这两种

---

〔1〕 David Coady, Ian W. H. Parry, Louis Sears, and Baoping Shang, “How Large are Global Energy Subsidies?”, *International Monetary Fund Working Paper*, No. 15/105, May 18, 2015.

〔2〕 Barker, Terry, Douglas Crawford-Brown, eds., *Decarburizing the World's Economy: Assessing the Feasibility of Policies to Reduce Greenhouse Gas Emissions*, World Scientific, 2014.

方法的均衡组合是有效实施国内可再生能源政策的必要条件，以避免在国际贸易中产生重大扭曲。可再生能源支持政策对国际贸易的影响存在三个不同的意见：一是从可再生能源补贴的角度来看，任何可再生能源补贴都将“反扭曲”（anti-distortion）观点赋予全球正面外部效应，认为补贴对生产成本产生的资源配置层面的改变会降低国际福利。第二种可能更令人信服的观点是“反侵害”（anti-injury），这一观点被 WTO《补贴和反补贴措施协定》所遵循。第三种观点则认为，基于补贴的有效性，国内政府可以在一定范围内合理适用。[1] 然而，有国家认为在国际贸易中受到这种补贴的损害可以采取反制措施。理论上讲，如果国家可再生能源支持政策的积极影响不超过这些政策的外部负面影响的条件，那么基于补贴的可再生能源政策是可以实施的。[2]

（二）创新开启：可再生能源争端之于国际贸易法

当前，气候变化框架下国际贸易法的创新议题已经不仅仅是规则之间的交叉与协调的问题了，相关实体法规则的相容性和相符性问题已经直接以争端解决程序的方式体现了出来。近年来，在 WTO 框架下提起的涉及中国的有关可再生能源贸易的争端案件越来越多。在应对气候变化的国际法和世贸组织法的综合视角下研究中国的应对策略，针对以“各国可再生能源产业措施争端”为代表的贸易争端案件研究，可以梳理气候与贸易国际法在争端解决层面上的深层次问题，为大量涉及我国的已发生和可能发生的案例设计应对策略。

世贸组织涉及环境问题的案件自 2000 年以来沉寂了近十年后又开始不断爆发。从 WTO 体制外的国际政治经济关系以及以应对气候变化为核心的国际环境法的发展变化来看，各方在多边环境机制下遵约机制和争端解决机制的缺失，导致各方只能重新回归多边贸易机制解决因环保责任而涉及的贸易问题。目前，WTO 已经开始密集受理有关可再生能源贸易的争端案件。

---

〔1〕 Cottier, Thomas, and Ilaria Espa, eds., *International Trade in Sustainable Electricity: Regulatory Challenges in International Economic Law*, Cambridge University Press, 2017.

〔2〕 ICTSD, Subsidies, Clean Energy, and Climate Change, International Centre for Trade and Sustainable Development and World Economic Forum, 2015.

各大国纷纷在 WTO 框架下提起有关贸易争端解决程序：2011 年，中美相互展开可再生能源产业措施的贸易壁垒调查；2012 年至今，中欧围绕光伏产品的双反调查案达成和解。上述案例中我国相关政府部门和企业都需要及时研究相关案件进展，提出分层次、有步骤的应对策略。同时，充分利用世贸组织规则和应对气候变化的国际法规则，维护国家、行业和企业贸易利益的同时，调整国家可持续发展战略，协调低碳发展与促进经贸利益的关系。

当前，减排温室气体仍然是《公约》规则体系下的国际法义务，即便是 2016 年 11 月 4 日生效的《巴黎协定》确认了自主贡献而非强制减排的义务也不例外。因为自主贡献也有监督机制和遵约机制。同时，在国际关系影响下的国际事务越发呈现出“全球化”（globalization）的特性，国际集体行动应对重大事件不但是国际关系理论研究的重点问题，〔1〕也成为国际法研究前瞻性问题的关键。“法律全球化”〔2〕不但促使规范不同领域的国际法规则的数量极其壮大，进而推动了国际法与国内法规范界限的模糊化。〔3〕国际集体行动应对气候变化的本质没有变，只是义务履行方式发生了变化而已。同时，各缔约方（特别是发达国家）普遍通过国内气候立法促进本国低碳经济的发展。以应对气候变化为名实施的贸易限制政策虽符合气候变化国际法下的履约义务，但与世贸组织法存在某些直接或间接的冲突，使得各国气候立法下的包括“可再生能源产业措施”在内的国内措施成为不同国际法规则共同调整的对象。在国际法缺乏完整体系的现状下，不同的部门国际法对同一议题的国际法适用问题，成为 WTO 裁决进程中需首要解决的关键理论问题。

---

〔1〕 20 世纪 90 年代中期以来，全球化成为西方国际关系研究中的重点问题。例如詹姆斯·罗斯诺的“全球化动力说”、塞约姆·布朗的“世界政体沦”、托马斯·弗里德曼的“全球化体系论”、肯尼思·华尔兹的“全球化政治理论”、罗伯特·基欧汉和约瑟夫·奈的“全球化比较观”、詹姆斯·密特曼的“全球化综合观”等。参见倪世雄等：《当代西方国际关系理论》，复旦大学出版社 2001 年版。

〔2〕 车丕照：“法律全球化——是现实？还是幻想？”，载陈安主编：《国经济法论丛》（第 4 卷），法律出版社 2001 年版，第 30~40 页。

〔3〕 Nandasiri Jasentuliyana, ed., *Perspectives on International Law*, Martinus Nijhoff Publishers, 1995.

三、可再生能源产业措施在 WTO 下的争端与应对

2007 年以来，WTO 密集出现了涉及可再生能源产业措施的争端，特别是 2010 日本针对加拿大的可再生能源产业措施提起争端解决程序以来，WTO/DSB 通过裁决的方式进行规则解释性的司法造法。这一过程为全面掌握有关司法造法的规律，也为后巴黎时代谋划气候与贸易争端的解决机制奠定了研究框架。相关争端各案基本上都是先通过国内双反调查措施的实施，进而引发在 DSB 进行磋商、组成专家小组和上诉机构。研究总结相关案件在这一过程中的各方博弈策略的异同和规律，可以为涉及我国的争端（特别是中美和中欧争端）梳理符合国际法规则以及 WTO 程序的应对方案。通过国际法不成体系现状的研究，针对应对气候变化为核心的国际环境法和以促进自由贸易为核心的 WTO 法的议题交叉现象，研究气候与贸易国际法的法律适用问题，可以为 WTO 针对可再生能源产业措施的贸易争端明确可予遵循的国际法规则。

（一）调查与争端：间或涌现的气候与贸易纠纷

2007 年至今，WTO 出现大量涉及可再生能源产业的争端，即同时涉及气候与贸易问题，密集程度令人窒息。这些争端大多以国内双反调查和提起争端解决机制的形式间或存在，共涉及 16 项争端案件和引发争端的国内调查措施，其中几个争端的裁决完成了重大的司法造法程序，列表如下：

表 2　2007~2017 有关可再生能源的国内措施与 DSB 争端

调查或争端	简　　介	时　间
争端 DS357	加拿大对美国用于生产乙醇的玉米的特定农业补贴和国内支持计划提起争端解决程序	2007. 1
争端 DS365	巴西针对美国生物汽油和柴油提供的税收减免提起争端解决程序	2007. 7
调　查	欧盟根据 WTO《SCM 协定》第 5 部分所规定的反补贴措施，向美国公司进口的生物柴油征收为期 5 年的最终反补贴税	2009. 7
争端 DS412	日本针对加拿大的可再生能源产业措施提起争端解决程序	2010. 9

续表

调查或争端	简　　介	时　间
争端 DS419	美国针对中国风能设备的措施提起争端解决程序	2010.12
争端 DS426	欧盟继日本之后向加拿大单独提起有关 FIT 措施的争端解决程序	2011.8
调　查	美国商务部正式发起针对中国输美太阳能电池产品的反倾销、反补贴调查	2011.11
调　查	我国对美国可再生能源扶持政策及补贴措施启动贸易壁垒调查〔1〕	2011.11
调　查	欧盟正式启动对华光伏产品反补贴调查并于 2013 年 6 月开始征收临时反倾销税	2012
争端 DS437	中国针对美国关于特定产品的反补贴措施提起争端解决程序〔2〕	2012.5
调　查	欧盟启动对华光伏产品反补贴调查并于 2013 年 6 月开始征收临时反倾销税〔3〕	2012
调　查	欧盟于 2012 年对原产于阿根廷的生物质柴油发起反倾销调查并征收反倾销税	2012
争端 DS452	我国针对欧盟提起影响可再生能源部门的某些措施的争端解决程序〔4〕	2012.11

〔1〕 调查机关认为，美国华盛顿州“可再生能源生产鼓励专案”、俄亥俄州“风力生产和制造鼓励专案”、新泽西州“可再生能源鼓励专案”、新泽西州“可再生能源制造鼓励专案”、马萨诸塞州“州立太阳能返款项目Ⅱ”、加利福尼亚州“自发电鼓励专案”等被调查措施构成世界贸易组织《补贴与反补贴措施协定》第 3 条的禁止性补贴，违反了世界贸易组织 SCM 协定第 3 条和 GATT1994 第 3 条的有关规定，对正常国际贸易造成扭曲。参见商务部网站。

〔2〕 中美关于特定产品的反补贴措施案（DS437：United States-Countervailing Duty Measures on Certain Products from China-Request for Consultations by China），是涉及美国针对中国太阳能板、风力发电机塔等 17 项产品进行反补贴税措施调查涉嫌违反世贸组织 SCM 协定的 WTO/DSB 争端案件。

〔3〕 欧盟委员会于 2012 年 9 月发起了对中国太阳能电池板的反倾销调查。2013 年 7 月 27 日，中国光伏产业代表与欧委会就中国输欧光伏产品贸易争端达成价格承诺。2017 年 2 月 28 日，欧盟法院（CJUE）裁定支持欧盟成员国可以对进入欧盟的中国光伏产品实施“全体”反倾销和反补贴措施。

〔4〕 European Union and Certain Member States-Certain Measures Affecting the Renewable Energy Generation Sector-Request for consultations by China，WT/DS452/1，G/SCM/D95/1，G/TRIMS/D/34，G/L/1008，2012/11/7. 该案于 2012 年 11 月 5 日，我国要求就欧盟成员国的上网电价计划影响可再生能源发电部门的某些措施与欧盟、希腊和意大利磋商。我国声称这些措施与以下不符：GATT 第 1、3.1、3.4、3.5 条；SCM 协议第 3.1（b）和 3.2 条；TRIMs 协议第 2.1、2.2 条。2012 年 11 月 16 日，日本要求加入磋商。2012 年 11 月 19 日，澳大利亚和阿根廷要求加入协商。随后，欧盟通知了 DSB，她已经接受了日本加入磋商的要求。该案停留在磋商阶段。

续表

调查或争端	简　　介	时　间
争端 DS443	阿根廷针对欧盟及一成员国有关进口生物质柴油措施提起争端解决程序〔1〕	2012. 8
争端 DS456	美国针对印度可再生能源措施提起争端解决程序〔2〕	2013. 2
争端 DS459	阿根廷诉欧盟生物柴油进口和销售措施及支持生物柴油工业的措施〔3〕	2013. 5
争端 DS471	中国针对美国涉及中国的反倾销诉讼的某些方法及其应用提起争端解决程序〔4〕	2013. 12
争端 DS473	阿根廷针对欧盟生物柴油的反倾销措施提起争端解决程序〔5〕	2013. 12
调　查	美国发起对中国可再生能源产品的双反调查并裁决征税〔6〕	2014. 1

〔1〕 2012 年 8 月 17 日，阿根廷请求与欧盟和西班牙就影响生物质柴油进口的特定措施进行磋商。2012 年 12 月 6 日，阿根廷请求设立专家小组。该案至今尚无进展。阿根廷进而于 2013 年改变诉称内容再次向 DSB 提起争端解决程序。

〔2〕 2013 年 2 月 6 日，美国针对印度尼赫鲁国家太阳能计划（Jawaharlal Nehru National Solar Mission, JNNSM）中涉及“国内成分要求”（domestic content requirements）的某些措施，要求与印度政府进行磋商。2016 年专家小组和上诉机构裁决，2017 年底履行完裁决义务。

〔3〕 该案基于欧盟于 2012 年发起的针对阿根廷的生物质柴油的反倾销调查，该案止步于磋商程序，因为阿根廷 2013 年底向 WTO 提起了另一起诉讼——DS473。

〔4〕 中美关于反倾销过程中某些特定方法及其应用案（DS471：United States-Certain Methodologies and their Application to Anti-Dumping Proceedings Involving China）中打包诉请的 13 项反倾销措施中美国针对太阳能电池产品征收从 31.14%～249.96%的反倾销税。该案于 2016 年上诉机构作出裁决，中方胜诉。2013 年 12 月 3 日，中国就美国在对中国反倾销调查程序中适用的部分做法向 WTO 争端解决机构提起诉讼（DS471），该案涉及美国商务部对自中国进口的包括晶体硅光伏电池在内的反倾销调查。2017 年 5 月 DSB 通过了上诉机构的报告修改的上诉机构报告和小组报告。

〔5〕 该案 2016 年发布专家小组和上诉机构裁决报告。2017 年 8 月达成履行裁决的最后文件。DS443 和 DS459 均无进展，而 DS473 历经 5 年，经专家小组和上诉机构裁定欧盟基本败诉，有关执行程序本来预计在 2017 年 9 月 28 日结束，是否引发阿根廷贸易报复措施，取决于欧盟是否在规定时间内修改有关措施。然而，欧盟在这一时间范围内并未实质性修改有关措施来执行争端解决机制的裁决。虽然本案专家组和上诉机构在本案判决中均支持阿根廷对欧盟法律适用错误的指控，但是上诉机构驳回其对欧盟相关法律条文本身违反 WTO 规则的指控，这种“治标不治本”的裁决将可能对 WTO 争端解决机制的司法效率产生不利的影响，因为这一裁决会为 WTO 招致没完没了的争端。

〔6〕 2014 年 1 月 22 日，ITC 和 ITA 开始调查诉称中国政府通过 33 个项目向中国晶体硅光伏制造商提供的非公平补贴，以及中国和台湾地区晶体硅光伏制造商以低于市场价格进行的非公平倾销。美国时间 2014 年 12 月 16 日，ITA 公布了对中国晶体硅光伏产品反倾销、反补贴和对台湾光伏产品反倾销的肯定性终裁。

续表

调查或争端	简　　介	时　间
调　查	印度商业部对中国、美国、马来西亚及台湾地区提起太阳能电池反倾销调查〔1〕	2014. 5
调　查	澳大利亚反倾销委员会公告决定对中国进口的光伏组件和面板发起反倾销调查	2014. 5
争端 DS480	印尼针对欧盟生物柴油反倾销税提起争端解决程序〔2〕	2014. 6
争端 DS510	印度针对美国可再生能源部门的某些措施提起争端解决程序〔3〕	2016. 9
调　查	美国商务部决定对进口自中国的光伏产品启动反补贴第四次行政复审调查〔4〕	2017. 2
调　查	美国 ITC 发布公告，称应国内光伏企业 Suniva 申请，对全球光伏电池及组件发起保障措施调查（“201”调查）〔5〕	2017. 5
争端 DS397	中国针对欧盟钢铁紧固件反倾销措施案〔6〕	2009. 8
争端 DS515	中国针对美国的与价格比较方法有关的措施案〔7〕	2016. 12

〔1〕 截至 2014 年 8 月 22 日，反倾销调查执行期 3 个月期限已满，印度政府却决定不对上述成员征收反倾销税。

〔2〕 2014 年 6 月 12 日，印度尼西亚已经步阿根廷后尘，就欧盟 2013 年 5 月份以来对印尼生物柴油征收反倾销关税的做法提出申诉，称欧盟的做法违反了国际贸易规则。DS480 因为 2017 年 7 月 11 日，专家小组主席告知 DSB，由于原告方要求在等待欧盟-生物柴油（阿根廷）（DS473）案发布“上诉机构报告”时暂停程序，该小组的工作随后被推迟。鉴于此，专家组最终在 2018 年 1 月 25 日向各方发布其最终报告。

〔3〕 2016 年 9 月 9 日，印度在世贸争端解决机制下，就美国 8 个州在可再生能源领域实施的国内含量要求和补贴措施提出磋商请求，正式启动世贸争端解决程序。Certain Measures Relating to the Renewable Energy Sector-Request for Consultations by India, WT/DS510/1.

〔4〕 2017 年 7 月 12 日，美国商务部就对华光伏产品第三次反补贴行政复审作出终裁。中国企业被裁定 17.14%～18.3%的反补贴税率。这是美国商务部在 2011 年对中国光伏产品发起“双反”调查后，第四次对同类产品发起相关调查并作出裁决。

〔5〕 公告称由于案情复杂，将延期至 30 天至 9 月 22 日作出损害认定，并在 11 月 22 日前向总统特朗普提交调查报告。

〔6〕 我国也积极利用 WTO 争端解决机制对欧美滥用替代国价格的行为提起争诉。其中一个重要的案例取得了巨大的胜利。这个案例就是 2009 年提起的历经 7 年案号为 DS397 的中国诉欧盟钢铁紧固件反倾销措施案（European Communities-Definitive Anti-Dumping Measures on Certain Iron or Steel Fasteners from China）。

〔7〕 美国——与价格比较方法有关的措施案（United States-Measures Related to Price Comparison Methodologies）中，中国要求美国就其法律中规定的涉及中国的所谓“非市场经济”国家的有关产品的反倾销程序中的正常价值相关的规定进行磋商。

续表

调查或争端	简　　介	时　间
争端 DS516	中国针对欧盟的与价格比较方法有关的措施案[1]	2016. 12

注：案件源自 WTO 争端解决机制 DSB 网站。以上 DS397/DS515/DS516 涉及市场经济地位和替代价格，与我国可再生能源产品受到欧美不公平待遇的问题密切相关，因此列入有关争端范围内。

（二）对内与对外：我国应对战略的积极调整

由于我国是可再生能源产业大国，在风能和太阳能领域的上述争端又多涉及我国的相关产业以及政府政策和法律，为维护我国可再生能源产业的健康发展和促进以“节能减排”为核心的国家低碳发展战略的落实，需要全面研究应对气候变化的国际法和维护自由贸易的国际法规则的体系协调问题，进而提出我国的应对策略。我国的应对策略包括调整国内政策和积极运用国际规则两个层面：

首先，在国内政策调整层面，我国尚缺乏统筹兼顾的政策安排，多因政治动向的随意性而改变产业政策，使相关产业面临被动。例如，中美风能案中中方随即废止了相关的行政法规，虽然避免了将争端带入进一步的解决程序，但没有给我国在规则范围内深入研究这一问题留下时间和空间，使得美国针对我国相关太阳能产业的双反调查接踵而来。为避免争端，2012 年我国《政府工作报告》甚至提出要主动限制我国已经占有很大优势的太阳能、风电产业，不但损害了本国产业，也未必能减少外国针对我国产业提起的贸易争端。

其次，在运用国际规则层面，我国正逐步摆脱被动挨打的局面，积极利用 WTO 规则维护自身权益。例如，我国商务部对美国可再生能源产业政策启动贸易壁垒调查，以抵消美国利用国内法损害我国产业利益的影响。又如，中方在相关争端伊始，即提出保留在世贸组织规则框架内采取相应措施的权利，同时呼吁世界各国通过更紧密的合作理性地处理绿色经济领域贸易

---

[1] 欧盟——与价格比较方法有关的措施案（United States-Measures Related to Price Comparison Methodologies）中，中国提出同样的理由要求与欧盟磋商。

摩擦，从长远角度促进全球绿色经济增长。以美国和印度之间相互提起的可再生能源产业措施的争端为例，DS456 案从 2013 年到 2017 年底历时 5 年走完 WTO/DSB 全部程序。本案我国积极以第三方身份介入争端。2016 年印度诉美国的 DS510 案针对的美国 8 个州可再生能源扶持政策又恰恰是我国曾展开双反调查的对象。我国同样建立了庞大的可再生能源扶持法律和政策，积极参与 DSB 可再生能源争端案件的进程，对我国国际贸易政策的调整和应对都有重大意义。

（三）应对策略：我国应对策略的分层选择

中国壮大的经济增长产生了消极的外部性，即极大的环境破坏问题。[1] 2006 年，中国成为世界上最大的温室气体排放国。[2] 中国政府为履行国际减排承诺加大可再生能源的开发利用，预计可再生能源在 2020 年达到 15%。[3] 当前，中国的可再生能源投资已经全面处于世界领先地位。[4] 例如，中国制造的廉价太阳能电池板大大降低了全球价格，并引发了太阳能行业的繁荣，甚至影响了美国的光伏生产商的利益。[5] 在美国的许多观察家看来，华盛顿与北京已经展开“绿色能源竞赛”。使用冷战时苏联和美国之间“太空竞赛”的说法来形容中美可再生能源领域的竞争，显然是担忧中国将主宰全球可再生能源和绿色科技市场进而可能会伤害美国企业的竞争力。甚至有人担忧这会对美国国家经济安全造成严重后果。[6] 因此，美国以利己的保护主义政策在可持续发展领域与中国展开竞争就不足为奇了。在可持续

---

〔1〕 Gwynne Wiatrowski Guzzeau, “Indoor Air Pollution: Energy Problems in China's Residential Sector”, *Georgetown Environmental Law Review*, 1998 (11): 439.

〔2〕 Kniekerbocker Brad, “China Now World's Biggest Greenhouse Gas Emitter”, *Christian Science Monitor*, 2007.

〔3〕 Joel B. Eisen, “China's Greentech Programs and the USTR Investigation”, *McGill International Journal of Sustainable Development Law and Policy*, 2010 (11): 3.

〔4〕 2017 全球可再生能源现状报告，REN21 Website [2012-03-06]，载 http://www.ren21.net/wp-content/uploads/2017/06/GSR2017_ Highlights_ Chinese.pdf.

〔5〕 Zachary Scott Simmons, “Subsidizing Solar: The Case for an Environmental Goods and Services Carve-out from the Global Subsidies Regime”, *UCLA Journal of Environmental Law and Policy*, 2014 (32): 422.

〔6〕 Joel B. Eisen, “The New Energy Geopolitics: China, Renewable Energy, and the Greentech Race”, *Chicago-Kent Law Review*, 2011, 86 (9): 9-58.

发展与低碳转型乃至履行《巴黎协定》自主贡献承诺的基础上，我国的应对策略应当分层设计。

首先，各国国内为“内化”温室气体减排成本，为排放设置了相应的价格机制等国内措施。这种内化机制包括对温室气体排放征税和排放交易制度。一般来说，上述国内政策会改变用于贸易货物的相对价格，并可能影响到国际贸易条件。然而，因为不同国家是否实施上述内化机制和实施的程度不同，他们之间的碳价格水平必然存在差距，“碳泄漏”随之产生。在此背景下，决策者可以通过诸如“碳税和能源税的边境税调整”、“排放贸易的边境调整措施”甚至“进口限制和惩罚性关税措施”、“反补贴税和反倾销税措施”来制衡因一国采取碳税或排放贸易而增加的成本所带来的与别国产品的价格差异的可能性，即通过“边境措施”解决“碳泄漏问题”。对我国来讲，一味地补贴绝不是长久之计，综合碳税和碳交易的政策交叉，拓展市场化减排手段是间接鼓励可再生能源产业发展并不违反 WTO 多边贸易纪律的政策选择。

其次，以政府财政支持的经济激励手段促进推广并利用新的气候友好型技术和可再生能源，已成为常见的减缓气候变化的政策措施。从国际贸易角度来看，这些政策降低了生产成本，从而降低产品价格。反过来，较低的价格可能会减弱出口国进入实施补贴国家的市场的能力，或可能导致实施补贴国家增加出口。此外，一些国家可能为国内高能耗产业提供补贴，以抵消应用减排技术而增加的成本从而保持其国际竞争力，这就产生了国内减排政策与世贸组织规则不相符的问题。从理论上讲，开发利用更便宜和更广泛使用的环境产品，诸如风力涡轮机等有助于过渡到温室气体排放较少的能源产品，是一个积极的政策选择。国际社会正在面临气候危机，普遍认为清洁能源的广泛采用是解决这一危机的基本要素。政府对环保产品的补贴在全球应对气候变化的框架下的确是合适的政策选择。他们解决了高碳能源的社会成本高于私人成本的问题。通过推动碳排放的转变，清洁能源补贴促进了污染减排的目标。[1] 然而，各国国际贸易层面对补贴的回应是直接否定的，因

---

〔1〕 鉴于主要经济体对化石能源产品征收碳税在政治上不可行性的考虑，更多的政策选择倾向于对可再生能源产品实施补贴。

为这直接违反了 WTO 规则，会引发贸易争端。[1] 美国、欧盟和中国通过国内调查程序甚至 DSB 对包括太阳能电池板、风力涡轮机和生物燃料在内的环境产品的补贴问题产生了交错性的博弈。[2] 特别是欧盟对中国环境商品和美国生物柴油征收特别高的反倾销税（AD）和反补贴税（CVD）。美国也正在对中国的环保产品施加高的反倾销税和反补贴税。此外，中国也对美国、欧盟和韩国的环境商品进行反补贴调查。国内贸易救济措施在环境商品方面的应用提高了主要市场消费者的国内价格，使这些商品的未来市场不确定，可能导致可再生能源投资趋缓。各国正在通过 WTO 的相关措施为环境商品贸易自由化作出一些多边努力，但这些努力并没有得到大国的推动。直到 2017 年，各大国甚至还不能就环境商品的定义达成共识，环境友好型商品的清单谈判更是举步维艰。此外，目前的 WTO 协定没有一项豁免环境商品免受国内贸易救济（AD/CVD /保障措施）的影响的规定。虽然 SCM 协议曾经试图就环保产品作出例外规定，但也无法达到多边共识。

由于 WTO 在多边政治上通过新协议的可能性几乎为零，通过 WTO 专家小组和上诉机构进行司法造法的捷径将有利于环境商品贸易自由化的发展。[3] 这包括要求专家小组和上诉机构通过案件裁决为各成员提供广泛的灵活性，在 GATT 第 20 条和 SCM 协议下采用亲环境的政策等。[4] 专家小组和上诉机构通过案件裁决将能够起到限制世贸组织成员将国内贸易救济措施应用于可再生能源争端的作用。[5] 因此，利用 WTO 进行逐案的司法造法将

---

〔1〕 Trade Remedies on Clean Energy, A New Trend in Need of Multilateral Initiatives, ICTSD Website [2017-03-06], available at https://www.ictsd.org/sites/default/files/research/E15_ CleanEnergy_ Kasteng_ FINAL.pdf.

〔2〕 Joanna I. Lewis, "The Rise of Renewable Energy Protectionism: Emerging Trade Conflicts and Implications for Low Carbon Development", *Global Environmental Politics*, 2014, 14 (4): 10-35.

〔3〕 Aaron Cosbey and Petros C. Mavroidis, "A Turquoise Mess: Green Subsidies, Blue Industrial Policy and Renewable Energy: The Case for Redrafting the Subsidies Agreement of the WTO", *Journal of International Economic Law*, 2014, 17 (1): 11-47.

〔4〕 Securing Policy Space for Clean Energy under the SCM Agreement: Alternative Approaches, ICTSD Website [2017-03-05], available at https://www.ictsd.org/sites/default/files/research/E15_ CleanEnergy_ Howse_ FINAL.pdf 2014.

〔5〕 Zhe Chen, "Research on Application of General Agreement on Trade in Services in Climate Change Mitigation Policies", *International Journal of Science*, 2017, 4 (7): 300-307.

是一种解决可再生能源产业争端的常态。

第三，经由 WTO 裁决的案件会不断涌现新情况，需要我国政府积极研究未来的应对措施。措施例如，中美关于特定产品的反补贴措施案（DS437）是涉及美国针对中国太阳能板、风力发电机塔等 17 项产品进行反补贴税措施调查涉嫌违反 SCM 协定的 WTO 争端案件。美国学者曾撰文分析利用美国反补贴税措施适用于“非市场经济国家”的问题，甚至明确指向中国。言称即便美国承认中国的市场经济地位，也应当加强利用反补贴税应对中国进口的产品的所谓补贴。[1] 美国政府实际上就是将反补贴措施的政策施加于“非市场经济国家”，改变了以往只重视利用反倾销措施的先例。此案的重要性在于，我国在《入世议定书》第 15 条规定的“非市场经济地位”到期后（也就是 2016 年 12 月 11 日后），美国将持续利用反补贴税措施，对我国产品实施实质性歧视政策。欧盟也在相关争端案件中开始鼓励今后更多地适用反补贴税措施对我国产品实施歧视政策。2016 年 10 月 6 日，世贸组织上诉机构就阿根廷诉欧盟生物柴油反倾销措施案（Argentina v. EU Biodiesel Anti-dumping Measures）作出裁决，裁定欧盟未以生产者保存的记录为基础计算被调查产品的成本、未使用原产国（阿根廷）的生产成本构造正常价值，违反了《反倾销协定》的相关规定。世贸组织的裁决进一步澄清了《反倾销协定》关于构造正常价值、确定倾销的相关规则，也与中方作为第三方在该案中的主张完全一致。中方对该裁决表示赞成。本案是世贸组织成员首次对《欧盟反倾销法》中有关“成本调整”政策取得的关键性胜利。剖析该案的核心即是欧盟在特殊市场情况下，不使用出口国生产商提供的实际原材料采购成本，而使用第三国价格来替代从而进行“成本调整”后进而征收反倾销税。欧盟的败诉对中国有实际意义。因为中国被欧美长期视为“非市场经济国家”，其反倾销调查机构滥用所谓“替代国价格”方法，随意确定中国出口企业产品的正常价值，从而实现征收高额反倾销税的目的。

〔1〕 Lynam Garrett, “Using WTO Countervailing Duty Law to Combat Illegally Subsidized Chinese Enterprises Operating in a Nonmarket-Economy: Deciphering the Writing on the Wall”, *Case Western Reserve Journal of International Law*, 2009, 42: 739.

中国作为第三方积极参与了此案，并提出自己的意见。2016 年 12 月 12 日，中国政府为了一劳永逸地解决替代价格问题，在美欧拒绝遵照中国《入世议定书》承认中国市场经济地位的情况下，向 WTO 争端解决机制分别针对美国和欧盟提起争诉。我国未来将会在 WTO 争端解决机制内最大限度地维护自身的贸易权益，争取逐案地解决欧美国家对我国实质上的贸易歧视。

水资源短缺与国际贸易：把农产品水耗量纳入国际贸易及其规则的考量

邢　力*

一、农产品水耗量问题：缘起、意义、影响

水耗量（virtual water），又译虚拟水，指农作物或其他产品在生长过程中所消耗的水量。农产品国际贸易中，所消耗的水没有计入农产品的价格，现行的国际贸易法不涉及水耗量问题。这样一来，即使我们采取降低农产品关税、消除农业补贴等一系列国际贸易措施，还是存在着使用廉价水问题。在以 WTO 为框架的国际贸易法中引入水耗量这一概念，创建有关规则，有助于提高水资源的利用效率，从而有助于水资源的保护，在整体上降低全球的水消耗量。

水资源短缺越来越成为当今我们人类以及国际社会面临的严重问题。农业用水占淡水资源使用的70%以上，是淡水资源消费的绝对大户。国际贸易在当今的世界经济中扮演着重要角色，而农产品贸易又在国际贸易中有相当重要的地位。然而，对通过农产品国际贸易进行的水贸易建立国际规则，是一把双刃剑，有明显的正负两个方面的影响与效应。

其正面效应包括：可以减轻进口国的环境资源压力；可以增强进口国的粮食安全；能够在全球范围内提高用水效率，节约水资源。例如，可以使用水耗量标签，把商品的水耗量、水足迹传递给消费者，依靠消费者的环境资

* 法学博士，吉林大学法学院教授，博士生导师。

源保护意识与觉悟，促使他们选择水耗量低的产品，有助于提高水使用效率，在全球范围内减少水的非可持续发展的使用。

然而，通过农产品进行的水贸易对进口国和出口国都有相当的负面影响。粮食是国民经济的基础商品，对人民生活与国家安全都极为重要。过度依赖外部供给会受制于人，政治自主和经济自立也会受到威胁。进口粮食会减少当地粮食生产，导致当地农业就业减少，剥夺农民及其家庭的生计，这既是民生问题，又会引发社会问题甚至政治问题。从环境资源保护的角度来看，水出口会造成出口国水资源的过度开发利用。过量开采地下水会引起地面沉降、盐水入侵、水质恶化等后果。

在农产品国际贸易及其规则中引入水耗量概念，构建相关规则与制度，基础还在国内法。国内的水价制度是解决国际贸易中水耗量问题的最重要的机制。OECD 推荐各国对农业用水的收费应该充分反映供水成本，包括机会成本与消解负外部化效应成本。水定价必然影响到农村地区的广大农民，特别是发展中国家的贫苦农民，这是一个贯彻平等原则的问题。水价可以采取阶梯制，基本生活需要用水应该低价。水定价收费关系到国际竞争问题。如果不是各国都建立起水定价制度，或者是相当一部分国家的水价极为低廉，这些国家的生产者就会取得水密集产品（主要是农产品）的比较优势，这会导致与“碳泄露”相似的水泄露问题，即生产转移到低水价国家。在目前的情况下，可以考虑就各国水价制度进行国际协调。制度可与 WTO 的规则与原则相一致。但是，谈判与执行这样的协议是极端困难的。建立国际标准，或者提供水价指南，让各国自愿采用，自愿参加，作出承诺，可能容易得多。

农业用水、农产品贸易与水资源短缺有着怎样的内在联系？我们节约用水、限制淡水的需求和使用、提高其使用效率与农产品的国际贸易有什么关系？国际贸易以及国际经济政治法律体制在这个问题上能否有所作为？这涉及国际贸易法乃至国际经济法问题。这一系列问题已经引起了国际学术界的注意，在我国亦有反响。[1] 然而，从国际贸易法、WTO 角度探讨此问题的

---

〔1〕 晚近发表且影响大者，当属 Edith Brown Weiss and Lydia Slobodian，“Virtual Water Scarcity,

文章还很少见。本文梳理、提炼、阐释、概括国内外在这个问题上的研究成果，理出思路与观点，为这一重要问题的进一步深入研究，也为加强我国在这个问题上的话语权，尽心出力。

在现有的国际贸易法——WTO 法的框架中，我们可以从三个方面与角度来观察与处理农产品贸易中的水资源短缺问题，即农产品的进出口关税问题、补贴问题，以及生态标志问题。在此之前，我们还需要引进并阐释一个本主题特有的关键概念，即农产品的水耗量。

二、概念界定及意义：农产品的水耗量

农产品的水耗量这个用语，国内多译为“虚拟水”。笔者以为，还是“水耗量”这一用语既能体现它的内涵与意义，又通俗易懂，而且与中文的词汇构成法一致。我们有水含量这样的词汇，指的是某物质或者物体中水所占的份额、比例；而水耗量一词，指的是农作物或其他产品在生长、制造过程中所消耗的水量。水耗量贸易是指通过进出口农产品等水密集型商品的形式进出口水资源。

水耗量的概念于 20 世纪 90 年代提出。2008 年度斯德哥尔摩水奖授予英国伦敦大学国王学院和东方与非洲研究院的约翰·安东尼·艾伦（John Anthony Allan）教授，以奖励他在深入理解和阐述水问题时所发展的一些关键理念，包括“虚拟水”概念等，以及这些理念与农业、气候变化、经济和政治之间关联的阐释。[1]这个概念的提出，描绘出两个层面的事实与问题：

---

and International Trade Law", *Journal of International Economic Law*, Vol. 17, No. 4, 2014, pp. 717-737. 本文作为一篇梳理、阐释、概括、引进国内这一主题研究成果的论文，该文是重要参考文献。国内的研究，择其要者，可见但不限于：朱启荣、高敬峰：“中国对外贸易虚拟水问题研究——基于投入产出的分析”，载《中国软科学》2009 年第 5 期；于法稳：“中国粮食生产与灌溉用水脱钩关系分析”，载《中国农村经济》2008 年第 10 期；马静、汪党献、A. Y. Hoekstra、夏海霞：“虚拟水贸易在我国粮食安全问题中的应用”，载《水科学进展》2006 年第 1 期；柳长顺等：“虚拟水交易：解决中国水资源短缺与粮食安全的一种选择”，载《资源科学》2005 年第 2 期；程国栋：“虚拟水——中国水资源安全战略的新思路”，载《中国科学院院刊》2003 年第 4 期；马涛：《中国对外贸易中的生态要素流分析——从生态经济学视角看贸易与环境问题》，复旦大学出版社 2007 年版。

〔1〕 参见“虚拟水贸易”钢铁智库网，载 http://www.cdgtw.net/doc/maoyi/xuni_ maoyi_ 46107.html.

第一，在现实层面，水耗量问题在国际贸易中占有重要地位，在农产品贸易中，所消耗的水没有计入农产品的价格中，这是一个很大的问题，扭曲了市场，加剧了水资源的短缺，使我们处理、解决这个问题的能力大为降低。现行的国际贸易法不涉及水耗量问题，非常不利于淡水资源的有效率的使用与保护。即使我们消除贸易壁垒，限制、消除、取缔补贴，还存在着使用廉价水的激励因素。贸易自由化，但是缺乏对水的定价与收费，只会加剧全球水资源短缺问题，使之在全球范围内更为严重。

第二，在理想层面。在以 WTO 为框架的国际贸易法中引入水耗量这一概念，创建有关规则，有助于提高水资源的利用效率，从而有助于水资源的保护。淡水资源有限的国家，可以进口水资源密集产品，减轻自己的压力；水资源丰富的国家，可以向资源稀缺、成本高、流失量大的国家出口这类产品，从而在整体上降低全球的水消耗量。

水资源问题面对的现实非常复杂，区域性缺水已经相当严重，中东、北非等区域，水贵如油，甚至水比油贵，影响到民生、社会、经济、政治以及国际关系等各方面，水资源的全球性短缺问题日益显露。我们探讨国际贸易中的水耗量问题，既源于现实的压力，又出于对理想愿景的追求，水耗量这个概念的设计与引入，已经透出人们的关切与用心、意蕴与轮廓。

三、水耗量与农产品贸易的价格、关税和补贴

一般来说，淡水的使用是免费的，或者是受到补贴的。在各国的水价制度中，收取的往往不是水、水资源本身的价值与价格，而是输送水等服务的价格。这是问题与解决问题的前提与基础、关键。不让水的价格在农产品的价格中体现出来，就等于鼓励水资源短缺国家出口高耗水的产品，使水资源短缺情况更加恶化。但是，这个问题的解决很难，需要相当长的过程。我们暂且在现有的制度框架内讨论这个问题。

对农产品的水耗量问题，降低关税、反补贴是国际贸易法中最常采取的适用措施。然而，如果不能在农产品的国际贸易中处理好关税问题，如给予低关税，不剔除对生长过程中所消耗的水的补贴，问题甚至不会得到缓解、减轻。目前，水消耗问题并没有体现在 WTO 的《农产品协议》和《反补贴

协议》中，但却是应该体现的，至少应该体现在农产品协议中。

理论上，降低关税有利于贸易的发展，当然也应该有利于农产品进出口贸易的发展。从GATT到WTO，降低关税都是国际贸易组织促进贸易自由化的首要办法，旨在降低关税的谈判一直是其最重要的阵地与（在各国为此激烈博弈的意义上）战场。然而，在水耗量没有计入农产品价格的现实情况下，即使农产品关税下降，乃至大幅度下降，会通过促进农产品的贸易而促进水耗量总体上减少吗？无论在理论上还是在实践中，答案都不是肯定的。

从理论上看，由于农产品的水耗量不是农产品价格的组成部分，不是其价格的考虑因素，而且除了农作物消耗的水本身的价值（此处价格缺失）以外，灌溉土地的设施（如水库、水渠等）、技术设备、劳动力成本等因素，也大都没有计入成本与价格，加之政府的补贴（有时可能是大量的、巨额的），因而可能会导致农产品的关税越低。贸易越发达，通过农产品贸易体现的水资源市场的扭曲越严重，越不利于总体上全球淡水资源的保护。在水耗量没有计入产品价格、市场价格信号严重缺失、市场机制非常不健全的条件下，水密集产品的国际贸易发展可能会进一步加大水资源短缺的程度。

从实践上看，各种文献中给出的数据、案例很多，也很能说明问题。美国、澳大利亚都以低于成本价格出口农产品，其原因是包括大量的补贴。给予补贴主要出于政治、政策考虑。来自社会群体、院外集团的游说与压力，保持农业这一产业与部门的稳定与发展，都是其政策考虑的重要因素。

我国自改革开放以来，特别是加入WTO以来，降低了农产品关税，大量进口谷物、大豆等农产品，也大量出口蔬菜等高水耗量的农产品。总体上看，虽然降低了关税，通过农产品贸易体现的水耗量并未减少。泰国、肯尼亚、巴西等热带国家，大量出口大米、花卉，政府对于其灌溉给予大量补贴，这些国家都有过度用水问题。迄今为止的大量事实表明，降低关税、实现贸易自由化对农产品贸易的总用水量影响不大，低于10%。水资源短缺国家并没有增加低水耗量农产品进口，水资源富裕国家也没有增加出口。

水耗量问题从根本上来说是价格问题。水耗量计入农产品价格，必然导致农产品价格提高，即使关税下降，可能也弥补不了水耗量计入前后的价差。

对发展中国家来说，还有其他很多困难。进口农产品需要外汇，一些发展中国家外汇短缺，缺乏换汇产品，支付不起购买高水耗量农产品的外汇。发展中国家企业的国际市场竞争力不够；与跨国公司联系不多，销售渠道不畅，运费不如发达国家低廉；国家政策支持不够，如在农业补贴上与欧美国家相比，大为逊色；农产品进口会产生伤及发展中国家当地同样农产品的生产者。以上种种因素放在一起，可能实际上造成对发展中国家的生产者关闭全球市场的后果。在这个意义上，降低关税不会有利于改善水资源使用的效率。

所有的补贴都对通过农产品贸易进行的水贸易有影响。补贴可以降低农产品的价格，甚至降低到成本以下。美国、欧盟等发达国家大量使用这种补贴，这是这类国家进行农产品全球市场竞争的需要。欧盟以低于成本50%的价格出口小麦，压低了小麦的国际市场价格，美国大量补贴小麦、玉米、大豆，对达不到这种支持力度的世界各国的农业造成强烈冲击与深重影响，特别是影响到发展中国家的农业、农村和农民，造成了许多民生与社会问题。

与农产品、农作物的水耗量有关的补贴主要集中于对农作物灌溉的补贴上。对灌溉等提供补贴，实际上是鼓励低效率用水。WTO的《农业品协议》中，对供水、堤坝、排水设施的补贴都给予豁免，《反补贴协议》中，属于基本体制问题的补贴可以豁免，只有对进口国的产业造成损害的补贴，才可以对其追责、进行贸易救济，施以反补贴税，补偿受到的损失，维护国际贸易秩序的公平与公正。

农业补贴会扭曲市场，影响全球水资源的使用效率与分配。然而，这种与水耗量有关的市场扭曲是很难证明的，其可诉性也是很难证明因而很难启用的。消除补贴，可能提高高水耗量农产品的价格，但是提高程度与后果都很难估计。补贴改革的方向应该有利于发展中国家进入国际市场，营造发达国家与发展中国家之间相对公平的竞争环境，但是水资源贫瘠的发展中国家的进口能力可能受到限制。

补贴改革最基本的一条，是农产品中水的价格与价值必须体现出来，对其的补贴必须去除，其真实的价格必须显现出来。好的规则应该给低效率用水者以压力，促使其采用节水技术、改变用水地点等等。从政府的政策与法律角度来看，制定标准、计量用水量、进行监测等都有相当的难度。目前，聚焦于节水技术与设备，可能效果会更好。

四、农作物水耗量与生态标签

水耗量标签是生态标志的一种，它把商品的水足迹、水信息传递给消费者，依靠消费者的环境资源保护意识与觉悟，使消费者尽量选择对环境资源友好的产品，选择水耗量低的产品。水耗量标签有助于提高水使用效率，减少水的非可持续发展的使用。

环境标签面向的是广大消费者，因此，其信息必须通俗易懂，为其受众——广大消费者所理解、所信任，因而能够在消费者的商品选择中起到引导作用。

环境标签对生产者来说，主要是一种负担，它需要技术成本。对小生产者、发展中国家来说，更是如此。

水标签可以是自愿的，也可以是非自愿的、强制施行的。

标签很多由非政府组织管理，在国际上往往没有这方面的合作与协调，因而重叠、冲突是很常见的。社会与环境信用与标签国际联盟（ISEAL）、国际标准化组织（ISO）是目前影响较大且很起作用的组织。IOS 的 14024 文献，规定了国际标签的原则与程序，考虑了产品的整个生命周期，标出了产品的环境特点，表明与其他产品相比的优势。ISO 已经有了碳足迹标准，水耗量也应该可以。

标签标准应该是可以达到的、可以实现的，应该有充分的参与、定期进行的检查与监督。由于经济发展水平以及文化上的原因，发达国家的消费者可能比发展中国家更关心水资源短缺问题，愿意去购买水耗量低的商品，在这方面“额外”花钱。这样一来，会导致水标签只在发达国家发挥引导消费者的作用，减少发达国家对水耗量高的农产品的某些需求。然而，由于水标签发挥了作用，高水耗量商品因需求量减少，其在国际市场的价格降低。这样的结果虽然可能对全球范围的节水有利，但是可能对发展中国家的与之有竞争关系的产品的生产者不利，有缩小其市场份额甚至造成其破产的负面影响。因为他们要在国际市场上进行商品物美价廉的竞争之外，还要与拥有生态标签的竞争者竞争，又要与因发达国家需求降低而导致价格降低的现状竞争。发展中国家由于水耗量标签而增加了水进口，是成问题的。

目前提出的水耗量标签，大致有以下几种：

第一，商品的水耗量标签。目标在于帮助消费者选择水耗量低的商品。比较不同农产品的水耗量的意义不大。1 公斤牛肉水耗量 15 400 升，1 公斤西红柿水耗量 200 升，这样的比较对商品选择不起作用。产品的水耗量评级应该在同类产品中比较其用水效率高低。有可比性的水耗量评级可以产生促使消费者选择高效率用水的产地之产品的效果。

第二，产品的水源地标签。标明产品的用水是否来自可更新的地下水。这对为子孙后代保护地下水资源更有意义。使用不可更新的水资源，意味着对宝贵的水资源的纯消耗，减少了水资源的储备，是不可取的。

第三，水耗量达标标签。在现行的以 WTO 为主干的国际贸易法中，对水耗量标签进行规范，主要根据《贸易的技术壁垒规则》（TBT）、GATT 第 3 条（国民待遇）与 GATT 第 20 条（一般例外）。

TBT 规则是强制性的，即使采取自愿的标签制度，如果标签成为进入市场的先决条件，也视为强制性的。而强制性的标签规则，必须符合 TBT 的要求。美国金枪鱼案可以说明什么是实际上的歧视。美国关于金枪鱼罐头使用海豚安全标签的规定不符合 TBT 第 2.1 条的要求，致使当事方无标签可用，实际上限制了其在环境意识敏感市场的竞争能力。

GATT 第 3 条国民待遇很重要。国民待遇是贯穿整个 GATT 的原则与精神。任何法律法规，如果影响产品的竞争条件，即使是可以自愿选择的规则，都必须遵从国民待遇原则。对外国产品的待遇不能低于对本国产品的待遇，水标签的目的在于改善竞争条件，鼓励人们购买水耗量低的产品，即使是自愿采用的标签，其目标与效果要与此相符。不符的话，则需要纠正。

政府对标签的规制，是一种直接规制，必须符合 WTO、TBT 的国民待遇原则，对外国产品提供不低于国内产品的待遇。这一非歧视原则，是不容违反、不能含糊的，没有变通的余地。

水耗量达标标签，有被认为事实上的歧视的危险。美国金枪鱼案是一个例证。如果某些国家的生产者由于气候、地理条件等原因，达不到进口国的水标签标准，他们可能告其构成事实上的歧视，违背了 TBT 与 GATT 第 3 条的规定。

事实上的歧视违反了 TBT。美国金枪鱼案中，美国对捕捞自西太平洋热带地区与其他地区的鱼类采取不同的标签标准，而且捕捞方法的不同带来的对海豚的风险大小没有明确表示出来。这一点在标签制度的设计中很重要，特别是在确定水标签达标起点的制度中。

五、水贸易的利弊得失与全球政治经济考量

总体来看，对通过农产品国际贸易进行的水贸易以及对其定规，在现行的国际经济贸易体制下，既有优点也有缺点，而且，对不同的国家来说，其利弊得失是不一样的，甚至是大相径庭的。

其优点如下：

第一，减轻环境资源压力。对进口国来说，水耗量的进口增加了水的供给，减轻了进口国自身的水资源压力和环境资源压力。

水贸易非常适合作为干旱和半干旱国家或地区的战略措施。约旦、以色列和埃及等干旱国家，已经有意识地制定政策，减少或放弃水密集型产品（主要是庄稼）的生产或出口，鼓励出口在同等水耗量下能够获得较高收益的庄稼，进口价值较低但是水耗量较大的粮食。他们抛弃了水自给的思想。然而，这种自觉进行水贸易的情况相当少见。目前，各国的水价制度，特别是农业用水的水价制度，并没有普遍建立起来，水价格低廉甚至完全免费。即使收费，大多不是水资源本身的价格，而是水的取、运、维护费用，各国又普遍对农民提供水供给补贴。

第二，增进进口国的粮食安全。粮食、农产品在世界贸易中数量巨大，而且近年来其在国际贸易总量中的比重有进一步增加的趋势，我国的粮食以及其他农产品的进出口都比以前有所增加。农产品携带巨额的水耗量，从这个角度看，水贸易为水资源短缺的国家或地区提供了确保粮食安全、丰富人民生活、缓解水资源问题的新途径。

水贸易能增强贸易双方粮食安全的相互依赖性。依赖性在经济全球化的格局下，有两面性：有其缺乏自主、自立的一面，又有减轻、避免因水问题

引起的直接冲突，有创造持久稳定的合作关系的一面。

粮食安全是指国家为其人民提供充足的、有营养的和安全的粮食的能力。它是人民安居乐业的基础，并且关系到国家基础的牢固和国家在国际上的地位。目前，我们可以看到各国实现粮食安全的途径大体上包括粮食自给与国内生产与粮食进口相结合两个方面。

缺水国家或地区通过贸易，从富水国家或地区购买水密集型农产品，尤其是粮食，使本国的粮食安全更有保障，如此一来，此类国家可以把其宝贵的水资源用于其他更有效益的经济、社会活动，效果会更好，也更符合成本-效益原则。

第三，在全球范围内提高用水效率，节约水资源。水资源本身就是一种比较优势，水贸易可以在全球范围内利用市场机制和比较优势理论，在一定程度上重新配置全球的水资源，提高用水效率，节约水资源。

其缺点方面：水贸易对进口国和出口国都有负面影响。

第一，水资源短缺国家进口粮食，除了直接的如外汇等金融成本以外，还要经受其他关乎国计民生重大问题的考验：一是大量进口粮食会造成出口国在本国粮食市场的垄断地位，带来民生、经济、政治等方面的依赖，甚至内政被干涉，主权被损害。二是粮食进口可能损害本国与当地的农业生产。农产品在很多国家的出口贸易中占很大比重，而农产品往往有高额的农业补贴，这对进口粮食的国家的农业发展带来损害。例如，美国政府每年向本国棉农提供30多亿美元的补贴，使国际市场棉花价格降低2%~12%，造成大量价格便宜的棉花流入中国市场，使中国棉农遭受重大损失。

第二，造成就业问题。进口粮食可能会减少当地粮食生产，导致当地农业的就业减少，剥夺农民及其家庭的生计，使其生活质量下降，甚至堕入贫困的境地。

第三，对出口国环境资源的影响。水出口会造成出口国水资源的过度开发利用。过量开采地下水会引起地面沉降、盐水入侵、水质恶化等严重后果。有些国家从出口粮食中获益，部分是以其水资源的耗用和环境破坏为代价的。

除了以上从水贸易给各国带来的经济、社会、环境等方面的利弊得失角度考量以外，我们还可以把水贸易放在国际社会、国际关系、国际政治的语境中来考量。

1. 水定价与国际竞争及国际协调

淡水资源的使用与管理基本上处于各国的领土主权管辖范围之内，国内的水价制度是解决国际贸易中水耗量问题的最重要的机制。OECD 推荐各国对农业用水的收费应该充分反映供水成本，包括机会成本与消解负外部化效应。各国的政策与实践应该证明，提高水价能够改善用水效率，而不是降低水的供应量。WTO2010 年贸易报告认为，水定价是处理贸易中的水问题对环境影响的最好政策。无论如何，水定价收费是有利有益的，而这尚需要通过各国的政策和实践得到证实。

水定价必然影响到农村地区的广大农民，特别是发展中国家的贫苦农民，这是一个平等问题，当然也是一个必须解决的问题。基本生活需要用水应该低价，城市用水也应该如此。水价可以采取阶梯制，贯彻平等原则是优先考虑要素。

同碳税一样，水定价收费的核心是国际竞争问题。如果不是所有国家都建立起水定价制度，或者是相当一部分国家的水价极为低廉，这些国家的生产者就会取得水密集产品（主要是农产品）的比较优势，这会导致与“碳泄露”相似的水泄露问题，即生产转移到低水价国家。如果没有各国普遍参与的全球的水价制度，这种制度可能产生全球政治问题。在目前的情况下，可以考虑就各国水价制度进行国际协调。制度可与 WTO 的规则与原则相一致。但是，谈判与执行这样的协议是极端困难的。建立国际标准，或者提供水价指南，让各国自愿采用，自愿参加，作出承诺，可能会容易得多。这可以由非政府组织来主持，也可以由政府间国际组织来主持，制定指南性文件，供各国参考、采用。

2. 水贸易与国际贸易谈判

我们要解决全球粮食问题，要推进国际贸易，就不得不面对全球水定价问题、与水相关的补贴问题、如何降低对水的需求、如何更有效率地使用水及如何使消费者了解水的使用情况等等。可以说，在 21 世纪，国际贸易法的发展，不能不与水的问题联系在一起考虑。

强大的经济、政治利益影响了农产品贸易自由化，阻碍了其前进的步伐，多哈回合仍然是这样。然而，现在可以从一个新的视角进行考虑，即贸易谈判对水资源短缺问题与水耗量贸易的影响。这可能给国际贸易法的发展打开一扇新的窗口，对国际贸易法的方法论也有创新意义。谈判应该有水资源问题专家与农产品水耗量问题专家参与。多哈谈判就应该如此，农业补贴、灌溉等水补贴问题专家应该加入讨论与谈判。

3. 水资源与国际冲突及安全

美国国务院做过关于全球水问题的秘密报告，其中的观点见解值得我们思考、借鉴，特别是在水资源与国际冲突及安全问题上的看法，尤其值得重视。[1] 报告预测，未来10年不可能出现与水相关的国家间冲突，但10年之后，有些国家会把水资源作为政治工具来使用，要挟有关国家，提升自己的地区影响力。利用国内的水利设施，减少江河流向下游的水量，甚至切断河流等情况都可能发生。水坝、水库、水渠、海水淡化设施、输水管道等水利设施可能成为恐怖分子的袭击目标，给国家安全、人民生活造成重大威胁。政府强化安全防护措施会耗费大量的人力和财力。未来淡水短缺等问题将加剧全球动荡，农业领域将受到最大的冲击。比较富裕的国家有财力、有技术来化解这些问题。但在有些发展中国家，一旦遭遇洪水或大旱，则会民不聊生，可能导致社会动乱，甚至是国家失控。清洁饮用水的缺乏威胁到人们的健康，发展中国家深受其害。这已经是一个引人瞩目的公共健康问题，世界卫生组织、联合国千禧年计划对此都给予了高度关注。

过度开采地下水也是一个越来越严重的问题。大约有20亿人口完全依赖地下水开采以满足饮水需要，全球65%的农业灌溉用水来自于地下水。

目前看来，解决水问题的最佳方案是改善水资源管理，通过建立合理的定价机制来鼓励节约用水，通过兴建水坝、水渠等水利设施来实现水资源的合理利用，通过签订跨境河流管理协议来加强合作，防止因水而起的国际争端与冲突。

---

〔1〕“美国情报机构称未来淡水资源将会成为武器”，载 http://war.163.com/12/0328/14/7TMLL3VU00011MTO.html.

从技术层面着手，加大对农业节水技术的投入是解决问题的重要方面。以色列已经在这方面积累了宝贵的经验，可供学习与借鉴。国际层面上加强发达国家与发展中国家在技术、资金、技术转让领域的合作，也是不可或缺的重要方面。

在以上种种条件与情况下，通过农产品的国际贸易来合理使用水资源，缓解水资源短缺，是可以有所作为的。

四、国际贸易争端解决

理念与裁决

——詹姆斯·巴克斯（James Bacchus）个案剖析

杨国华*

“詹姆斯·巴克斯的裁决体现了其国际法治理念”这是一个结论。

这个结论，可以是一个印象，即在阅读了他的著作，听到了他的言谈，研究了他作出的上诉机构报告后所形成的判断。印象是主观的感觉，简单而明确。然而，要想证明这个结论，使之从主观印象成为客观事实，却要做大量复杂细致的工作。从论证方法的角度看，首先需要论证其国际法治的理念，包括什么是国际法治？他理解的国际法治是什么？简而言之，就是他“说”了什么有关国际法治的“话”？其次需要仔细研究他作出的所有裁决，即1995~2003年担任上诉机构成员8年期间所作出的27份上诉机构报告，看看哪些裁决符合“国际法治”原则。简而言之，就是他“做”了什么有关国际法治的“事”。最后，也是最重要的，确定以上二者的因果关系。

一、分析理论

在这个论证过程中，总结他的理念是最容易的。找出他的所有著作——他的著作并不多，重点是一本文集《贸易与自由》[1] 和一些报刊文章，结合他的日常言谈——我与他的交流也是有限的（主要是几次见面交谈和偶尔

* 法学博士，清华大学法学院教授。

〔1〕［美］詹姆斯·巴克斯：《贸易与自由》，黄鹏译，上海人民出版社2013年版。

互通邮件)，[1]能够轻易证明他主张“国际法治”，即国家之间交往应该“有法可依”且“有法必依”，就像国内法治一样。研究他的裁决辛苦一些，不仅要认真读完这皇皇11 874页英文，而且要时刻仔细甄别，不仅找出能够体现“国际法治”的内容，而且要时刻小心发现可能存在的反例，即不符合“国际法治”或者可能存在争议的内容。但这是能够实现的，只是多花费一些时间而已。

最难也最不可靠的是因果关系。假定他有“国际法治”理念，裁决也体现了“国际法治”，但是如何证明这些裁决就是在这个理念之下形成的呢？这个证明过程面临的障碍包括：其一，裁决是由三个人组成的“合议庭”与另外四个人协商后作出的。[2] 也就是说，他只是1/7，如何肯定他的理念主导了裁决，特别是在“合议”和“协商”并不公开的情况下？其二，如何证明他“做”的就是他“说”的，即他裁决的方法就是他宣称的“国际法治”？其三，如何排除他没有受到非“国际法治”想法的影响，使得某些裁决没有那么“国际法治”甚至不符合“国际法治”？这个证明过程既非有现成资料，也非多花点功夫就能够成立的，因为某个理念与某个裁决之间的因果关系可能并不存在。哲学判断“凡事必有原因”的正确性，很容易为自然科学所证实，但是却很难在社会科学和人文科学的个案中得到落实，甚至因

---

〔1〕 2003年9月在日内瓦参加“美国钢铁保障措施案”（DS252）上诉机构听证会，这是我第一次见到他。2010年9月，为了编写《入世十年　法治中国——纪念中国加入世贸组织十周年访谈录》（人民出版社2011年版），我在北京对他进行了专访。期间我们在北京和华盛顿还有一些见面和交谈，并且有一些邮件交流。参见杨国华：“知人论事——读James Bacchus的大作Trade and Freedom”，载杨国华、史晓丽主编：《我与WTO：法律人的视角》，知识产权出版社2016年版，第362~369页。

〔2〕 见WTO“诉讼程序法”《关于争端解决规则与程序的谅解》（Understanding on Rules and Procedures Governing the Settlement of Disputes, DSU）第17条第1款［对外贸易经济合作部国际经贸关系司译：《世界贸易组织乌拉圭回合多边贸易谈判法律文本》（中英文对照），法律出版社2000年版，第366页］；《上诉审议工作程序》（WTO文件：WT/AB/WP/W/11, 27 July 2010）第4段，即要求上诉机构成员经常讨论政策、做法和程序问题，并且负责具体案件的三位成员应当与其他成员交换意见。

“社会科学”和“人文科学”是否应该被称为“科学”都引起过争论![1]

“詹姆斯·巴克斯的裁决体现了其国际法治理念。”坚信这个结论，却遭遇论证的困境，这并非独一无二的现象。其中，研究法官的司法行为，即法官是如何裁判的，成为法学和其他学科的一个重要领域。[2] 法官掌握着“生杀予夺”的大权，那么究竟是什么因素决定了他这样判决而不是那样判决？社会心理学将人置于社会环境之中所形成的分析方法，有很强的说服力。例如，研究司法行为有三个理想模型：法律型、态度型和策略型，即法

---

〔1〕 关于因果关系（causality），参见 https：//en. wikipedia. org/wiki/Causality，最后访问日期：2017 年 2 月 16 日。因果关系是两个事物之间的一种特殊关系。在因果关系研究方面最为重要的哲学家休谟（David Hume，1711~1776）为判断因果关系是否存在总结了 8 个标准，首要标准是 3 个：原因和结果必须是在空间和时间上互相接近的；原因必须先于结果；原因与结果之间必须有一种恒常的结合。另外还有 3 个来自经验且常常是哲学推理之来源的标准：同样原因永远产生同样结果，同样结果也永远只能发生于同样原因；当若干不同的对象产生了同样结果时，那一定是借着我们所发现的它们的某种共同性质；两个相似对象的结果中的差异，必然是由它们互相差异的那一点而来。最后两个标准是：当任何对象随着它的原因的增减而增减时，那个对象就应该被认为是一个复合的结果，是由原因中几个不同部分所发生的几个不同结果联合而生；如果一个对象完整地存在了任何一个时期，而却没有产生任何结果，那么它便不是那个结果的唯一原因，而还需要被其他可以推进它的影响和作用的某种原则所协助。参见［英］休谟：《人性论》（上册），关文运译，商务印书馆 1980 年版，第 195~196 页。休谟认为，因果的必然性存在于心中而不是存在于对象中。关于这种理论、评论及其在法律上的应用，参见［英］休谟：《人性论》（上册），关文运译，商务印书馆 1980 年版，第 81~201 页；［英］罗素：《西方哲学史》（下卷），马元德译，商务印书馆 1976 年版，第 212~231 页；［英］哈特等：《法律中的因果关系》，张绍谦、孙战国译，中国政法大学出版社 2005 年版。休谟的理论虽然没有对自然科学、社会科学和人文科学进行区分，但是证明因果关系在自然科学领域显然比较简单，例如一个物体撞击另外一个物体所导致的运动和一种试剂倒入试管所产生的反应等，而在社科和人文方面就更加复杂，例如确定凶手的杀人原因和作家的写作动机等。不论哪个领域，“凡事必有原因”的因果观都是适用的，即因果关系是普遍存在的，只是从证明的角度看有难易之分而已。“科学”（science）的核心是规律（*New Webster's Dictionary of the English Language*, Deluxe Encyclopedic Edition, the Delair Publishing Company, Inc. , 1981, p. 895），即一定条件导致一定后果的必然性。从这个意义上讲，社科和人文也有规律，只是其精确性和可证明性不如自然科学而已。

〔2〕 参见［美］戴维·奥布莱恩编：《法官能为法治做什么：美国著名法官演讲录》，何帆等译，北京大学出版社 2015 年版；［美］克里斯托弗·沃尔夫：《司法能动主义：自由的保障还是安全的威胁》（修订版），黄金荣译，中国政法大学出版社 2004 年版；［美］劳伦斯·鲍姆：《法官的裁判之道：以社会心理学视角探析》，李国庆译，北京大学出版社 2014 年版；［美］弗兰克·克罗斯：《美国联邦上诉法院的裁判之道》，曹斐译，北京大学出版社 2011 年版；［美］理查德·波斯纳：《波斯纳法官司法反思录》，苏力译，北京大学出版社 2014 年版；［美］理查德·波斯纳：《法官如何思考》，苏力译，北京大学出版社 2009 年版。

官的裁判行为主要受到三个因素的影响：其一，法律规定：法律规定越明确，法官的自主空间越小；其二，思维理念：法官会作出符合自己价值观的判决；其三，特殊情景：法官会考虑判决可能对同事、上下级法院和全体社会等所产生的影响。[1]《红楼梦》中的“葫芦僧判断葫芦案”和《威尼斯商人》中的诉讼场景能够形象地说明这三个因素是如何相互作用，以至于“杀人偿命”和“欠债还钱”这两条古老而明确的法律是如何在不同法官的适用下变得鲜活而复杂的![2] 然而，社会心理学虽然提供了分析的模型，但是其结论却是“一切皆不确定”，每个因素的变化都可能改变结论，因此需要“个案分析”。[3] 也就是说，分析方法很简单，但是具体运用却很复杂，并不是使用某种方法就能够自然得出某种结论，就像数理化那样精确一样。

我们不能简单地说社会科学的分析方法是令人失望的，进而堕入“怀疑论”和“不可知论”的深渊。人类意识到自己的认识存在局限性本身，就是认识过程的一大进步，并且不妨碍自己在局限性的前提下不断扩大认识的边界。也许社会科学的分析方法不能像自然科学那样精确，无法进行“定量”分析，但是这并不意味着不可以进行一些“定性”分析。例如，上述理想模型告诉我们司法行为的三个主要因素，其中明确提到了“理念”，那么我们不妨将其作为裁决的“必要条件”，结合其他两个因素，对“詹姆斯·巴克斯的裁决体现了其国际法治理念”这一结论进行论证。论证过程也许并不可靠，却是有益的探索。何况这个结论来自我的印象，我坚信它的存在，不会因为不能说清楚而消失，正如“精神”不会因为我们不能证明而不

---

[1] [美] 劳伦斯·鲍姆：《法官的裁判之道：以社会心理学视角探析》，李国庆译，北京大学出版社2014年版，第6~11页。

[2] 中国古典名著《红楼梦》第四回“薄命女偏逢薄命郎 葫芦僧判断葫芦案”讲述了应天府尹贾雨村枉法裁判，明知杀人凶手却让其逍遥法外的故事，而莎士比亚戏剧《威尼斯商人》则讲述了商人夏洛克鸡飞蛋打，不仅没有收回欠债，而且差点丧失性命的故事。文学作品的情节虽为虚构，但是所有人物的心理活动却一览无遗，为司法行为的社会心理学分析提供了充分的依据。在这两部作品中，作为“法官”的贾雨村和鲍西亚，作出“杀人不偿命”和“欠债不还钱”判决的原因十分清楚，并且结论是相同的：在三个因素中，法律让位于其他因素，是利益和人情占了上风！

[3] [美] 劳伦斯·鲍姆：《法官的裁判之道：以社会心理学视角探析》，李国庆译，北京大学出版社2014年版，前言及第196~197页。

存在一样。理念是行为的必要条件，尽管理念有时候会在其他必要条件的影响下变得隐而不彰或扭曲变形。这就是“詹姆斯·巴克斯的裁决体现了其国际法治理念”这个结论的理论来源。[1]

二、分析过程

（一）国际法治理念

詹姆斯·巴克斯有坚定而明确的国际法治理念，这一点非常清楚。

詹姆斯·巴克斯曾经栩栩如生地描绘了“国际法”(International Law)这个概念的诞生过程：格劳秀斯作为诗人、剧作家、神学家、外交家、律师和法学家，作为17世纪欧洲最为博学的人，在狱中仍然阅读大量书籍。家里隔三差五要送一大箱子新书进去，顺便带一大箱子旧书出来。在两年时间里，狱卒对这进进出出的大箱子习以为常了，而格劳秀斯的妻子发现了这个漏洞。经过一段时间的策划和练习，在一个刮风的3月清晨，格劳秀斯在祈祷了一个小时后，进入书箱，顺便拿了一本《新约》当枕头，他就这样由狱卒抬出了监狱，狱卒还开玩笑说今天的书特别沉呢！格劳秀斯逃到了法国，写作了著名的《战争与和平法》，提出了“国际法”的概念，从而被称为“国际法之父”（the father of international law）。詹姆斯·巴克斯评价说，格劳秀斯逃往自由，也带来了自由的理念：自由决定于法治（rule of law），而在这个没有约束的世界上，对法治的希望则决定于某种可以真正称作“国际法”的东西。詹姆斯·巴克斯说，WTO对贸易争端具有“强制管辖权”——只要起诉就受理，对裁决具有“强制执行力”——不执行就授权报复，因此WTO规则是真正的法律，而不是“软法”（soft law）。他对WTO的成就是颇为满意的。他认为WTO对建立一种“国际法治”（international rule of

[1] 休谟的因果关系理论比较契合本文所提出的存在却难以证明的思路：“因果的必然联系是我们在因果之间进行推断的基础。……必然性观念发生于某种印象。一切由感官传来的任何印象都不能产生这个观念。因此，它必然是由某种内在印象或反省印象得来的。没有一个内在印象与现在的问题有任何关系，与现在问题有关系的只有习惯所产生的由一个对象推移到它的通常伴随物的观念上的那种倾向。因此，这就是必然性的本质。整个说来，必然性是存在于心中，而不是存在于对象中的一种东西；……”［英］休谟：《人性论》（上册），石碧球译，中国社会科学出版社2009年版，第186页。

law）起到了示范作用。

詹姆斯·巴克斯说，他坚信贸易乃通往自由之路。他论证说，贸易能够给人们提供更多的选择，而自由恰恰就是选择的问题，因此贸易与自由的关系是：更多贸易等于更多选择等于更多自由。他还论证说，思想自由是自由的核心，更自由的贸易能够带来更自由的思想，而更自由的思想则能够带来更多的自由。詹姆斯·巴克斯认为，WTO 恰恰是一个推动更加自由贸易的组织。它有三项主要原则：削减关税——各国都要承诺降低关税；最惠国待遇——对来自不同国家的产品一视同仁；国民待遇——对国内国外产品一视同仁。这些原则为产品的自由流动创造了机制性的条件。詹姆斯·巴克斯还说，以 WTO 为代表的国际法治建设，仿佛一场浩浩荡荡的国际大游行，终点线是自由，而他以能参加这场游行而感到骄傲。他遗憾地回忆起小时候在德克萨斯州参加童子军游行时，由于阑尾炎发作而被抬下来的情形。他说，他要尽力完成今天这场国际大游行，除非再次被担架抬下来![1]

因此，在詹姆斯·巴克斯看来，“国际法治”不是什么新鲜概念，只是将法治的理念应用于国家之间的交往而已，即要有规则，要按规则办事。在这方面，WTO 就是一个典范，因为 WTO 在国际贸易领域建立了规则，包括上述三项原则，并且有“强制管辖权”和“强制执行力”，是名副其实的法律。不仅如此，他还决心为国际法治事业奋斗终生，不仅认为作为第一代上诉机构成员具有奠定良好基础的神圣使命，[2]而且在离任后继续呼吁国际法治的建设，包括建议在气候变化领域建立多边规则，[3]为建立国际投资多边

---

〔1〕［美］詹姆斯·巴克斯：《贸易与自由》，黄鹏译，上海人民出版社 2013 年版，第 312～327、328～344 页。

〔2〕［美］詹姆斯·巴克斯：《贸易与自由》，黄鹏译，上海人民出版社 2013 年版，第 77 页。

〔3〕他主张借鉴和利用 WTO 平台为气候变化领域建立全球规则。2010 年，他受世界经济论坛委托，组织一些专家专门起草了贸易与气候变化的报告（From Collision to Vision：Climate Change and World Trade：A Discussion Paper，November 2010，World Economic Forum），载 http://www3.weforum.org/docs/WEF_ ClimateChange_ WorldTradeDiscussionPaper_ 2010.pdf. 关于他的观点，另参见福布斯网站：http://www.forbes.com/2010/04/26/climate - change - global - wto - opinions - contributors - james - bacchus.html. 以上网站最后访问日期：2017 年 2 月 23 日。

框架而努力,[1]提醒人们警惕美国新政府的贸易政策对世界贸易体制的负面影响,[2]以及为英国脱欧设计其 WTO 地位问题等。[3] WTO 成立二十周年之际，他专门撰文，回顾了早期案例中 WTO 法与国际公法之间关系的确立过程，认为全球很多领域都需要建立有效的、可执行的规则，从气候和可持续发展到贸易与投资；世界需要法治，人类自由需要法治；WTO 证明贸易领域可以实现国际法治，因此其他领域也可以实现国际法治。[4]

在与他的交往中，我也能够明确感受到他的国际法治理念。我第一次在上诉机构出庭，恰恰就是他担任首席。[5] 那也是我第一次与他相识。他很严厉，不仅问题一个接着一个穷追不舍，还敲着桌子点名训斥某个国家的代表，让他们不要交头接耳，说这里是法庭，而不是咖啡厅！后来我多次出庭，每次都规规矩矩、全神贯注，即使他没有坐在台上也这样，就是养成了好规矩！在这方面，他确实为开庭创造了好风气。多年以后，有一次在北京谈及此事，他笑着承认自己是很严厉，因为他要告诉参加听证会的人员，这是严肃的法院开庭，而不是参加晚会。他坚持到点就开庭，而不管是不是有些人没有到场。他还曾经训得某位律师当场掉眼泪！一次在北京乘坐出租车，他上车就系上安全带，并且借题发挥道：加入 WTO 就像系安全带，有安全带装备以及有关交通法规包括处罚规则。

本文开头提到，总结他的国际法治理念很容易，简单列举他的著述和言行就可以实现。然而，需要说明的是，并非所有人都会有这样的理念。也就

---

〔1〕 例如，他担任国际商会贸易与投资政策委员会（Commission on Trade and Investment Policy for the International Chamber of Commerce）主席。该委员会的工作重点是确定贸易与投资的立场，推动建立高水平的国际投资多边框架和确定巨型区域协定谈判的立场及其研究对多边贸易体制的影响。See "Factsheet of the Commission on Trade and Investment Policy", available at http://www.iccwbo.org/about-icc/policy-commissions/trade-and-investment-policy/, last visited on 2017-2-23.

〔2〕 "Proposed Border Tax Adjustments Risk Violating WTO Rules", available at http://www.huffingtonpost.com/entry/58838206e4b08f5134b62109? timestamp=1485014733579, last visited on 2017-2-23.

〔3〕 "Making Room for Britain at the World Trade Organization", available at http://www.wsj.com/articles/making-room-for-britain-at-the-world-trade-organization-1486407601, last visited on 2017-2-23.

〔4〕 Gabrielle Marceau, ed., *A History of Law and Lawyers in the GATT/WTO: The Development of the Rule of Law in the Multilateral Trading System*, Cambridge University Press, 2015, pp. 507-516.

〔5〕 即前文脚注提及的"美国钢铁保障措施案"（DS252）上诉机构听证会。

是说，很容易发现他的理念，并不意味着这种理念稀松平常。相反，这种理念弥足珍贵。没有这种理念，很难想象他能够作出维护和推动国际法治的裁决。不仅如此，詹姆斯·巴克斯甚至说，作为 WTO 这个世界贸易组织上诉机构的成员，自己在国际法前沿拥有一个前排座位，而国际法的真正前沿并非法律的前沿，而是超越法律之人类道德的前沿，是我们对人类责任的前沿。[1]

（二）裁决与因果关系："日本酒税案"[2]

我翻阅了他作出的所有上诉机构报告，其中 10 份报告他是首席，17 份报告他是成员。我知道他任职期间参与了另外 33 份报告的讨论。[3] 我还熟悉其余所有 66 份报告的实质内容，即使用条约解释方法对专家组裁决中的法律适用和法律解释问题进行审查，从而作出维持、修改或推翻的结论。[4] 然而，对所有这些报告，甚至是他负责的 27 份报告进行详细研究，不仅本文篇幅不能允许，而且不一定很有必要。如果报告实质内容差不多，那么就可以采取抽样定性的方法进行实证分析。因此，本文选取了他负责的第一个案件，即"日本酒税案"，试图使用前文提到的司法行为理想模型，论证在与"法律"和"情景"等因素的相互作用下，理念与裁决如何具有因果关系。

这个案件原告是美国、欧共体和加拿大，被告是日本，涉案措施是《日本酒税法》。原告认为，根据《日本酒税法》的规定，伏特加、威士忌、白兰地和朗姆酒等进口酒的税率高于日本国产的清酒，违反了《关税与贸易总

---

〔1〕［美］詹姆斯·巴克斯：《贸易与自由》，黄鹏译，上海人民出版社 2013 年版，第 345~372 页。

〔2〕 Japan-Customs Duties, "Taxes and Labelling Practices on Imported Wines and Alcoholic Beverages", Report of the Panel adopted on 10 November 1987, (L/6216-34S/83).

〔3〕 即前文提及的所有上诉机构成员都参与案件讨论。他在任期间，上诉机构总共作出了 60 份报告。

〔4〕 上诉机构共作出了 126 份报告。见 WTO 官方网站案例统计：https：//www. wto. org/english/tratop_ e/dispu_ e/dispu_ status_ e. htm，最后访问日期：2017 年 1 月 11 日。感谢朱榄叶老师惠赐信息。关于上诉机构的职责范围，见 DSU 第 17 条第 6 款和第 13 款［对外贸易经济合作部国际经贸关系司译：《世界贸易组织乌拉圭回合多边贸易谈判结果法律文本》（中英文对照），人民出版社 2011 年版，第 366~367 页］。

协定》（GATT）第3条“国民待遇”原则。专家组支持了原告的主张。因此，1996年8月8日，日本提起上诉，认为专家组报告中的一些法律解释是错误的。这是WTO上诉机构受理的第二个案件,〔1〕詹姆斯·巴克斯和另外两位上诉机构成员组成“合议庭”审理此案。经过开庭审理，1996年9月25日上诉机构作出裁决，认定专家组裁决中的某些法律解释是错误的，但是肯定了专家组裁决的整体结论，即《日本酒税法》违反了国民待遇原则。〔2〕

为什么某些法律解释错误而整体结论正确？上诉机构有精辟的分析和充分的论证。这是本案的实体部分，上诉机构就是据此进行判决的。然而，说明这个过程如何体现了“国际法治”理念，却是比较困难的，因为上诉机构报告的相关部分是具体的、技术性的法律分析，除了得出一般结论，即依靠详尽法律分析进行裁判本身就是“法治”理念的体现，除此之外很难再说些什么。幸运的是，裁决有三个问题的一般性描述，能够比较明确地看到“国际法治”理念，并且提供了三要素分析的机会。

1. 条约解释

上诉机构的职责是审查专家组裁决中的法律适用和法律解释是否正确，而“条约解释”部分所要解决的，是上诉机构的审查方法，也就是上诉机构用什么方法判断专家组裁决是否正确。方法是前提，而对于方法的理解，不仅能够影响审查的结果，而且能够反映审查者的理念。

关于“条约解释”，上诉机构说：

> DSU〔3〕第3条第2款要求上诉机构根据国际公法的习惯解释规则澄清GATT 1994和其他WTO协定。因此，在“美国精炼和普通汽油标准案”中，我们强调有必要参考《维也纳公约》第31条第1款第1项所

---

〔1〕第一个案件是下文提及的“美国精炼和普通汽油标准案”。

〔2〕关于本案基本情况及专家组和上诉机构报告，见WTO网站：https：//www.wto.org/english/tratop_e/dispu_e/cases_e/ds8_e.htm，最后访问日期：2017年2月20日。

〔3〕即前文脚注提到的WTO“诉讼程序法”《关于争端解决规则与程序的谅解》（Understanding on Rules and Procedures Governing the Settlement of Disputes，DSU）。

> 提到的条约解释基本规则。在那个案件中，我们强调这条一般解释规则"已经成为习惯或一般国际法规则"。有关解释之补充途径的《维也纳公约》第32条无疑具有相同地位。
>
> 第31条和第32条与本案上诉高度相关，其条款为：……
>
> 《维也纳公约》第31条规定，条约的用词是解释的基础："解释应该首先依据条约文本。"应该根据上下文确定条约规定的通常含义。确定含义时还应该考虑宗旨与目的。源自第31条一般解释规则的一项根本解释原则是有效解释原则。在"美国精炼和普通汽油标准案"中，我们提到："《维也纳公约》一般解释规则的一项必然结果是解释应该赋予条约所有条款以含义和效果。解释者不能随意将条约的整个条款或段落解读为多余或无用。"

在以上几段引文中，我们首先看到的是《维也纳公约》，即《维也纳条约法公约》（Vienna Convention on the Law of Treaties）。也就是说，上诉机构声称，要按照该公约所提供的方法解释条约。按照国际公约所提供的方法进行工作，这可能是最为明确无误的国际法治理念了。从理论上说，上诉机构可以援用某些权威法学家的理论解释条约，也可以凭借自己的权威地位解释条约，但是上诉机构却选择了国际规则作为依据。然而，除了理念，还有什么因素让上诉机构作出这种选择呢？

引文提到了"美国精炼和普通汽油标准案"。这是WTO受理的第一个上诉案件，也是在"日本酒税案"之前几个月刚刚裁决的案件。[1] 在那个案件中，上诉机构第一次明确了《维也纳公约》作为条约解释的方法。[2] 詹

〔1〕 裁决日期为1996年4月29日。关于本案基本情况及专家组和上诉机构报告，见WTO网站，https://www.wto.org/english/tratop_e/dispu_e/cases_e/ds2_e.htm，最后访问日期：2017年2月20日。

〔2〕 该案中，上诉机构认为，条约解释的基本原则在《维也纳公约》中有权威而简洁的表述，即公约第31条第1款［解释之通则］所说的"条约应依其用语按其上下文并参照条约之目的及宗旨所具有之通常意义，善意解释之"。上诉机构称，本案当事方和第三方都援用了该"解释之通则"；该规则已经取得习惯国际法或一般国际法规则之地位，例如国际法院、欧洲人权法院和美洲国家间人权法院的一些判决以及一些国际法专家的著述就确认了这一点，因此属于DSU第3条第2款所说

姆斯·巴克斯肯定参加过这个案件的讨论——"集体讨论案件"不仅是上诉程序所明文要求的,[1]如引文中使用了"我们"(we)一词,而且其回忆录也确认了这一点。[2]因此,在第二个以及之后的案件中适用《维也纳公约》,既是工作的连续性,也是路径的依赖性。此处我们发现了"理念"之外的因素,即前案的影响和工作的惯性。当然,这样说詹姆斯·巴克斯合议庭,并不是贬低其在该案中的贡献。相反,该案不仅确认了《维也纳公约》的地位,而且将其从第31条扩展到第32条,还从《维也纳公约》推出了"有效

的"国际公法的习惯解释规则",且表明WTO规则不能完全脱离国际公法予以解读(上诉机构报告第15~16页)。从这段内容可以看出,上诉机构确定《维也纳公约》在解释WTO条约方面的地位,并非空穴来风,而是有"合情合理"来源的,即国际法院等国际司法机构判决和当事方/第三方援引。判例和学说可以作为国际法渊源,这一点已为《国际法院规约》所确认(第38条"司法判例及各国权威最高之公法学家学说,作为确定法律原则之补助资料者");而案件当事方都援引了该公约,表明他们对使用《维也纳公约》规定的方法进行条约解释没有异议,上诉机构自己当然也可以使用这种方法。追根求源,在专家组阶段,当事方和专家组就已经援引《维也纳公约》了(专家组报告第6.7段)。也就是说,上诉机构不过是确认了专家组的做法而已!进一步追溯这种条约解释方法的来源,当然应该查阅WTO的前身,即GATT时期的裁决。也就是说,当事方和专家组可能是沿袭了GATT的做法。的确,我们从GATT案例中能够找到明确的线索。例如,在与本文密切相关的第一个"日本酒税案"中,专家组就使用了"文本"、"上下文"和"嗣后惯例"等方法,尽管没有提及公约的名称(在GATT时期通过的专家组报告中,未见直接提及《维也纳公约》的例子)。《维也纳公约》是1969年制定的,而GATT1947年就成立了,那么1969年之前的案件又是使用什么解释方法呢?回答这个问题,可以有两个途径:一是实证,二是推理。从推理角度看,《维也纳公约》之前,已经有了丰富的条约解释实践,而《维也纳公约》不过是将这些实践"法典化"而已!(关于公约之前的条约解释情况,包括从古希腊-古罗马起源到格劳秀斯、普芬道夫和瓦特尔等国际法学说,再到哈佛草案,以及公约历史,包括联合国国际法委员会起草工作和若干版本以及国际法院的使用情况等,参见Richard Gardiner,"Development of Rules of Interpretation", in *Treaty Interpretation*, Oxford University Press, 2008, pp. 51-73.)从实证角度看,在1958年"意大利农业机械案"[Italian Discrimination against Imported Agricultural Machinery, Report adopted on 23 October 1958 (L/833-7S/60)]中,专家组也使用了文字、上下文、宗旨和目的等类似方法,当然不可能提及公约。综上所述,上诉机构在该案中明确《维也纳公约》作为条约解释方法,是有"合情合理"来源的,尽管看上去一切都是那么顺理成章、水到渠成!关于GATT案例,参见WTO网站:https://www.wto.org/english/tratop_e/dispu_e/gt47ds_e.htm,最后访问日期:2017年2月21日。

[1] 即前文脚注提及的《上诉审议工作程序》第4段。

[2] 参见James Bacchus, "Not in Clinical Isolation", in Gabrielle Marceau, ed., *A History of Law and Lawyers in the GATT/WTO: The Development of the Rule of Law in the Multilateral Trading System*, p. 507.

解释”原则。从此以后，所有专家组和上诉合议庭都开始使用这些条约解释方法了。[1]

2. 嗣后惯例

本案遇到的一个具体问题，是 GATT 时期所通过的专家组报告的地位。[2] 专家组认为，这些报告属于《维也纳公约》第 31 条第 3 款第 b 项提到的“嗣后惯例”（subsequent practice），应该在解释条约时予以考虑。但是上诉机构不同意这种理解。

上诉机构查找了“嗣后惯例”的权威定义，考虑了 GATT 缔约方全体通过专家组报告这一行为的性质，对照了《WTO 协定》和 DSU 中关于条款权威解释的规定，[3]认为 GATT 专家组报告除了解决当事方之间争端外别无约束力，不属于“嗣后惯例”。然而，上诉机构在此话锋一转道：专家组报告是 GATT 全部内容的组成部分，随后的专家组经常予以参考，在 WTO 成员间产生了合法期待，可以在相关案件中予以考虑。

上诉机构的分析过程，处处引用 GATT 或 WTO 条款，显示了扎实的规则意识。此处我们看到了“理念”与“规则”之间的联系：理念是无形的，但是在规则这里却现出了“原形”，因为恪守规则本身就是法治理念的应有之义。然而，上诉机构所用的那个转折，却是颇为耐人寻味的。“无约束力”、“合法期待”和“予以考虑”三者之间有何区别？如何协调？例如，在某个案件中，有当事方援引了一个先例，声称两案情况相同，应该同判，

---

〔1〕 现在的专家组和上诉机构报告，一般会在一开始就声明使用《维也纳公约》的条约解释方法。参见“中国稀土案”（DS431/432/433）专家组报告第 7.243 段，上诉机构报告第 5.19 段。

使用公约规定的条约解释方法，在 WTO 也经历了一些发展过程，从最初的简单援引第 31 条到后来援引第 32 条，以及目前的查找权威词典以确定用语含义和采用“整体方法”（holistic approach），即第 31 条所提到“用语”、“上下文”、“目的及宗旨”和“通常意义”等方法之间没有先后顺序，而应该综合平衡。参见“中国稀土案”（DS431/432/433）上诉机构报告第 5.63 段。

〔2〕 在近 50 年时间里，GATT 共审理了 121 起案件，其中 101 个裁决被“缔约方全体”通过。参见 World Trade Organization, *The WTO at Twenty: Challenges and Achievements*, World Trade Organization, 2015, p. 61. Adopted Panel Reports within the Framework of GATT 1947, available at https://www.wto.org/english/tratop_e/dispu_e/gt47ds_e.htm，最后访问日期：2017 年 2 月 21 日。

〔3〕 即 DSU 第 3 条第 9 款和《WTO 协定》第 9 条第 2 款所规定的只有部长级会议和总理事会才有权解释各项协定。

那么上诉机构该如何处理？上诉机构不会依据哪个先例进行判决，但是在分析过程中会考虑先例中的情形并将其与本案进行对照。那么，这与“遵循先例”有何区别？上诉机构的“转折”明确了先例的性质，即对后案没有约束力，但是实际分析中可以考虑。甚至可以简单地说：名义上没有约束力，事实上有约束力！WTO后来的争端解决实践，证明了这种“事实上的遵循先例”制度。[1] 如此名实之分给我们“三因素”分析的启示是：“同案同判”是法治的理想，而“遵循先例”是不可或缺的路径。然而，从规则角度看，WTO的确没有“遵循先例”的制度，因此，对名和实进行区分就不失为一种务实的解决办法。此处，我们甚至可以说，“理念”超越了“法律”，与条约解释部分“理念”与“情景”的一致性大异其趣。

3. 国民待遇

如果说“条约解释”和“嗣后惯例”属于程序事项，那么“国民待遇”则是实体内容了，因为本案所要解决的，就是《日本酒税法》是否不符合规则的问题。因此，这个问题给我们提供了在个案中考察国际法治理念的机会。

如前文所述，上诉机构报告的相关部分是具体的、技术性的法律分析，但是关于WTO规则和“国民待遇”原则，上诉机构有一些一般性的陈述：

> 《WTO协定》是一项条约——相当于国际合同。显然，WTO成员在行使主权和追求国家利益的过程中进行了讨价还价，即为了得到作为WTO成员的利益，他们同意根据其在《WTO协定》项下所作承诺

[1] 现在的专家组和上诉机构报告普遍援引先例进行分析，甚至在正式报告之前会有一个长长的案例表。援引先例既是一个理论问题，即涉及先例是否具有约束力，也是一个实际问题，即法官和当事人为何援引先例。从实践角度看，无论是法官还是当事人，遇到一个案件，第一反应就是查找相同案例，因为案例是法律条文具体理解和适用的重要参照，且“同案同判”不仅是一项法律原则，而且只要有相同案例，法官和对方当事人就无法回避，必须解释为什么此案非彼案。先例是否有约束力，这在大陆法和普通法理论中有本质区别，但是在实际司法过程中却相差不大（参见［德］K. 茨威格特、H. 克茨：《比较法总论》，潘汉典等译，贵州人民出版社1992年版，第459~468页）。也就是说，不论是哪个法律传统，法官和当事人都需要查找案例。具体到WTO的做法，援引先例从GATT时期就存在了。这可以理解为国内援引先例传统在国际领域自然而然的沿用。关于援引先例，参见杨国华：“事实上的遵循先例”，载杨国华主编：《WTO中国案例评析》，知识产权出版社2015年版，第338~347页。

> 行使主权，而其中一项承诺就是 GATT 1994 第 3 条“在国内税收和规制方面的国民待遇”。
>
> GATT 1994 第 3 条的相关内容为……
>
> GATT 1994 第 3 条广泛而根本之目的是防止国内税收和规制适用过程中的保护主义。……WTO 成员可以通过国内税收或规制措施去实现国内目标，但是却不得违反 GATT 1994 第 3 条或在《WTO 协定》中所作承诺。
>
> 第 3 条的广泛目的是防止保护主义，这一点在考虑 GATT 1994 第 3 条和《WTO 协定》其他条款之间的关系时应该牢记。……GATT 1994 第 3 条的国民待遇义务，总体上是禁止使用国内税收和其他国内管制措施为国内生产提供保护。

在以上几段引文中，我们首先看到的是前文提及的詹姆斯·巴克斯著作中对 WTO 的基本理解，甚至具体到对“三项主要原则”之一“国民待遇”原则的理解以及伴随这些原则的自由贸易和国际法治的理念。本案涉及的《日本酒税法》，如果真的对国产酒和进口酒征收了不同税且税率前低后高，则恐怕很难过了主张自由贸易、反对保护主义的詹姆斯·巴克斯这一关，尽管裁决仍然要以充分的条约解释为依据！除此之外，以上引文还强调了行使国家主权与履行国际义务之间的关系，结论是国际义务必须遵守，而国际义务恰恰是行使主权的结果！“条约必须遵守”，没有什么能比这句话更能够表现国际法治精神了。在谈判过程中，WTO 成员为了获得利益而作出了一些承诺，包括对国内外产品一视同仁的“国民待遇”原则，那么这项承诺就必须体现在自己的法律和政策中，而不能采取明显或变相的保护主义措施。在这里，“三因素”似乎实现了高度统一：GATT 1994 第 3 条文字清晰，上诉机构理念明确，且不存在可能造成干扰的“情景”因素，如相反的先例、不利的国际影响等。[1]

---

〔1〕 WTO 的一些案件涉及环境保护和公共健康等事项，引起了人们对于贸易规则与环保和健康等理念的所谓“冲突”的广泛关注和批评，例如“世贸组织以全球贸易自由之名，作出危及环境或人类健康的决定”（［德］贡塔·托依布纳：《宪法的碎片：全球社会的宪治》，陆宇峰译，中央编

值得提及的是，正如詹姆斯·巴克斯所说，“国民待遇”是WTO最为基本的几项原则之一，也是比较容易引起争端的条款，很多案件都涉及这个内容。在我看来，这个原则是在国家之间确立了“待人如己”的交往原则，即将人类交往的底线伦理延伸到国际层面，[1]且以法律规则的形式呈现出来。因此，这个规则的确立，其意义远远超出了“讨价还价”的实用主义，而具有“世界主义”的理想色彩。[2]詹姆斯·巴克斯在其著作中，曾经明确表达了这种理念，例如前文所提到的“国际法的真正前沿并非法律的前沿，而是超越法律之人类道德的前沿，是我们对人类责任的前沿”。

三、结论

阐述詹姆斯·巴克斯的国际法治理念很容易，发现案例中的国际法治理念及其与“法律”和“情景”的相互作用也不难，但是论证二者之间的因果关系，从理论上说，很难，也不一定可靠。事实上，本文结合“日本酒税案”所进行的分析就未必充分。然而，通过“条约解释”、“嗣后惯例”和“国民待遇”三个部分的介绍，应该能够让人清晰地感觉到这种因果关系的存在，尽管“感觉”与论证有天壤之别。

但是，对于作为社会科学的法学来说，也许有“感觉”这样的定性研究就已经足够了，未必要像自然科学那样精确定量。能够说明一位国际法官有国际法治的理念，并且其裁决也体现了与这种理念的一致性，而没有出现明显不一致的情况，那么作为法学研究，其目的也许就达到了，即论证了理念作为必要条件对于裁决的重要性。这样的实证研究，其意义在于昭示国际法治理念对于国际法治建设的贡献。

译出版社2016年版，第1页）。这些关注和批评常常是泛泛而谈的，而不是结合具体案例的仔细分析。事实上，笔者认为，这种“冲突”并不存在。相反，在一些重要案例中［例如“欧共体荷尔蒙案”（DS26）、“美国虾案”（DS58）、“欧共体石棉案”（DS135）和“中国稀土案”（DS431/432/433）］，WTO专家组和上诉机构强调了环境保护和人类健康的首要价值，但是这些价值不得用于不遵守非歧视等贸易规则的借口。也就是说，贸易规则与这些价值是可以实现统一的。

〔1〕 例如《论语》所提出的“己所不欲勿施于人”和《圣经》所提到的“爱人如己”。

〔2〕 康德提出了“世界公民”（cosmopolitan）的概念，认为一国不应敌视外国人，这是实现永久和平的必要条件之一。参见［英］H.S.赖斯编：《康德政治著作选》，金威译，中国政法大学出版社2013年版，第94页。

WTO 框架下"双反"措施的双重救济问题研究

——以法经济学为视角*

梁　咏**　吴　熙***

受逆全球化主张的影响，在此背景下中美贸易战一触即发。〔1〕中国在采取"报复措施"回应美国援引 232 条款、301 条款对来自中国产品加征特别关税的同时，也继续通过 WTO 争端解决机制寻求当下争议解决。〔2〕即便中美贸易战最终和解，但是贸易摩擦加剧已是不争的事实。美欧等主要经济体可能同时适用反倾销反补贴措施对来自中国产品征收反倾销税和反补贴税，可能对中国相关产业造成双重打击，对此中国企业和中国政府应予以有效准备。

WTO 规则的缔造者们关注到贸易自由化与可持续发展目标之间内在矛盾又统一的关系，因此允许成员方为了保证充分就业、保证实际收入和有效

---

* 本文是 2012 年上海社科青年项目"欧债危机背景下中国与欧盟贸易摩擦及对策研究"（2012EFX）的阶段性成果。

** 法学博士，复旦大学法学院副教授。

*** 复旦大学法学院国际法学专业 2016 级硕士研究生。

〔1〕 2018 年 3 月 8 日、3 月 22 日美国分别援引 232 条款和 301 条款对来自中国的钢材和铝材计征高额关税，2018 年 3 月 23 日，中国商务部也针对 3 月 8 日美国对进口钢材和铝材计征特别关税措施作出了总额高达 30 亿美元的中国"报复"清单；2018 年 4 月 5 日中国商务部对原产于美国的大豆等农产品、汽车、化工品、飞机等进口商品对等采取加征关税措施，税率为 25%，涉及 2017 年中国自美国进口产品金额约 500 亿美元。参见 http://www.mofcom.gov.cn/article/ae/ai/201804/20180402728484.shtml，最后访问日期：2018 年 4 月 7 日。

〔2〕 2018 年 4 月 4 日，中国就美国对华 301 调查项下征税建议在世贸组织争端解决机制下提起磋商请求，正式启动世贸组织争端解决程序。参见 http://www.mofcom.gov.cn/article/ae/ag/201804/20180402728557.shtml，最后访问日期：2018 年 4 月 7 日。

需求、保护环境而采取与其经济发展水平需要和关注一致的方式的管制措施，[1] 以防范贸易自由化所带来的风险，其中反倾销、反补贴与保障措施是各成员方最频繁使用的相关贸易救济措施。相较于针对正常贸易形态所采取的保障措施，反倾销和反补贴措施虽然分别针对企业倾销行为和政府补贴行为，但在损害标准、因果关系和到期后的延长（日落复审）等方面存在高度的相似性。[2] 近年来反倾销反补贴措施频繁被同时使用，实际可能带来对进口国产业的双重救济，又打破了 WTO 规则所创设的贸易平衡。在逆全球化背景下，各国贸易保护主义有所抬头，如果任由具有双重救济效应的“双反措施”可能作为“合法的”贸易政策工具为贸易保护主义大开方便之门，则可能动摇以 WTO 规则为代表的现行国际贸易法基础。

一、双反措施的制度目标

反倾销和反补贴作为典型的贸易救济手段，旨在纠正因企业倾销和政府补贴造成的国际贸易扭曲。[3] 从经济学的角度分析，倾销和补贴方式的多样性决定了其性质的复杂性，应该从进口国国内产业救助的角度予以定位。倾销是指某一特定产品在进口国的销售价格低于其在出口国的正常价值（normal value），是企业采取的一种差别定价策略或称价格歧视，包括掠夺性倾销、市场开拓型倾销、规模经济型倾销等各种类型。[4] 新贸易理论的模型分析证明，除掠夺性倾销外，其他倾销方式会使得进口国的总体福利水平得到改善。补贴则是以政府为主体的公共机构（public body）出于产业结构

---

〔1〕 1994 年《建立 WTO 的马拉喀什协定》认识到在处理它们在贸易和经济领域的关系时，应以提高生活水平、保证充分就业、保证实际收入和有效需求的大幅稳定增长以及扩大货物和服务的生产和贸易为目的，同时应依照可持续发展的目标，考虑对世界资源的最佳利用，寻求既保护和维护环境，又以与它们各自在不同经济发展水平的需要和关注相一致的方式，加强为此采取的措施。

〔2〕 反倾销、反补贴均针对非正常贸易；损害认定标准是对进口国产业造成实质性损害或损害威胁或对未来产业建立造成实质性障碍；救济措施都是征收关税，最长一般为 5 年，且到期后均可延长。

〔3〕 参见徐程锦、顾宾：“关于‘双反’问题的中美法律博弈”，载《国际法研究》2014 年第 3 期。

〔4〕 参见胡建国：“论反倾销和反补贴措施中的‘双重救济’问题——以中美某些产品‘双反’案为例”，载孙琬钟主编：《WTO 法与中国论丛》，知识产权出版社 2009 年版。

调整、支持落后地区发展、鼓励创新、保护环境等考虑通过财政支持（financial contribution）使某一企业或行为获利，除进口替代补贴或出口补贴等禁止性补贴外，现行 WTO 体制在不损害其他成员方利益的前提下允许其他类型补贴的存在。从短期来看，补贴使得进口产品的价格降低从而提升进口国的国内福利，但从长期看，补贴可能对进口国相关产业造成损害或对相关产业在进口国的建立造成实质性障碍。因此无论是反倾销措施还是反补贴措施都不是以经济学为基础，其根本出发点均是为了救济因倾销或补贴行为受损的进口国的国内产业，因此其力度也应该以贸易救济为限。WTO 框架下的《反倾销协议》和《补贴与反补贴措施协议》（以下简称《SCM 协定》）的相关规定也反映了二者贸易救济的制度初衷。

双反措施是指进口国调查当局对相同产品同时进行反倾销和反补贴调查并作出肯定性裁决从而对该进口产品同时适用反倾销措施和反补贴措施。[1]这一问题最初仅在出口补贴环节引发关注并被 WTO 规则所禁止，但事实上国内补贴同样存在双重救济问题。从 2008 年中国提交 WTO 争端解决机构的中美某些产品双反案（DS379）[2] 开始，非市场经济（NME）背景下国内补贴的双重救济问题引起国内外学术界的高度关注。在 DS379 案中，WTO 上诉机构报告明确美国基于 NME 计征反倾销税和反补贴税的方法违反了《SCM 协定》第 19 条第 3 款[3]的规定，[4]但是上诉机构并没有对如何确定适当金额（appropriate amounts）提出具体方案。不可否认，在裁决中回避复杂问题符合司法经济原则，但是随着类似案件的增加，争端双方可能对具体

〔1〕 胡建国："论反倾销和反补贴措施中的'双重救济'问题——以中美某些产品'双反'案为例"，载孙琬钟主编：《WTO 法与中国论丛》，知识产权出版社 2009 年版。

〔2〕 United States-Definitive Anti-dumping and Countervailing Duties on Certain Products from China, WT/DS379/AB/R, March 11, 2011.

〔3〕 SCM 协定第 19 条第 3 款规定："如对任何产品征收反补贴税，则应对已被认定接受补贴和造成损害的所有来源的此种进口产品根据每一案件的情况在非歧视基础上收取适当金额的反补贴税，来自已经放弃任何所涉补贴或根据本协定的条款提出的承诺已被接受的来源的进口产品除外。任何出口产品被征收最终反补贴税的出口商，如因拒绝合作以外的原因实际上未接受调查，则有资格接受加速审查，以便调查主管机关迅速为其确定单独的反补贴税率。"

〔4〕 WT/DS379/AB/R, para. 611 (c).

税额产生争议，届时裁决机构也就无法继续回避该问题。[1] 由于美欧并没有根据《中国入世议定书》第15(d)条[2]的规定，自2016年12月11日(中国入世15年)自动给予中国市场经济国家地位，美欧等经济体更容易对来自中国的产品启动双反调查并采取双重救济措施进而对中国相关产业带来重大不利；更何况，双重救济问题并不是NME所特有的，因此对双反可能带来的双重救济问题及对策研究不仅对当下中国有着显著价值，即便今后中国被承认具有市场经济地位，这个问题也依然有重要价值。

二、双重救济问题的产生和理论基础

必须明确的是，双重救济（double remedy）并不是指对同一种产品同时征收反补贴税和反倾销税这一事实，而是指对同一产品同时征收反补贴税和反倾销税时至少在一定程度上抵消同一补贴。[3] 由于补贴的复杂性，补贴对价格传递效率的不确定性以及确定倾销幅度中正常价值计算方法的多样性，同时适用反倾销措施和反补贴措施可能造成对来自出口国同一补贴行为的两次计算和抵消，从而带来对进口国国内产业的重复救济，形成对出口国企业和贸易的不正当打击。以下将从出口补贴和国内补贴两类补贴角度进行分析。

（一）出口补贴

WTO规则并未禁止成员国同时采取双反措施，因为采取双反措施并不必然产生双重救济问题。但是早在GATT谈判之时，同时采取双反措施可能引致双重救济问题就已经得到了关注。GATT第6条第5款规定，“在任何缔约方领土的产品进口至任何其他缔约方领土时，不得同时征收反倾销税和反

---

〔1〕 彭岳：“论反补贴税适当金额的确定”，载《环球法律评论》2013年第4期。

〔2〕《中国入世议定书》第15(d)条规定：“一旦中国根据该WTO进口成员的国内法证实其是一个市场经济体，则（a）项的规定即应终止，但截至加入之日，该WTO进口成员的国内法中须包含有关市场经济的标准。无论如何，（a）项（ii）目的地规定应在计入之日后15年终止。此外，如中国根据该WTO进口成员的国内法正式的一特定产业或部门具有市场经济条件，则（a）项中的非市场经济条款不得再对该产业或部门适用。”

〔3〕 胡建国、左海聪：“论国际贸易‘双反’措施中双重救济问题的解决路径与方法”，载《中南大学学报（社会科学版）》2015年第4期。

补贴税以补偿倾销或出口补贴所造成的相同情形。”该条款对出口补贴和国内补贴作出区分，其背后的经济学逻辑是假设国内补贴与出口补贴对价格的传递效应是不同的。该条款将出口补贴的传递效应假设为出口补贴充分反映在出口价格中但对国内市场价格不产生任何影响。

譬如，甲国某厂商生产某产品在国内市场上的售价为100美元，每单位产品可从甲国政府处获得5美元的出口补贴，假设补贴充分传递，该产品在出口市场上的售价为95美元。由于出口补贴使得出口价格降低了5美元，那么进口国的主管当局采取贸易救济措施时，只能对每单位产品征收5美元的反倾销税或者5美元的反补贴税，而不能既征收5美元的反倾销税（出口价格降低了5美元，即比正常价值降低了5美元）又征收5美元的反补贴税（受到甲国政府补贴5美元），否则就会产生双重救济，损害甲国厂商正当贸易权益。

当然，对GATT第6条第5款也不应作机械性理解，对出口补贴也并非绝对不能同时适用双反措施，真正的含义是在“相同情形”（the same situation）下不得适用双反措施。在上面的例子中，出口价格下降是且仅是由出口补贴引起的，因此由正常价值和出口价格之差衡量的倾销幅度与补贴额度指向相同情形。假设在出口补贴引起出口价格下降的基础上，该厂商同时进行了倾销行为（将产品压低5美元），实际将产品以90美元的价格出口，则进口国调查当局在对每单位产品征收5美元反补贴税的基础上还应征收5美元反倾销税。这种做法并不违反该条款的规定，因为此时由正常价值和出口价格确定的名义倾销幅度中只有一部分与补贴额度构成相同情形。

对于出口补贴的双重救济问题还有两个小问题值得关注：其一，由于出口补贴仅影响出口价格的假设，出口补贴引发的双重救济问题是普遍存在的，与确定倾销幅度中正常价值的计算方法无关。无论使用国内售价、结构价格、向第三国出口价格还是替代国价格，上述结论都依然成立。其二，GATT第6条第5款本身是值得推敲的。比如其是否忽视了补贴作用的灵活性，预设补贴接受者将如何使用补贴。事实上，补贴的经济效应可能是非常含混的，出口补贴完全有可能影响国内市场价格。有学者认为该条款仅指向出口补贴是因为其预设国内补贴将对称地影响正常价值和出口价格。然而很多经济学研究已经证明，无论从理论还是实证的角度，补贴对价格的传递效应既不是完全的也不是对称的，成本变动对不同市场上的价格会产生不同影响，市场结构、技术水平、上下游成本状况、市场份额、引起成本波动的原因和持续时间以及产品差异等因素都可能影响传递效应。[1] 因此，双重救济问题在国内补贴的情形下同样有可能存在。

（二）国内补贴

国内补贴引发双重救济问题最初是在开始对 NME 进行双反调查的语境下出现的。在上面对出口补贴的分析逻辑中可以看到，双重救济问题产生的根本原因是在存在补贴的情况下，补贴对确定倾销幅度可能产生的影响。这种影响与补贴本身传递效应的复杂性有关，也与确定倾销幅度中正常价值计算方法的选择有关。

1. 理想模型

首先用一个简单的例子说明国内补贴不产生双重救济问题的理想情况。调查当局观察到某进口产品的国内市场价格为 93 美元，出口价格为 89 美元，并且假设其可以确定在没有国内补贴时，该产品的国内市场价格为 100 美元，出口价格为 96 美元。此时适当的贸易救济措施应当包含 4 美元的反倾销税用于消除价格歧视，以及 7 美元的反补贴税使价格恢复到不存在国内补贴的水平。显然在这种理想情况下，包含两个重要的前提：一是国内补贴对称地、完全地传递到出口价格和国内市场价格上，二是确定倾销幅度中正常价值选择的是出口国的国内市场价格这一方法。但现实中这两点假设的同时成立其实是相当困难的，特别是补贴的对称和完全传递。

2. 一般分析

下面对国内补贴进行一般的分析。根据 GATT 和《反倾销协定》的有关条款，倾销幅度是由正常价值和出口价格之差决定的。根据 SCM 协定第 19

[1] T. J. Prusa and E. Vermulst, "United States—Definitive Anti-Dumping and Countervailing Duties on Certain Products from China: Passing the Buck on Pass-Through", *World Trade Review*, Vol. 12, No. 2, 2013, pp. 197-234.

条第 2 款的规定，[1]即便所有征收反补贴税的要求均已得到满足，进口成员主管当局仍有权决定不征收反补贴税；如果进口成员主管当局决定征收反补贴税，其最终确定的金额要考虑补贴金额、国内产业损害和适当性三个因素。关于补贴金额，根据 SCM 协定第 19 条第 4 款的规定，对任何产品征收反补贴税不得超过认定存在的补贴金额；关于国内产业损害，根据 SCM 协定第 19 条第 2 款规定，如果反补贴税小于补贴的全部金额即足以消除对国内产品的损害，则该反补贴税是可取的；关于适当性，SCM 协定第 19 条第 3 款规定，如征收反补贴税，则应根据每一案件的情况在非歧视基础上收取适当金额的反补贴税。换言之，国内产业损害、适当税额和补贴金额三者之间应呈现以下关系：补贴金额≥适当税额≥国内产业损害。

然而，实践中以美国为代表的部分国家通常将反倾销税确定在等于倾销幅度的水平。本文为简化讨论，也采取这样的方法，用 ADD 表示反倾销税额，Pnormal_ value 表示产品的正常价值，PEX 表示产品的出口价格。根据一般市场原理，出口价格 PEX 是国内市场成本 Chome 和补贴 s 的函数，而国内成本 Chome 本身也受到补贴 s 的影响。因此，有下式成立：

$$ADD = Pnormal\_\ value - PEX\ (Chome\ (s),\ s)$$

《反倾销协定》提供了四种在确定倾销幅度时用于计算正常价值的替代方法，包括国内市场价格方法、结构价格方法、向第三国市场出口价格方法以及针对 NME 的特殊方法。不同计算方法之下，国内补贴的传递效应是不同的。

（1）国内市场价格方法。在采用国内市场价格方法中，正常价值 Pnormal_ value 可以表示成 Phome（Chome（s），s），即国内市场价格也受到国内成本和补贴的影响。大多数情况下假设国内补贴对国内价格和出口价格的传递效应相同，此时补贴效应不影响倾销幅度的计算，不存在双重救济问

[1] SCM 协定第 19 条第 2 款规定："在所有征收反补贴税的要求均已获满足的情况下是否征税的决定，及征收反补贴税金额是否应等于或小于补贴的全部金额的决定，均由进口成员的主管机关作出。宜允许在所有成员领土内征税，如反补贴税小于补贴的全部金额即足以消除对国内产业的损害，则该反补贴税是可取的，并宜建立程序以允许有关主管机关适当考虑其利益可能会因征收反补贴税而受到不利影响的国内利害关系方提出的交涉。"

题。但在垄断竞争或者寡头垄断的市场结构下，加之规模经济效应的作用，这种传递假设是否仍然成立需要进一步验证。

（2）结构价格方法。在采用结构价格方法确定正常价值时，补贴传递的不对称性几乎是可以肯定的。以美国反倾销调查构建结构价格的方法为例，商务部首先需要确定生产某项进口产品所需的各项生产要素的数量，然后使用出口国国内市场的价格信息对每项生产要素进行估价。最终的结构价格是在生产成本的基础上加上间接成本、销售费用、一般费用、管理费用和适当的利润。由于补贴 s 可以通过影响国内成本 Chome 的方式影响结构价格，所以结构价格 PCV 也可以表示成 PCV（Chome（s），s）。但是在结构价格的确定式中，补贴对结构价格的传递是通过一个固定系数函数实现的，反映了受补贴投入品成本和结构价格之间的关系，与其他影响传递效应的经济学因素无关，比如需求弹性。与之相比补贴对出口价格的影响则与传递弹性有关，而传递弹性与市场结构、厂商在出口市场上的份额、技术相对水平等诸多因素有关。由于国内补贴对结构价格和出口价格传递方式的不同，很难得出二者会产生相同传递效率的结论。由于传递效率不同，倾销幅度的计算可能会由于补贴的存在被人为地提高了，出现部分（甚至全部）的双重救济问题。

（3）向第三国出口价格方法。采用向第三国的出口价格确定正常价值的方法在实践中使用的相对较少。本质上该价格是厂商就相同产品在第三国市场的出口价格，同样受国内生产成本和国内补贴的影响，因此可以表示为 PEX_ 3rd（Chome（s），s）。标准的微观经济学理论预测国内补贴会以扭曲投入品成本或直接补贴的形式以类似的方式传递到对第三国出口价格和对申诉国出口价格，因此与第一种方法的结论类似，与第二种方法相比出现双重救济的可能性较小。

（4）针对 NME 的特殊方法：以美国的替代国方法为例。上述三种计算正常价值的方法适用于不存在特殊情况的市场经济体（包括 NME 中的市场导向产业），在出现特殊市场状况或者对 NME 进口产品进行反倾销调查中，《反倾销协定》给予进口国较大的自由裁量权确定产品的正常价值。实践中这一正常价值的确定通常不能或不能全部反映出口国国内补贴的影响，在与受补贴充分影响的出口价格相结合确定倾销幅度时，几乎必然地导致倾销幅度被人为提高，出现双重救济。以美国的替代国价格方法为例，该方法与构建结构价格的过程类似，先搜集关于产品生产要素数量的信息，进而选择适当的替代国，在替代国相应要素价格的基础上对投入品进行估价，最后再加上各类费用和利润的加成。由于关键的价格信息来源于替代国而非出口国，国内补贴对正常价值的确定几乎没有任何影响，计算出的倾销幅度显然是包含补贴在内的，同时征收反补贴税将产生双重救济。事实上美国替代国方法的目标本身就暗示了这一结果，替代国方法旨在计算某产品在没有政府干预的正常市场条件下应该具有的价格，如同市场经济国家的厂商在未受补贴的情况下生产和销售那样，其计算出的倾销幅度已经纠正了包含补贴在内的市场扭曲。

3. 一般结论

综上所述，国内补贴引发的双重救济问题取决于补贴的传递效应和倾销幅度中正常价值计算方法的选择。在国内市场价格方法和第三国市场价格方法中，如果厂商对称地将补贴传递到各种价格上则不会出现双重计算，对这两种方法而言，双重救济取决于传递是否对称。而在结构价格和替代国价格方法下，如果不对计算出的反倾销税和反补贴税进行适当的调整，双重救济问题几乎是无法避免的。〔1〕

三、双重救济问题在实践中的发展：以中美贸易争端为例

尽管如上所述，双重救济问题产生的根源与NME背景并无必然联系，结合经济学逻辑进行理论分析足以证明，在市场经济条件下双重救济问题仍然可能存在。国外有学者对市场经济背景下的双重救济问题展开了分析，并以实际案例说明在正常价值与出口价格不具有公平的可比性或者调查当局根据可获得事实规则使用了替代价格时，市场经济条件下同样存在双重计算问题。〔2〕但不可否认的是，目前绝大多数对于双重救济问题的关注和研究都

---

〔1〕 T. J. Prusa and E. Vermulst, "United States—Definitive Anti-Dumping and Countervailing Duties on Certain Products from China: Passing the Buck on Pass-Through", *World Trade Review*, Vol. 12, No. 2, 2013, pp. 197-234.

〔2〕 Brian D. Kelly, "Market Economies and Concurrent Antidumping and Countervailing Duty Remedies", *Journal of International Economic Law*, Vol. 17, No. 1, 2014, p. 7.

源自中美之间就这一问题的法律博弈。在 WTO 框架下，截至目前中美之间已有六起案件涉及双反措施，[1] 现将相关案例统计如下：

表 1　美国诉中国的双反措施案件统计表

案号及案件简称	涉诉措施	状　态	裁决意见
DS414：中国取向电工钢案[2]	GATT 第 6.2 条；《反倾销协议》第 1、3.1、3.5、6.5.1、6.8、6.9、12.2、12.2.2 条及附件二；SCM 协定第 10、11.2、11.3、12.4.1、12.7、12.8、15.1、15.2、15.5、22.3、22.5 条	终　结	中国在没有充分证据显示美国企业获得政府违规补贴的情况下，就启动了反补贴程序，并认为中国在认定进口这类电工钢对中国同类企业造成损害方面缺乏证据。但支持了中方关于调查机关在价格影响评估中不需要证明价格影响与倾销或补贴进口之间具有因果关系等观点。
DS427：中国白羽肉鸡产品双反措施案[3]	《反倾销协议》第 2.2.1.1、3.1、3.2、3.4、3.5、4.1、4.2、6.2、6.5.1、6.8、6.9、12.2 条和第 12.2.2 条；SCM 协定第 12.4.1、12.7、12.8、15.1、15.2、15.4、15.5、16.1、19.4、22.3、22.5 条；GATT 第 6.3 条	终　结	专家组裁定中方关于倾销幅度披露、利用可获得事实确定所有其他生产商税率的做法、中方关于库存等损害评估指标和进口增加对国内产业的影响等因果关系审查因素的分析，不违反 WTO 规则。专家组同时裁定中方在解释成本分摊方法、价格影响分析、损害和因果关系认定、向利益关系方提供通知和评论机会等方面，不符合 WTO 规则。

[1] 在 WTO 争端解决机制中，中国被诉 40 起，其中美国诉中国 3 起，涉及双反措施 3 起；中国起诉 17 起，其中诉美国 10 起，涉及双反措施 3 起。

[2] China-Countervailing and Anti-dumping Duties on Grain Oriented Flat-rolled Electrical Steel from the United States，DS414，2010 年 9 月 15 日作出专家组报告，2012 年 6 月 15 日作出上诉机构报告。

[3] China-Anti-Dumping and Countervailing Duty Measures on Broiler Products from the United States，DS427，2011 年 9 月 20 日作出专家组报告，2013 年 8 月 2 日作出上诉机构报告，2018 年 1 月 18 日，WTO 作出该案执行之诉的专家组报告。

续表

案号及案件简称	涉诉措施	状 态	裁决意见
DS440：中国汽车双反案〔1〕	GATT 第 6 条；《反倾销协议》第 1、3.1、3.2、3.4、3.5、4.1、5.3、5.4、6.2、6.5.1、6.8、6.9 条和附件二；SCM 协定第 10 条、11.3、11.4、12.4.1、12.7、12.8、15.1、15.2、15.4、15.5、16.1、22.3、22.5 条	终 结	专家组报告驳回了美国的部分主张，在国内产业定义问题上完全支持中方，在损害数据的非保密概要、因果关系以及其他公司税率等问题上也部分支持中方主张。中国对原产于美国的部分汽车产品实施的反倾销反补贴措施已于 2013 年 12 月 14 日到期终止。

表 2 中国诉美国的双反措施案件统计表

案号及案件简称	涉诉条款	状 态	裁决意见
DS368：美国铜版纸案〔2〕	《反倾销协定》第 1、2、7、9、18 条；GATT 第 6 条；SCM 协定第 1、2、10、14、17、32 条	磋 商（实际已终结）	—
DS379：美国双反措施案〔3〕	《反倾销协定》第 1.1、2.1、2.2、10、12、14、19.3、19.4、32 条；GATT 第 1、6.3 条	终 结	根据 NME 方法计征反倾销税和反补贴税构成双重救济，违反 SCM 协定第 19.3 条。
DS449：美国对特定产品的双反措施案〔4〕	GATT 第 10.1、10.2、10.3（b）条；SCM 协定第 10、19.3、32.1 条；DSU 第 6.2 条	终 结	在 26 项反补贴调查或审查中，有 25 项行为与 SCM 协定第 19.3、10、32.1 条不符合，主管机关没有调查和避免可能产生的双重救济措施。

〔1〕 China-Anti-Dumping and Countervailing Duties on Certain Automobiles from the United States, DS440, 2014 年 5 月 23 日作出专家组报告。

〔2〕 US-Preliminary Anti-Dumping and Countervailing Duty Determinations on Coated Free Sheet Paper from China, DS368.

〔3〕 DS379 案中，2010 年 10 月 22 日作出专家组报告，2011 年 3 月 11 日作出上诉机构报告。

〔4〕 US-Countervailing and Anti-Dumping Measures on Certain Products from China, DS449, 2014 年 3 月 27 日作出专家组报告，2014 年 7 月 7 日作出上诉机构报告。

（一）美国态度的转变

20 世纪 80 年代，美国商务部认为由于 NME 国家本身拥有或控制企业和资产，政府拨款是一种资源分配，所以 NME 国家不存在反补贴法意义下的可诉性补贴，因此不适用反补贴法。[1] 这一态度在 1986 年的乔治城钢铁案[2]中得到美国联邦巡回上诉法院的支持，法院依据“雪佛龙”裁判原理[3]认定《1930 年关税法》对是否应对 NME 国家产品征收反补贴税的规定是不明确的，商务部拥有自由裁量权，进而决定商务部不适用反补贴税的裁决是合理的，因为在 NME 国家中，即便政府给予企业补贴，实质上也是“自己补贴自己”，因此不存在征收反补贴税的必要。[4]

2006 年，美国商务部改变了其传统立场，对来自中国的铜版纸产品发起双反调查并在 2007 年 3 月 30 日的初裁中认定反补贴法可以对中国适用。[5] 美国商务部表示当前中国的经济状况与 20 世纪 80 年代苏联式的经济体不同，一方面中国国内销售价格和成本仍然存在扭曲，无法得到可靠的正常价值，意即在反倾销调查中仍需作为 NME 对待；另一方面，经历改革的中国经济已经出现根本性转变，市场化程度大大提高，与传统的苏联式指令经济不可同日而语，意即可以对其适用反补贴措施。这一决定得到了美国国际贸

---

〔1〕 T. J. Prusa and E. Vermulst, “United States—Definitive Anti-Dumping and Countervailing Duties on Certain Products from China: Passing the Buck on Pass-Through”, *World Trade Review*, Vol. 12, No. 2, 2014, pp. 197-234.

〔2〕 美国企业认为苏联的加盟共和国是 NME 国家，因此要求美国商务部对从苏联的加盟共和国进口的钾肥征收反补贴税，但是商务部认为 NME 的资源配置由政府控制，在中央计划决定一切的经济体中无法认定补贴。Georgetown Steel Corporation v. United States, 801 F. 2d 1308 (1986), para. 29.

〔3〕 雪佛龙裁判原理是美国联邦最高法院确立的行政法基本原则，其内容是法院在审理行政案件时需要进行两步考察：第一步是确定对于行政机关的某项做法，法律是否有明确规定，如果有，则行政机构必须依照规定行事；在法律对该事项没有明确规定时进入第二步审查，法院需要决定行政机关的该项做法是否合理，若合理，则即便法院自己不赞同行政机构的具体行为，该行为也是合法的，法院须尊重行政机关的自由裁量权。

〔4〕 参见徐程锦、顾宾：“关于‘双反’问题的中美法律博弈”，载《国际法研究》2014 年第 3 期。

〔5〕 参见邓德雄：“反倾销和反补贴重复救济问题及其司法审查研究——兼析美国国际贸易法院非公路用轮胎双反案判决”，载《国际贸易》2009 年第 11 期。

易法院（C. I. T.）的确认。[1] 中方随后就美国商务部的初裁决定提起 WTO 争端，但由于美国国际贸易委员会在该案中的否定性最终损害裁决，中国出口的铜版纸最终并没有被征收双反税，此案件就此偃旗息鼓。

（二）DS379 案和 GPX 案：一波三折

2007 年 7 月开始，美国商务部对来自中国的四种产品陆续发起双反调查并于 2008 年下半年作出了肯定性终裁。中国政府随即向 WTO 提出磋商请求并进入审理程序，这就是前述中美某些产品双反案（DS379 案）。在中国的各项主张当中，双重救济是一个关键性问题，专家组认可在使用替代国方法计算倾销幅度时双重计算有可能出现，但认为中国未能证明这种可能性使得美国违反了 WTO 规则。[2]

在诉诸多边贸易争端解决机制的同时，中国企业也通过诉诸美国国内司法机制对美国商务部的双反措施予以钳制。河北兴茂作为涉案产品非公路用轮胎的一家强制应诉企业，联合其全资母公司美国 GPX 轮胎，在美国国际贸易法院起诉美国商务部，主张美国商务部将中国视为 NME 的情况下，采用替代国方法同时征收反倾销税和反补贴税，存在双重救济。[3] 美国国际贸易法院再次沿用雪佛龙裁判原理，认为美国法律中没有明确规定商务部能否对 NME 国家适用反补贴税，即便这一权利不存在问题，如何解决双重救济问题也是不清楚的。在合理性的分析上，首席法官认为在对 NME 国家依照特殊方法征收反倾销税后再征收反补贴税极有可能对补贴形成双重救济，如果不采取避免措施则是不合理的。法院将该案发回商务部重审，指示其或者放弃对中国产品征收反补贴税或者针对 NME 国家修改双反调查的政策和程序。美国商务部在重审后进行了抵消，用反补贴税率抵消反倾销现金保证金率，然而美国国际贸易法院对争议结果仍然不满意，认为抵消方法不属于《美国法典》第 19 编第 1677a 条列举的具体抵消类型，未遵守法规，并且抵消使得两税率的总和等于未调整的非市场经济反倾销税率，使得产生巨大花

[1] Government of the People's Republic of China v. United States, Slip Op. 07-50 (Ct. Int'l Trade, 2007).

[2] Panel Report on US-Ads and CVDs (China), WT/DS379/R.

[3] GPX Intern. Tire Corp. v. U. S., 645 F. Supp. 2d 1231 (33 C. I. T. 1368, 2009).

费的反补贴调查没有必要，这是不合理的。美国国际贸易法院认为商务部的重审表明，其目前没有能力确定双重计算在多大程度上可予以避免，因此必须停止对 NME 国家产品适用反补贴法律。[1] 该判决随后被上诉到美国联邦巡回上诉法院。上诉法院在二审判决意见[2]中直接认定，根据乔治城钢铁案后美国国会两次修改贸易救济法的历史，国会认同反补贴税不适用于来自 NME 国家的产品，相当于在雪佛兰原理的第一步即否认了该行为的合法性。这一判决意见对美国商务部双反实践的打击无疑是彻底的，为了避免受到这一判决意见的钳制，美国商务部开始从根源上解决这一问题，游说国会明确授权其对 NME 国家产品适用反补贴税。这就是在短短 3 个月时间内横空出世的《1930 年关税法中反补贴税规定适用到非市场经济国家的法案》（以下简称《H. R. 4105 法案》）。[3]

或许在一定程度上受到美国国内判决的影响，DS379 案上诉机构报告中推翻了专家组对于双重救济违法性问题的认定。上诉机构注意到 WTO 规则的累积性质要求成员在履行义务时考虑到不同规则之间的联系，并进行协调一致的理解。SCM 协定第 19 条第 3 款对反补贴税数额有适当性的要求，意味着要求调查当局在确定反补贴数额时应当将反倾销税已纠正部分补贴扭曲的可能性考虑在内，避免出现双重救济。[4] 而事实上，美国商务部既征收反倾销税又征收反补贴税，其结果不可能是“适当”的。[5] 据此，DS379 案上诉机构裁定美国商务部行为违反了 SCM 协定第 19 条第 3 款项下义务。[6]

---

〔1〕 GPX Intern. Tire Corp. v. U. S. , 715 F. Supp. 2d 1337（34 C. I. T. 945, 2010）. 同时参见胡建国：“论反倾销和反补贴措施中的‘双重救济’问题——以中美某些产品‘双反’案为例”，载孙琬钟主编：《WTO 法与中国论丛》，知识产权出版社 2009 年版。

〔2〕 GPX Intern. Tire Corp. v. U. S. , 666 F. 3d 732（Federal Circuit, 2011）.

〔3〕 Public Law 112-99, Mar. 13, 2012.《H. R. 4105 法案》是专门为 NME 国家制定的规范，其第 1 条规定，美国主管机关有权对 NME 适用反补贴税法。第 2 条规定，主管机关应对 NME 产品由国内补贴导致的双重救济进行反倾销税调整，以避免双重救济的发生。

〔4〕 WT/DS379/AB/R, para. 571.

〔5〕 WT/DS379/AB/R, para. 582.

〔6〕 WT/DS379/AB/R, para. 606.

(三)《H. R. 4105 法案》和 DS449 案:余波未平

2012 年 3 月 13 日,在美国商务部和相关利益集团的共同努力下,《H. R. 4105 法案》正式签署生效,该法案推翻了美国联邦巡回上诉法院在 GPX 案中的判决意见,明确《1930 年关税法》可以对 NME 国家适用,并且罕见地将该法案溯及既往地适用于 2006 年 11 月 20 日之后发起的反补贴调查。[1] 为了履行 DS379 案中的上诉机构报告,该法案对双重救济问题作出回应,规定在满足特定条件时,美国商务部应对 NME 国家的反倾销税作出调整从而避免双重救济问题,与权利的溯及既往不同,该义务只适用于法案生效后的双反调查和复审。这一法案的意图可谓是昭然若揭,那就是以国会法规的形式在表面遵守 WTO 规则的前提下赋予美国商务部极大的裁量权,并以不合理的时效规定保全 2006~2012 年间对中国进口产品实施的双反措施。[2]

显然《H. R. 4105 法案》的出世使得中国在 GPX 案和 DS379 案中取得的胜利大打折扣。为维护权益,中国将该修正案和相关 26 项双反调查提交 WTO 争端解决机构,这就是中国诉美国关税法修正案(DS449)。中国在该案中的主要诉求是美国关税法修正案的"追溯适用"条款违反了 WTO 规则。根据"追溯适用"条款,美国商务部对 NME 国家产品征收反补贴税的权力可以追溯至 2006 年 11 月 20 日。[3] GATT 第 10 条第 2 款规定:"任何缔约方不得在产生以下结果的普遍适用措施正式公布之前采取此类措施:在既定和统一做法下提高进口产品关税或其他费用,或者对进口产品或进口产品的支付转账实施新的或负担更重的要求、限制或禁止。"专家组审理认为,

[1] 在本次修订之前,美国国内法从未明确规定对所谓"非市场经济国家"是否可以征收反补贴税,从最早涉及补贴的《1897 年关税法》到《1930 年关税法》第 30 条与第 701 条的补贴专门规则,再到《1979 年贸易协定法》、《1979 年第 3 号重组方案》、《1984 年贸易与关税法》以及《1988 年综合贸易与竞争法》的历次修订,乃至 1994 年《乌拉圭回合协定法》第 261 节第(a)条,美国国内法始终没有对反补贴法适用于"非市场经济国家"作出规定。参见刘瑛:"美国《1930 年关税法》修改的法律观察",载《北方法学》2013 年第 1 期。

[2] 参见赵艳敏:"双重救济问题研究——美国新反补贴税法规定及其适用",载《法商研究》2016 年第 6 期。

[3] 参见徐程锦、顾宾:"关于'双反'问题的中美法律博弈",载《国际法研究》2014 年第 3 期。

《H. R. 4105 法案》的追溯条款的确构成一项普遍适用措施的提前执行，但是该措施并未产生与既定和统一做法相比更高税率或更重负担的结果，因为美国商务部 2006 年之后对中国产品征收反补贴税本身构成既定和统一做法，未支持中国一方的主张。[1] 对此，2014 年 4 月 8 日中国提起上诉，2014 年 7 月 7 日上诉机构裁定中推翻了专家组对 GATT 第 10 条第 2 款所作的解释和裁决，认为判断《H. R. 4105 法案》是否提高税率或增加负担的基准是该法颁布之前美国法律中对同一事项的规定。遗憾的是，上诉机构将这一问题确定为事实问题而非法律问题,[2] 由于专家组未能就关税法修正案颁布前美国法律规定的含义给出全面分析，上诉机构没有就《H. R. 4105 法案》本身是否违反 WTO 规则作出最终认定。[3] 上诉机构无法对事实问题进行审查的局限使得 WTO 裁决结果有了更大的不确定性。

四、双重救济产生的法经济学探究

在 WTO 反倾销和反补贴制度中，计算倾销幅度和补贴金额分别是反倾销制度和反补贴制度的基础。倾销幅度本身既是判断是否构成倾销的关键因素，同时也直接影响到反倾销税额的计算；补贴金额既是判断是否构成补贴的关键因素，同时也直接影响到反补贴税额的计算。特别需要强调的是，最终确定的反倾销税额和反补贴税额虽然与倾销幅度和补贴金额有关，但两者之间并不是完全的对应关系。要真正探究双重救济产生的制度基础就必须从反倾销税额和反补贴税额的计算入手。

（一）倾销幅度的计算与反倾销税税额的确定

GATT 第 6 条第 1 款中将倾销规定为“将一国产品以低于正常价值的办法引入另一国的商业”的行为，其理念是将出口商品价格与正常价值

---

[1] Panel Report, United States—Countervailing and Anti-dumping Measures on Certain Products from China (DS449).

[2] WTO 争端解决机构类似英美法系程序规则，上诉机构仅负责审查法律问题，不审查事实问题。

[3] Appellate Body Report, United States—Countervailing and Anti-dumping Measures on Certain Products from China (DS449).

(normal value) 进行比较从而计算出倾销幅度。对于进口成员方调查当局而言，出口商品价格是相对明确而容易获得的，因此，最终是否构成倾销以及倾销幅度如何计算将主要取决于正常价值的确定。《反倾销协定》第 2 条 (倾销的确定) 对 GATT 第 6 条第 1 款进行了细化，主要包括了如何确定正常价值[1]、如何确定出口价格、如何对出口价格和正常价值进行供应比较 (fair competition)，反倾销幅度计算是一个高度技术化的工作，“公平比较”自然也就成了法律争议的焦点。[2] 在计算出倾销幅度的基础上，WTO 规则也对征收的反倾销税额进行了限制，譬如，GATT 第 6 条第 2 款规定，计征的反倾销税额不得超过倾销幅度，因此呈现为“倾销幅度≥反倾销税额”的关系。不仅如此，《反倾销协议》第 9 条第 1 款规定，[3] 进口成员方对倾销产品征收反倾销税金额不得大于倾销幅度的决定，并事实上附加了一个从低征收的“柔性义务”。

(二) 补贴金额的计算与反补贴税金额的确定

SCM 协定第 14 条明确要求以接受者所获利益计算补贴的金额，调查主管机关应根据 SCM 协定第 1 条第 1 款规定在国内立法或实施细则中作出规定，这些规定应透明地适用于每一个具体案件并附充分说明。但是，《中国入世议定书》第 15 条第 b 款规定，如果 SCM 协定第 14 条适用遇有特殊困难，则该 WTO 进口成员“可使用考虑到中国国内现有情况和条件并非总能用作适当基准这一可能性的确定和衡量补贴利益的方法”，尽管该条款中要求在适用前针对现有情况和条件进行调整，但实践中给其他 WTO 成员适用

---

[1] 根据 SCM 协定第 2 条第 1 款和第 2 款的规定，正常价值可能基于出口国供消费的同类产品可比价格、同类产品出口至一适当第三国的可比价格以及结构价格 (生产成本加管理、销售和一般费用的价格) 来加以确定。

[2] 易在成：“后‘非市场经济’时代的双重救济问题研究——以美国对华产品适用‘双反’措施为例”，载《法商研究》2018 年第 1 期。

[3] 《反倾销协议》第 9 条第 1 款规定：“在所有征收反倾销税的要求均已满足的情况下是否征税的决定，及征收的反倾销税金额是否应等于或小于倾销幅度的决定，均由进口成员的主管机关作出。宜允许在所有成员领土内征税，如反倾销税小于倾销幅度即足以消除对国内产业的损害，则该反倾销税是可取的。”

第三国标准计算补贴提供了可能性。SCM 协定第 19 条第 1 款[1]中明确了补贴金额和反补贴税之间的关系，严格而言，征收反补贴税要证明两点：一是证明补贴与补贴进口产品之间存在因果关系；二是补贴进口产品与损害之间存在因果关系。[2] 针对反补贴税的确定问题，SCM 协定包含了倡导从低征税（第 19 条第 2 款）、适当金额（appropriate amounts）的强制要求（第 19 条第 3 款）以及不超过认定存在的补贴金额（第 19 条第 4 款）三种规则。

（三）双重救济中的法经济学问题

前述 DS379 案上诉机构报告已经明确，“双重救济这一术语并非简单地只针对同一产品征收了反倾销和反补贴两种税收的这一事实，而是只针对同一进口产品同时征收反倾销税和反补贴税至少在一定程度上导致了两次抵消补贴的结果，即双重计算。”[3] 从这个角度出发，WTO 争端解决机构本身并不禁止进口成员方是否对同一进口产品同时采取了反倾销、反补贴调查程序或者是否对同一进口产品同时征收了反倾销税和反补贴税，真正关注的是进口成员方在混合征收反倾销税和反补贴税时应加以综合考虑，而不能将两种措施、两种税收征收平行进行。在 WTO 框架下，判断并量化投入产品的补贴是否向最终产品传递了利益以及传递了多少利益，是 WTO 框架下适用补贴规则的前提。鉴于补贴利益在上下游产业之间的传递本身是一个经济学问题，并且传递与否具有高度的事实依附性，[4] 因此正确判断并量化补贴利益也是避免出现双重救济的关键点。根据 GATT 第 6 条第 5 款规定，只有向最终商品传递了利益的投入产品的补贴，才可以通过最终商品征收反补贴税予以抵消。如果没有量化补贴利益的传递程度，反补贴调查机关所征收的反补贴税可能就违反了 SCM 协定第 10 条脚注 36 和第 32 条第 1 款的规定。

---

〔1〕 SCM 协定第 19 条第 1 款规定：“如为完成磋商而作出合理努力后，一成员就补贴的存在和金额作出最终裁定，并裁定通过补贴的影响，补贴进口产品正在造成损害，则该成员可依照本条的规定征收反补贴税，除非此项或此类补贴被撤销。”

〔2〕 易在成：“后‘非市场经济’时代的双重救济问题研究——以美国对华产品适用‘双反’措施为例”，载《法商研究》2018 年第 1 期。

〔3〕 Appellate Body Report, WT/DS379/AB/R, para. 541.

〔4〕 李仲平：“上游补贴利益传递：经济学分析与法律规制——基于价格弹性理论的视角”，载《国际商务研究》2017 年第 5 期。

在实践中，美国商务部通常会对补贴传递相应作出推定，并具体表现为全部传递推定和均衡传递推定。在全部传递推定理论指引下，美国商务部认为不论金钱补贴的形式，其均具有“金钱可替代性”，不仅会被接受者全部吸收，而且会全部传递到产品之中，基于这一理论，征收的反补贴税金额等于补贴金额自然就顺理成章了。但是这种理论本身建立在补贴能够被全部传递的假设前提下，征收全额的反补贴税就具有表面上的正当性，但事实上没有机制能够保证补贴在传递过程中不发生损耗和消减，这样一来征收全额反补贴税额已经不仅是贸易救济手段了，部分已经转化为贸易惩罚。在均衡传递推定理念指引下，美国商务部认为，接受者所接受的国内补贴将被均衡地传导到国内销售的产品与出口产品之上，这一推定的前提之一是补贴具有“金钱可替代性”。在生物柴油案〔1〕中，美国政府提供税收抵免补贴以生产者出具纯度质量证书为前提，这就在客观上形成了纯度质量证书市场，而纯度质量证书的价格最终由销售者和购买者的市场力量决定，没有理由认为，每加仑 1 美元的税收抵免会在两者之间平分。更何况如果补贴接受者同时生产不同种类产品，则相关补贴既有可能仅仅影响某一类产品，也可能普遍地影响到所有类型的产品。〔2〕在此情况下，也难以直接适用均衡传递推定。〔3〕不论是全部传递推定还是均衡传递推定，都与 SCM 协定第 15 条第 5 款“主管机关还应审查除补贴进口产品外的同时正在损害国内产业的任何已知因素，且这些其他因素造成的损害不得归因于补贴进口产品”的强制性要求，〔4〕在同时存在倾销的情况下，均衡传递效应实际消除了差异，也不符合《反倾销协定》第 2 条第 4 款的规定。

---

〔1〕 Council Regulation (EC) No. 599/2009 of 7 July 2009, Imposing a Definitive Anti-Dumping Duty and Collecting Definitively the Provisional Duty Imposed on Imports of Biodiesel Originating in the United States of America.

〔2〕 转引自易在成：“后‘非市场经济’时代的双重救济问题研究——以美国对华产品适用‘双反’措施为例”，载《法商研究》2018 年第 1 期。

〔3〕 See Richard Diamond, “A Search for Economic and Financial Principles in the Administration of United States Countervailing Duty Law”, *Law & Policy International Business*, Vol. 21, 1990, p. 568.

〔4〕 SCM 协定第 15 条第 5 款规定：“在这方面可能有关的因素特别包括未接受补贴的所涉及的产品的进口数量和价格、需求的减少或消费模式的变化、外国和国内生产者的限制贸易做法及它们之间的竞争、技术发展以及国内产业的出口实绩和生产率。”

五、避免双重救济的中国对策

双反措施作为 WTO 规则下被允许的贸易救济，本身具有其合理性和必要性，如果“因噎废食”，并非一种合理解决问题的思路：一方面，在贸易摩擦可能持续进行甚至升级的情况下，中国没有能力消除此类战争；另一方面，贸易摩擦加剧背景下，必要时中国政府也有必要运用双反措施对其他国家进行钳制。因此，应完善反倾销和反补贴有关的贸易救济规则，使之符合公平、比例原则从而降低其对贸易的负面影响。尽管中国已经通过 DS379 案、河北兴茂案等一系列案件在 WTO 争端解决机制和美国国内司法机制中对双重计算和双重救济进行了挑战，但是尚未触及美国贸易救济法律制度的核心问题，也没有真正能够避免双重救济的产生。

受制于多哈回合谈判停滞不前、上诉机构成员换届受阻可能面临瘫痪风险、美国可能退出 WTO 等一系列不利因素影响，WTO 正面临着前所未有的危机。但是不可否认 WTO 在推进贸易自由化方面所作出的努力和巨大贡献，中国对策研究仍应在现行 WTO 框架下寻求救济路径。从避免措施的最终效果看，可能存在以下解决路径：

（一）只征反倾销税

只征反倾销税要求进口成员方调查机关不对进口产品发起反补贴调查，仅展开反倾销调查并征收反倾销税，此种方法建立在假定反倾销措施足以抵消企业倾销和政府补贴的损害性影响的基础上，主要针对 NME 国家。[1] 2006 年美国商务部对华铜版纸产品发起反补贴调查以前，美国商务部一直采取不对 NME 产品发起反补贴调查的政策。2012 年 3 月 13 日《H. R. 4105 法案》第 2 条中尽管允许对 NME 产品适用反补贴税法，但其第 1 条重申，对于本质上由单一实体组成的 NME 不得适用反补贴税法。只征收反倾销税避免了双反措施的产生，自然从根本上防止了双重救济的产生，而且相较于调低反倾销税和反补贴税等措施均需要复杂计算和安排，只征反倾销税在操作

---

〔1〕 参见胡建国、左海聪：“论国际贸易‘双反’措施中双重救济问题的解决路径与方法”，载《中南大学学报（社会科学版）》2015 年第 4 期。

方面具有较大便利。

（二）调低反倾销税

调低反倾销税的实现方式包括直接抵消和间接抵消。美国《H. R. 4105法案》本身对双重救济问题的规定是一种典型的直接抵消法，即在满足三个条件时，商务部应当通过降低与所提高的加权平均倾销幅度数额相等的反倾销税来抵消多征收的反补贴税。这三个条件是：一是确定存在国内补贴；二是可以证明该补贴在相关期限内降低了产品的平均进口价格，即说明双重救济存在的可能性；三是可以合理地估算该项补贴结合正常价值的确定在多大程度上提高了产品的加权平均倾销幅度。由于该法案要求必须证明双重救济事实存在，并且未对举证责任主体作出明确规定，在实践中效果十分有限。[1] 美国商务部通常以被调查企业未完成举证责任为由拒绝给予反倾销税调整，加之补贴对倾销幅度影响的复杂性和困难性，即便在获得反倾销税调整的案件中，一些企业抵消国内补贴的幅度也是微乎其微的。以直接抵消的方法调低反倾销税的方法可能与从低征税规则叠加出现，即先全额征收反补贴税，在以救济国内产业损害的限度内，用剩余损害幅度确定反倾销税。欧盟和澳大利亚采用的是这一做法。除了直接抵消反倾销税率外，还可以通过"提高"出口价格的方法，间接调整反倾销税。此种方法的含义是在确定补贴数额及其对出口价格的影响后，在计算倾销幅度时将补贴导致的出口价格下降增加到名义出口价格上。《美国关税法》中明确规定了这一方法用于避免出口补贴中的双重救济问题。事实上这一方法可以扩展到引发双重救济的其他情形，比如国内补贴以不同方式或程度影响国内价格和出口价格。[2]

（三）调低反补贴税

尽管目前尚未有国家实践，但调低反补贴税也是避免双重救济的路径之一。调低反补贴税的逻辑是，等于倾销幅度的反倾销税已经全部或部分反映了补贴导致的出口价格下降，再征收等于补贴额度的反补贴税会导致部分补

---

〔1〕参见赵艳敏："双重救济问题研究——美国新反补贴税法规定及其适用"，载《法商研究》2016年第6期。

〔2〕参见胡建国、左海聪："论国际贸易'双反'措施中双重救济问题的解决路径与方法"，载《中南大学学报（社会科学版）》2015年第4期。

贴被两次抵消。有学者认为 DS379 案的上诉机构报告暗示了这一做法。因为上诉机构认为美国基于 NME 方法采取双反措施但没有处理双重救济问题的做法违反了 SCM 协定关于征收适当数额反补贴税的规定，隐含着美国需要降低反补贴税。[1]这一方法的极端情况即是只征收反倾销税，《东京回合补贴守则》以及早前各国不对 NME 国家适用反补贴法隐含了这一措施，此时倾销幅度全部反映了补贴的影响。美国《H. R. 4105 法案》中的例外规定保留了这一点，对于本质上由单一实体组成的 NME，仍不得适用反补贴法，即只征收反倾销税进行贸易救济。

六、余论

本文从双反措施作为贸易救济手段的制度目的出发，建立起研究双重救济问题的背景。WTO 规则本身关注到了在出口补贴的情形下，并用双反措施的危险并予以了排除。但事实上双重救济问题产生的直接原因是补贴对确定倾销幅度可能产生的影响，结合经济学原理对国内补贴情形下倾销幅度的确定式进行理论分析可以看到，国内补贴中同样存在双重救济问题。补贴传递效应的复杂性和确定倾销中正常价值的不同方式使得双重救济的程度可能有所不同，但是这一问题的普遍存在性是毋庸置疑的，与 NME 没有必然联系。实践中对双重救济问题的关注目前仍主要停留在 NME 的特殊背景下，中美之间就这一问题进行了长达八年的拉锯战，WTO 上诉机构认可 NME 背景下双重救济问题出现的可能性并要求调查当局予以审查和避免，美国以国会法律正式授权商务部对 NME 适用《反补贴法》并规定了双重救济的避免措施。

《美国关税法》修正案虽然表面上采取了调低反倾销税的直接抵消法，但该法案为调整反倾销税设置了较为严苛的前提条件并且在实践中不合理地将举证责任单方面置于被诉企业一方，致使该法案生效近五年来在避免双重救济方面的实际效果微乎其微。欧盟和澳大利亚采取的方法与此类似，不同

---

〔1〕 参见胡建国、左海聪：“论国际贸易‘双反’措施中双重救济问题的解决路径与方法”，载《中南大学学报（社会科学版）》2015 年第 4 期。

之处是其救济限度以产业损害为限。除此之外为避免双重救济，还存在调低反倾销税的间接抵消法和调低反补贴税的方法。

美国和欧盟已经明确表态，《中国入世议定书》第15条第a款第ii项[1]的到期并不意味着对中国进行反倾销调查使用替代国方法的终止，而在该方法下适用双反措施产生双重救济问题几乎是必然的。虽然目前主要贸易国已经采取了一定的避免措施，但由于举证责任的不合理分配和补贴传递评估的不当，双重救济问题并没有从根本上得到解决。即便未来中国能够摆脱替代国方法，甚至获得美欧对市场经济地位的承认，补贴传递效应的复杂性、正常价值和出口价格的可比性甚至在具体案件中事实信息的可获得性等问题都使得双重救济问题仍然不会消失。

因此，笔者认为应当结合经济学原理对国内补贴传递的评估提出适当的方法，从而使得避免双重救济的措施更具有操作性。WTO上诉机构在DS379案报告中已经注意到了量化补贴影响程度对双重救济的重要意义，如果能在这一问题上取得令人信服的突破，则有望在未来的贸易争端中取得有利结果，并且在新的多边贸易谈判中掌握规则制定的主动权，意义重大。

---

〔1〕《中国入世议定书》第15条第a款第ii项规定："如受调查的生产者不能明确证明生产该同类产品的产业在制造、生产和销售该产品方面具备市场经济条件，则该WTO进口成员可使用不依据与中国国内价格或成本进行严格比较的方法。"

图书在版编目（CIP）数据

国际贸易法论丛. 第8卷/倪受彬，殷敏主编. —北京：中国政法大学出版社，2018. 10
ISBN 978-7-5620-8609-3

Ⅰ. ①国…　Ⅱ. ①倪…　②殷…　Ⅲ. ①国际贸易—贸易法—研究　Ⅳ. ①D996. 1

中国版本图书馆CIP数据核字(2018) 第227144号

出 版 者　中国政法大学出版社
地　　址　北京市海淀区西土城路 25 号
邮寄地址　北京 100088 信箱 8034 分箱　邮编 100088
网　　址　http://www.cuplpress.com (网络实名：中国政法大学出版社)
电　　话　010-58908289(编辑部) 58908334(邮购部)
承　　印　北京朝阳印刷厂有限责任公司
开　　本　720mm×960mm　1/16
印　　张　16.25
字　　数　250 千字
版　　次　2018 年 10 月第 1 版
印　　次　2018 年 10 月第 1 次印刷
定　　价　55.00 元